U0154486

# 選舉政治學
## Election Politics

林水波 著

# 自序

## 導向另類的、本土化的臺灣選舉研究

　　臺灣選舉研究的主流，向皆定位在選後的問卷調查，試圖檢證西方歐陸這類研究所建立的假設，已經多次研究的分析架構，以及發現臺灣特殊政黨對立環境下，選舉主體所展露的但不同於西方社會的選舉行為。這種研究氛圍「霸凌」了大體的研究市場，更吸引為數眾多的學子，展現出參與心、投入情、權能感與責任識，進而鋪設鞏固的灘頭堡，成為全球取經的標竿。

　　這樣的研究雖已在臺灣的學術社群產生了羊群效應，但在未能熟諳「藍海策略」的內蘊，進而超越研究空間已達飽和點的「紅海」研究議題。何況，「紅海」式的選舉研究本身呈現深度的外控性及依賴性，即必須仰賴研究客體的受訪及填答，受其認知考量的過濾，抑或自我尊嚴的著重，而出現並非投票時或受訪時的想法。尤有甚者，選舉研究的時間通常不與選民投票同步進行，在時間落差的影響下，恐又是真實性選舉行為流露的另一項障礙。

　　本人在臺大每年開授「選舉與公共政策」及「時事與政策分析」兩門課，長期關注臺灣的大小選舉。這項關注滲入「策略管理」、「危機處理」、「政策論證」及「公共管理」的思維，冀想開創無人競爭的、另類的、在地化的全新研究市場，誘引具有形同想法的學子加入，協力共創選舉研究的新園地，並期待它的開花結果。

　　「選舉政治學」一書就是這樣無心插柳而成的產物。全書包含四大部分，而所述的主體內容，類皆與經驗的研究趨異，全由作者根據選舉的觀察，應用前述的理論意涵，進行演繹、推理及詮釋而成。一則投入一定程度的經驗指涉，一則應用自身塑化的知識，論述選舉與制度的精萃。

　　一、選舉主角的解剖：選民的投票抉擇，本是決定勝選的依據。對這個主角的深層認識，才能為參選者及其團隊，於選戰期間善於用計與防計，以營造較能勝選的空間。其實選民的類別至為多元，既易受到操弄，又相當進化；既表現獎勵，又表示懲罰；既能權變，又會「塑化」；既扮演蝴蝶，又流露死忠。凡此種種，皆是經營選戰者無法出現注意赤字的標的。

　　二、選舉對象的透視：參選者每必須經歷初選以及實戰的洗禮，而在參選爆炸的時代，每有遺珠之憾，對這些遺珠的關照及社會化，一直是最終勝選的協力者。於是，政黨對初選及決選後的延續管理就無法逃避。尤有甚者，提名制度的權威化，乃是降低參選密度的良方，形構策略性夥伴關係的動力，不能對之疏忽。凡此二項議題，乃構成第二部分的探究中心。

　　三、制度反省的前衛：臺灣的選制變遷，衍生不少的問題，黨際之間的互動又如參、商二星的疏離；中央政府體制的游移不定，導致中心領導核心角色扮演的稱職不易。這些議題均是制度設計在事實、價值及後果判斷傾斜所導出，殊值得進行前衛性的反省。

　　四、千禧大選的重溫：西元2000年的總統大選，帶來臺灣的第一次治理輪替，本是選舉政治史上的一件大事，引來各利害關係人的研究聚焦，紛紛想瞭解該次大選的特色，以及國、民兩黨成敗的定素，以作為教訓汲取、策略變遷的安排，以及選民馴服的依據，進而達及以經驗、理據及事實作為基礎的選策選擇。這些議題的重溫及再識，乃構成本部分的焦點。

　　這樣的文章結構有其潛在的意義，不僅呈現不同視框的透視，更射準臺灣選舉的主軸議題，希望讀者喜歡，更願投入這方面的學術耕耘，俾讓無人競爭的全新研究市場產出豐厚的研究成果。尤有甚者，選戰實務工作者如也加以注意，則選戰經理人的角色扮演將更為道地化、稱職化與藍海化。

　　本書之能有今日的樣貌，全賴學術夥伴的意見交流，石振國與邱靖鈜學棣的鼎力協助，先父先母的樸實教誨，內子的用心照顧，謹在書成之日，由衷表示謝悃，希冀這份上帝賜給的特殊情懷，得能垂之久遠。

　　本書雖力求完備周全，但鑑於議題的多元化、複雜化及多面化，非但憑作者的微實力所能克服。是以，文中論述若有不足，抑或分析若有偏駁，尚祈方家不吝指正，以能應許邁向良質化、客觀化及深度化的境界。

林水波

謹識於俊邦書屋

2011年6月

# 目錄

# 第壹篇

## 選舉主角

# 第一章　選舉操控與選民進化

　　選民在競爭激烈的選戰，本有莊嚴的政治使命，要於不同候選人交鋒的過程中，扮演：權力委付者的角色，從參選者中，選出自身的治理代理人；選舉主體者，展現民主國家的主人角色，不致成為被物役者，抑或他人的政治附庸；針砭既定政策之良窳，寄盼新權力結構從事合理的政策變遷；民調受訪者，道出相對較為優質的候選人，以引領其他選民認同這樣的想法，願意共襄盛舉，組構治理的權力階層；政黨選擇者，從參與競爭的政黨中，選擇出理念、政策取向與政治貢獻較為卓越，與政經環境較能鑲嵌的政黨，並託付一定治理任期的政黨；政治遊說者，運用得能激發其他選民共鳴的立論建立多數聯盟，俾讓彼此共同屬意的候選人得能勝出，期許他或她在取得治理後，於決策之際，採擷民意，並與多數民眾共呼吸（Granger, 2008; Mortensen, 2008）。

　　不過，選民這六項正當而理想的角色，在選戰激烈交鋒的過程中，由於各種勢力的介入，不良的政治互動，並由選民、政黨、候選人及媒體在投入各種作為或不作為之後，極可能出現一些「黑箱」的選舉問題，試圖憑藉這些問題影響或左右最終的選舉結果，導致選民角色扮演落差的現象。換言之，在重大選舉的戰役中，選舉的多元不同投入運轉，每每有機會出現選舉操控的情勢，利用不甚透明的「黑箱」轉化過程，試圖變更或位移最終的選情，出現與選前預期或推測的不同結果，而鬆動政治系統成員對選舉權威的信任度。這項選舉操控現象，已引起西方不少政治學者的關注，希冀藉由這項關注的投入，注意赤字的減少，增強選舉的信度與效度，導引政治系統走向善治的學習旅程，以正面回饋的績效，鞏固治理的正當性（Alvarez, Hall & Hyde, 2008）。本文的第一個課題乃鎖定這項日益受到關注的研究題材，以及中外的資料論述選舉操控的類型，以做為往後選舉大眾協力防治的焦點與對象。

　　而在選舉操控乘各種社會監督罅隙的機會窗開啓之際，干擾、影響或政變最終的選舉結果之時，政治系統並無法置身事外，其所組構而成的各項元素，類皆受到一定程度的影響或衝擊，降低選舉這項機制的設計效用。這項由社會監督窘境所帶來的衝擊，乃是本文所要致力探勘的第二個議題，而這項論述的動機在於：以這項政治代價的沉重，喚醒選民重視前述六項角色的擔綱，袪除過往不甚妥當的選舉角色扮演，亦即更調已經政治社會化的政治參與惰性，以嶄新的格調或模式進行選舉投入的行爲。

　　而選舉的主角爲了揀選最適格的政治代理人，就要經由各次選戰的學習旅程，進行必要的革命（Senge, 2008），與其他的選民或各類選舉參與組織，共同承擔歸零選舉操控及其效果的遊戲或工程，用以創造一個永續優質發展的選舉世界，非但養塑政治系統的治理能力，產出成員肯認的績效，而且形成高度的政治功效意識，得以憑藉選民自己的政治鑑賞力排除或識透不實的訴求，荒誕不經的選舉文宣進而揀選出代理連結的政治代理人。這樣的選舉遠景，乃必須倚賴選民的學習進化，絕緣於五花八門的選舉誘惑，以確實的資訊或理據做爲投票抉擇的標竿，不再採取盲信的舉措，圍堵潛存的政治風險。是以，本文的第三個主題在於：舉述選民進化的面向或策略，用以知行合一的方式構築選舉操控的防火牆，牽引選舉走向公平理性，但憑候選人實力及優質條件的競爭。

# 第一節　選舉操控的態樣

　　每一個適格的選民均擁有憲法保障的選舉權，得於選舉的歷史時刻，做出自己個人獨立自主的判斷，票選自認最足以代理自己的公職代理人，並由其在有效的代理期間，從事權限範圍內的各項攸關選民群體福祉的決定，以開創政治系統運營的新面貌，打造足供系統發展的政治市場白地（white space），提升在全球化的競爭力（Donsanto, 2008; Johnson,

2010）。然而，職司選舉競爭的操盤者與利害關係人，如果出現不當影響
選舉過程或選舉結果的一切作為，恐均或多或少涉及選舉操控的營為，本
為民主常態選舉所必須規避的標的。茲以相關研究文獻及國內外出現的案
例，描述及建構選舉操控常見的態樣，以供選舉主角認識瞭解，得能自然
而然地逃避操控，維持政治選舉的終極境界：公平。

## 一、幽靈人口的遷移

　　每個選民本有選擇戶籍地，以及按照自由意志或因應各項需要遷移居
住地的權利，並按該地的各項規範行使應有的權利，善盡法定的義務，參
與各級公職人員的投票，以抉擇自己中意的政治代理人，從事法定職權的
運作。

　　不過，由於各項公職人員的選舉，並不一定在全國各地區同時舉行，
如臺灣2010年11月27日的五都選舉，全國就有不少的縣市，因為不屬於直
轄市，所以就成為西線無戰事的地區。然而，這些並無選舉的縣市，如有
顯著的人口異動，遷移到競爭激烈的五都市長選區，但平日猶生活作息於
原居住地，只是藉由政治遷徙而享有投票權，試圖影響最終的選舉結果，
這就顯現幽靈人口的症候群，足供維護選舉公平者的重視。

　　選民本有居住遷徙的自由，但若這項遷徙具有政治性的作用，且又
欠缺選民自主的意願，而由相關的政治利害關係人負責推動，就殊為不平
常；何況，臺灣長期的選舉史上，不僅有不少幽靈人口事件的傳聞，又有
因幽靈人口的因素而使公職當選人被判當選無效的司法先例，所以選戰的
參與者要形塑選戰的政治倫理，維護選舉機制正常公平運作的責任，提升
選舉結果的公信力（Thompson, 2005），因為這正是民主本質的展現，代
理人適格作決策的底盤，合理化或證成決策的基礎。

　　選民的自主性，而非他人或其他政治社群的政治附庸，本可由自己單
獨決定遷徙的權利開始；否則自己可能成為別人役使的對象，做出未具公
民意識的行為，而從中產生對政治系統不利運作的影響。於是，選民要有

政治智慧的判斷，在決定遷徙前多一些政治鋪墊的思考，在最後決定上做到位的考量，不必成爲他人的政治幫凶，而毀損政治良心。

## 二、機構效應的民調

選舉期間向來均會出現各式各樣的民調，這項民調本擁有知識生產、知識擴散及知識應用的功能，足供選民決定投票對象的參據之一，俾便展現以資訊爲基礎的投票，讓自己及自己所屬的政治社群獲益無窮；不致出現能力有問題的候選人擔綱重要公職，無法透由原系統的轉化過程，將稀少資源投入做出效應絕佳的產出。不過，多元不同的民調機構，或許先天持有特定的政治意識形態，事先擁有支持的政治對象，忌諱不喜歡的參選人當選，乃運用特殊技巧將某個參選人的民調加以灌水，而對其他具競爭力對象的民調加以縮水，用以形塑選民西瓜偎大邊的效應，而影響選舉的終極結果。

民主國家的選民每有這樣的慣性思維，即自認爲自己的政治判斷準確，所投下的對象最終得以勝出，以彰揚自己的正確選擇。從事民調的機構乃深諳並熟悉這項選民的政治心理，以機構效應所襯托而出的民調，試圖社會化選民的投票意向，抑或採取棄保效應的投票行爲。蓋在三人實力相當的參選結構裡，爲了讓民調第三順位者的選民改變支持的對象，共同集中支持第二順位的候選人。

姑不論西瓜效應或棄保效應的選戰打法，本質上均以民調的精心安排來撼動選民原本的投票意向，這恐怕是操控選民的政治不倫理行爲。而爲了正常選舉結果的產出，俾讓更爲優質的公職人員勝出，做爲選舉主體的人，恐要養塑更爲精明的判斷力，扮演要求更多的選舉人角色，多方比較不同機構所做的民調，再根據自己所具有的政治知識，扮演循證選舉人的角色，推開似有人爲製造的民調資訊，選出自己最中意的對象。尤有甚者，政治判斷力的高低，並不以所投票對象有無當選做爲唯一的判準，而是以產出績效的高低來決定的。

## 三、不實耳語的流傳

　　選戰如火如荼的展開後，各個主力的競爭者，試圖瓦解競爭對手的戰鬥力，以及各類選民的凝聚力，逐步擴展的氣勢，乃會建構令人半信半疑、似真或假的傳言及耳語。這項傳言或耳語對不以真相做為投票考慮的選民，恐有一定的殺傷力，一來以為參選人的政治目標既是爭取更高位的公職，就不必加入遊說動員的支持行列；二來認定自己屬意的對象是假參選，則自己或扮演政治棄選的選民（林水波，1999），或扮演蝴蝶選民改變支持對象（林水波，2009）。凡此，政治利害關係人所流傳的耳語均有一定的殺傷力，所以致力於參選公職者，應為自己立下各階段的政治階梯，事先穩固政治基礎在尋求更高階梯的政治機會窗的開啟。

　　尤有甚者，五都選舉期間亦有一項耳語在民間流傳，即針對某候選人在性取向上做文章，認定其具有同性戀的傾向，試圖影響特定選民的投票抉擇。不過，這項耳語並未成為選戰氣氛的主流，因為雙方較勁的政策議題宰制了選戰全局，吸引選民的注意焦點，致使這項耳語未能適時找到擴散的「白地」市場，以致成為政治退卻的競選工具。

　　耳語或傳言的戰術時常在臺灣的選戰上出現，它的效用恐亦步入遞減的現象，蓋二者極容易以健全的事實加以攻破，反而有傷散播者的利基。何況，這樣的選戰作為已脫離政治的文明，更背反選民政治知識厚實時代的選舉作為，也與新興選民的投票依據背道而馳，甚至可能誘發中間選民因之不加入投票的行列，形成中間不選民的情勢。因之，選戰的操盤者恐要認真透視選民結構的改變，他們接收訊息的廣泛通路與特殊偏好，耳語與其視界或價值存有不可共量性的特質，毀棄這項不夠文明的選戰策略運用。

## 四、以利引誘的操作

　　「針對有投票權之人，行求期約或交付賄賂或其他不正利益，而約期

不行使投票權或為一定之行使者」，本為公職人員選舉罷免法及相關規定所嚴厲禁止之參選行為。蓋這項以利引誘而驅動選民為作為或不作為之行為，乃蓄意破壞選舉的公平性，顛覆以候選人的條件、形象、能力與政策承諾做為競逐的選舉原則，不易建構選舉的信任度。

再者，相關重大的分配、再分配政策，治理者最好於平日適時、適刻及適境之際完成一切合法化的過程，不宜、不妥與不當於即將選舉之時定策，以免外界存有政策買票之疑，甚至汙名化原本的政策目標，失去政策制定的宗旨。尤有甚者，長期受到挑戰質疑的政策，抑或當初政策形成或支撐的內外在環境，業已出現巨幅變遷之際，致使原本政策產生與政經社文環境脫臼的情勢，如因選舉的策略考量而有政策惰性的現象，亦會引發政策買票的批評。是以，政策之制定要講究時宜性，盡可能排除他人的政治聯想。

臺灣在每次的選舉均有賄選的消息傳出，選舉法庭亦皆有因賄選而被判當選無效的案例，足見選舉要達到零賄選的境界，猶有一段努力的空間，以減少因補選再花費社經成本的風險。總之，選舉是選民政治授權的行為，這項行為本身是極為審慎的，不允許以任何形式的政治交易來玷汙選舉的過程。這項政治定律在美國，亦被奉為選舉利害關係人必須信守的圭臬，如有人為之就以選舉詐欺或操控論斷。何況，這項以利動員的行為，不論是黨內候選人之初選，抑或黨際競爭之行為，均是法所不能容許的（Donsanto, 2008）。

## 五、危言恫嚇的運作

臺灣的選舉環境特殊，每次選舉中國因素總是或多或少的被人操作，試圖恫嚇選民的投票行為，一則以政治風險的示警或危機，防止選民的投票參與；二則以防止政治風險的無端引起，誘引部分選民參與特定取向的投票行為。凡此，類皆出現選民自由意志受損的選舉，並不能被評斷為公平公正的選舉運作。

此外，臺灣的各大小選舉，黑道的選舉角色扮演總不會缺席，為了動員支持某特定的候選人，往往會以加諸選民的身體脅迫，抑或訴諸經濟情況的不利威脅，迫使選舉人參與一項選舉，一則積極動用關係資本，連結多元不同的結構孔道，構築支持的聯盟；二則迫使選舉人退出選舉過程的一切行為，或以用腳投票的方式，遠離濃厚的政治氛圍。

尤有甚者，有的地方意見領袖，原本對選舉的勝負擁有絕大的決定力，但因競爭激烈的兩造參選人，彼此競相拉攏，斯時地方意見領袖每每受懾於雙方的壓力，又為了維持自身的政經利益，乃避走他鄉或從事另類政治學習之旅，不問任何選舉的動態，待選舉落幕再回到平時的常態活動。

示警性的危言或恫嚇在使用頻率過多的情況下，再加上示警的政經情況於選前和選後，並未產生巨大的差異，以致在選民逐漸增加免疫力之後，要能引發選民的共鳴，似乎愈來愈有難度。在這種情勢的演展之下，選戰策略的設計者為了增強政治行銷效度，恐要改變政治說服的方向，改以時下資訊為基礎、當下議題為著眼的行銷熱點，恐較能收到選民回饋的效用（Arajano, 2010）。

## 六、焦點事件的渲染

由於政治系統所面對的內外在環境不斷進行演化，各個子系統及其成員之間的互動，以達高度的複雜化，隨時均可能發生系統運行脫軌的情況，出現為各界盯住的焦點事件，督促主事者適時適刻設定對應的議程，經由快速而準確的審議過程，作成解決事件所衍生的問題或民怨，以降低政治系統的治理正當性危機（Birklaud, 1997, 2006），八八水災之後所引發的一系列的政經因應就是如此。

而在高度政治動員的選舉競爭中，各個用力較勁的政治團體，為了厚植所推候選人當選的利基，每當遇有重大焦點事件肇始，乃乘這個事件的機會，藉機引發選民的政治情緒，轉換原本對候選人的情緒依附，強烈冀

圖製造多數聯盟，壓縮競爭對手的氣勢，萎縮支持選民的熱度，聚焦影響
選戰的議題，使其成為最終主導選舉勝負的關鍵。五都選舉的一顆子彈事
件，以及高雄地區的淹水事件，類皆成為選戰攻伐的主軸議題，影響最後
的選舉結果。

　　焦點事件的運用，其成效的檢驗或可由三個向度決定之：事件的臨近
度，假如事件的發生接近投票時間，致讓受攻擊或影響的對象，並沒有充
分的時間解釋，或由時間的經過，事件的原委露出端倪，而影響選民的投
票取向；操作的靈活度，即職司操作者部署合理的情節，不易讓對手的對
應找到回擊的空間，如若情節的安排背離事實，無能接受事實及行動時程
的檢驗，則先前的操作恐有後座力；選民的認同度，即選民對各方事件的
操作與回應、認知情感及評價的取向，如若產生不低的認同，則改變原本
業已決定的投票態度，原本想放棄但因事件的牽引而出來投票，原本想投
甲黨候選人，改投他黨候選人，抑或放棄投票的意願。

　　焦點事件的發生，每每成為選舉操控的題材或標的，反使候選人之
間優質度的比較，無法主宰選民的投票依歸，而由事件本身決定投票的所
屬，極可能致使選戰主軸較勁失焦，減損選舉的民主使命及任務。是以，
為使選舉扣緊候選人之間的比賽遊戲，選民對事件影響的免疫，恐是未來
承擔選舉責任革命的標竿。

　　一項選舉，如在演展的過程中，不能跳脫前述六項各自或集體的操
弄情形，則選舉的信任就不易形成、增強或鞏固，相關的不良後遺症就找
到出現的空隙。是以，各方的政治利害關係人，為了政治系統的民主鞏固
著想，勢必要對民主投入更豐富的投資，強化公民對政治事務的投入情，
使其在候選人的決定上，得能做出更佳的決定（Creighton, 2005; Sirianni,
2009）。

　　再者，政治利害關係人在身負政黨選舉操控的責任革命之時，把它視
為一項政治系統必須正視的問題，並糾合各方力量苦思各項操控工具的防
治方案，授予應有的權力從事問題的解決，並提供建言的參與管道，從多
元不同的思維中，互動、交換與創造對應的處方，回歸選舉成為候選人之

間的優劣比較（Hoppe, 2010）。

# 第二節　選舉操弄的衝擊

　　黨際之間在選舉的過程中，盡量找尋或採擷可資操控的機會或工具，對民主的鞏固，公平的選舉結果，治理的正當性，治理的常態輪替，恐類皆有或多或少的衝擊，更有民主倒退之譏。因此，爲了圍堵或杜絕選舉可能遭遇的危機，仿效危機或風險管理的黃金法則，乃設法在危機循隙發生之前，就對之進行有效的管理，以免危機發生之後，由於管理的遲延而對政治系統帶來不可承受之重（Mitroff & Anagnos, 2001）。是以，首先述明選舉操控的潛在危機，藉以儆醒各方的選舉操盤手，以合理的工具進行政治說服的遊戲。

## 一、問責的扭曲

　　民主國家的定期選舉，最主要的宗旨在於：透由選民對參選人的全局性評估，理出一項優劣商數，再依據這個商數決定投票所屬的依歸，用以抉擇出相對較有能力的治理者，授以治理的定期權限。換言之，選舉本質上乃是選民對參選人過去的表現與未來的政策承諾進行嚴肅問責的機制。如若參選人在上該兩者未能通過選民的問責檢驗，就有可能失去授權的機會，有待他日累積選民認同的成績門檻，再順利取得治理之權，這本是民主問責的精義（Behn, 2001）。

　　不過，如果選舉不當操控發生於選舉期間，則操控反成爲決定選舉結果的主要因素，取代了參選人之優劣商數的高低，甚至讓優劣商數較低的參選人取得治理的授權。這種現象就使得選舉失去與民主問責之間的連結，中斷治理輪替的契機，杜絕有誤政策，抑或假定一廂情願，最終造成

失靈的政策，無法終結的機會，要由政治系統的成員持續承擔原可避免或防止的代價。蓋政策問題的建構，追求目標的設定，解決方案的設計，每因人類前瞻視野的不足，內外在環境的快速演化抑或非人力所能測準，而發生謬誤之類的情勢，選舉的問責配合治理的輪替，乃造就或開啟政策變遷的機會窗，但因操控致使問責的失靈，進而關閉政策變革的機會窗。

## 二、公平的破毀

選舉本身是一種候選人實力競逐的遊戲，實力較強、形象較優、願景較能引起共鳴、與選民的距離較近、所掌握議題的緊要度、迫切性較強與政策追求較具毅力的參選人，按正常道理應有較大的勝選機會，因為這樣才能顯現選舉正義的理想，或是公共價值的追求。尤有甚者，選民透由選舉過程，扮演要求不低、展現理智的投票行為，才較有機會選出優質的領導人，從事開創價值的領導，舖設政治系統獲益的引信（Boyett, 2008; Cohan, 2003）。

然而，選舉操控的運作，不少的選民因受其影響，而做出並不算理性的對象選擇，致讓條件相對較不佳的參選人勝出，形成政治不公平的結果，並可能出現人才反淘汰的現象，而影響政治系統及其支系統對外的競爭力。何況，今日乃是測不準性極高的時代，至為需要深具才華之士，職司公共事務的運籌帷幄，從事各項系統所面對問題的治理（Cappelli, 2008）。不過，透由選舉操控而勝出的參選人，可能並非選民發掘、形塑及造就人才的正當管道，也可能對系統所面對問題所抱持的認知，可能與大多數人的理解與取向並不能配合，而設計出不與問題連結的對策，浪費有限而稀少的公共資源，甚至排擠其他問題解決所要配置的適量資源。這種情形的出現，乃顯示設計的政策，竟是回答錯誤問題的答案。

選舉本是抉擇人才的機制，而當代政治系統所需的人才，一則要有能力解決當前迫切的問題，不致令其慢性化，加重處置的成本；二則要有政策韌性，想方設法成就冀欲的政策成果，用以滿足系統成員的政策希望；

三則要激發出政策催化的「觸媒劑」，足以動員各方資源進行突圍政策困境的努力；四則要有協力的精神，扮演共同開創願景的角色，實現兩造共同的目標；五要扮演合超效應的角色締結各方力量創造出各項可能，引領政治系統達致令人信服的境界（Joiner & Josephs, 2007）。不過，在選舉操控的情勢制約下，前述的領導靈敏力就可能無由發掘，抑或尋找不到發揮的舞台。

## 三、代議的失格

　　根據代理理論的說法，選民在選舉過程中所扮演的角色為被代理人，要經由投票選出自己中意，與自己政策理念的距離最為貼近的政治代理人，代理自己在政治場域內代言政策聲音，吸納建設性的政策見解，締結政策合法化的多數聯盟，產出代表民意的政策，成就被代理人的政策想望。

　　這項代議角色的擇定，要在選民自由意志的取捨過程中完成，未受任何不正常選舉操控的役使，完全接受參選人運用自己及所屬競選團隊所練就的說服智商，誠摯感動選民的投票而取得代理人的角色，在政治場域操演代議的行為，這才是象徵民主指標的特色（Gerken, 2009）。不過，如果選舉的過程背反民主指標的運作，就有可能造成政治不信任的選舉災難，類如美國2000年總統大選，佛羅里達州所出現的選舉爭論，無法立即決定總統的當選人，引發社會一定程度的震盪。蓋藉由不當操控的作為而取得代理人的政治職位，恐在適格上受到挑戰，在權力擁有上受到質疑，在本質上不被認為公平世界所該有的現象。蓋權力的取得本要經由正當的法定程序，不能容許類似操控的方式而擁有。

## 四、回應的脫軌

　　代理人的角色乃要吸納政治授權者的政策想望，回應他們的授權意

旨，並於法定任職期間，建構敏銳的民意偵測機制，準確測出被代理人的環境需求，推出滿足需求的處方；掌握庶民的民怨所在，推出有效的作為或不作為行為，化解民怨，即時凍結民怨的蔓延，促使政治系統恢復平順的運營，固守國際上的主權平等，不致被降級而凸顯政治系統的危機所在。

然而，在選舉操控的潛在運作下，即有可能導致原本不易勝出的參選人，最終取得代理人的地位，行使公職所賦與的權限，做出其所支持的各項政策。不過，這種透由操控而取得出線的參選人，恐以為或深信自己的政策主張受到眾多選民的認同與支持，以致主政期間的政策施為，就跟著這條政策路線發展，最後出現回應脫軌的現象，導致政策與選民意向失聯的尷尬。蓋選舉本可提供政治與政策變遷的機會，但因選舉期間經由操控的干擾或介入，致使上述兩項變遷的不可能，當然奢求對應性的回應也就不可能，致使政治及政策的惰性依然，無法找到突圍的力量，則政治系統無能避免代價的負擔。

政策的精髓在於滿足標的的需求、偏好或價值，如今只因選舉操控的干擾，致使這項政策精髓成為海市蜃樓，亦即背反民主指標，出現民主倒退的窘境。這是一項嚴肅的議題，亟待選民的快速進化，從過往的操控經驗中，汲取該有的政治教訓，而於往後的選舉過程中，再遇到類似操控的事件，得能維持政治冷靜，扮演操控絕緣體的角色，促成操控的無效，使其消滅殆盡於選舉的遊戲上，達到民主指標的要求。

## 五、多數的製造

代理人取得適格代理的授權，乃要透過多元不同的說服智商，針對分歧有異的選民群組，提出對應的說服論述，自動地引發他們的風行草偃功能，進而順時順勢取得代理的正當性，展開法定任期的實現政策抱負之旅；傾聽與採取回應支持選民想望的行動；創造出適時的政策回饋增強與選民之間的情緒連結；覺察內外在環境的演化而推出對策；糾集匯合

資源，立即將對策轉化為行動，以收對策的效應；讓人民擁有政策建言的機會，形塑他們的政策權能感；負起任何的政策責任，摒除推諉責任的試圖；同步推出政策配套，以收互動連帶的效應（Chopra, 2010）。

可是，選舉歷經操控的結果，取得代理權者恐是經由多數製造的結果，這對治理的正當性恐會有所毀損，黨際之間的社群意識不易養塑，共治的情懷流失，黨際之間亦有極化發展的態勢，導致黨際之政策差異不易融合，政策衝突的擴大（Sinclair, 2006）。尤有甚者，政策視框的交流、互動與反省，提升政策深化的工程亦會受到一定程度的阻礙，造成政策盲點的潛存，埋下政策失靈的基因，增加不少的沉澱成本，滋生資源配置不均的現象。

政策偏差在代理人經由多數的製造而產生時，恐是無法避免的政治窘境；政策合作的挑戰，亦是難以克服的局面；注意赤字的現象，也使不少問題情境未能得到應有的注意，進而對之有效治理公民受到政治傷害的症候群（the battered citizen syndrome）（Bovard, 2005），亦會時常出現，導致政治系統出現注意赤字的民主。

## 六、參與的沮喪

民主的核心本質在於：公民意見的諮商與重視，並於政策影響衝擊到相關公民的權利及義務時，在決策作成之前，備有平台或機制用以提供他們的參與，表達自身的看法，且相關職司也吸納其具建設性的見解，展現高度的同理情懷，接受不同意見的影響。如若諮商與參與未能有階梯安排，則民主的概念終究是虛空與無意義的（Pimbert & Wakeford, 2001）。

而選舉本身是一項民主體系最重要的政治參與，且以該項參與的結果決定治理權的歸屬，進而適度調適過往的政策取向，加強反映體系成員的價值追求。不過，在選舉過程中，介入選舉操控的情勢，致使終極的選舉結果出現偌大的變異，非如事先預期一般，選民極易滋生政治的無力感，深覺自己無法透由相關的機制，影響或左右治理權的決定，抑或冀欲政策

的變遷，在往後的選舉參與上，有可能至爲沮喪，欠缺強大的政治動機行使選舉權。這本是對民主政治的諷刺，背離正常運作的軌道。

尤有甚者，公平競爭的選舉較勁本是民主政府有效運作的基石。蓋這樣的選舉才能提供公共問責的空間，凡事透明而非黑箱作業的結果，以及建立正直的代議關係，賦與代理人不被懷疑的權限，得以適時適刻作成處置問題的決定。不過，選舉操控導致選舉結果的脫軌，防止或杜絕選民的聲音被傾聽，對政治社群當下重大議題的政策主張受到忽視，造成後續選舉參與的沮喪。

選舉操控在民主的社會，被允准的空間是不大的，蓋其對民主的發展與鞏固並沒有任何助益，反而滋生前述六個面向的政治後遺症，逐步牽引優質民主的倒退或退卻。於是，民主社會的各類利害關係人，有必要爬升選舉的問責階梯，洞穿各類的選舉操控，識破相關的政治謊言，堅固自身的內控力，降低外控力的制約，不受不實倡導的誘引，並從競爭的參選人中選出相對較爲理想的代理人，排除代理失聯的政治窘境，疏導選舉操控的可能空間。

## 第三節　選民進化的催化

既然選舉操控是違背民主的作爲，流失政治信任的基因，導致政策合理變遷的障礙，身爲選舉的主角，職司選舉公平正義的選民，就要進行政治知識的學習之旅，從過往的選舉操控經驗中，領悟出這類操控的破壞性、用意性及實質性，同時形塑高度的公民意識，扮演選舉監督的角色，構築防火牆防止操控駭客的入侵，維持選舉運轉的公平競爭性、參選人之間的優劣較勁性，與最終結果的可信賴性。至於進化的標的，可由六個向度發展之。

## 一、催生相關制度

　　選前的焦點事件，不論是人為構築或社會自然在不確定的情況發生，其類皆會影響最終的選舉結果，引發民主倒退的暗流，職司當局若能即時作成暫時終結選舉的決定，待事件的氛圍冷卻後，選民擺脫事件推測的羈絆之後，代以自由意志的決定投票對象的歸屬，才恢復正常的選舉運作。

　　這項選舉暫時終結機制，乃仿效日落立法或條款的精神，得能提供政策評估或反省的機制，待政策效應猶按政策設計的預期產出，再肯定原本政策的持續，抑或發現原初政策安排有所偏誤，以致效應未如預期，等對症下藥地加以變遷之後，再啟動政策的運作。不過，選舉暫時終結機制的安排，涉及相關選制的修改，如主事機關的迫切意識不高，則修改的速度就自然延宕下來，此時選民就要展現公民壓力，督促修法機關回應民眾的想望（Kotter, 2008）。選民亦可扮演類同立法者的角色，行使法定直接民主的權利，修改選制增加暫時終結選舉條款，圍堵焦點事件對選舉公平性的汙染（Bowler, Donovan & Tolbert, 1998）。

## 二、形塑內控人格

　　有的選民恐極易受到內外在環境的制約，而隨著政治環境的變化，改變原本投票的意向，激勵政治利害關係人運用焦點事件的機會，製造對自身參選人的有利優勢。不過，選民若形塑自主內控的人格，對選舉過程中所發生的事件，均能蒐集各方資訊，進行完整的分析與判斷，理出事件的本質，釐清究竟是選舉的扭曲，或是具政治作用的部署，再依這樣的分析做出較為機敏的選舉決定，享受較優的政治成果與治理績效。

　　由於相關選舉暫時終結條款，可能需要一段不算短的孕育期間，選民自主的內控人格的形塑，恐是防止選舉操控的先期因應，消滅焦點事件的選舉衝擊。蓋在焦點事件恐有多元發生的源頭，不易事先防範，只有選民自行裝備事件入侵的絕緣體，去除外控人格的暗中驅使，而由內控人格

主導對焦點事件的反應，促成它的影響趨近於零，導引焦點事件的無由而生。

換言之，選民要扮演適格分析員的角色，不能只依賴媒體與政治人物所餵給你的資料，因為做為他人所提供資料的附庸，就會匱乏自主性的分析判斷，也無法做出相對優質的選舉決定，並藉由決定強化往後的治理成果。是以，在面對選舉的緊要關頭，以溫暖的心與冷靜的腦，思索、分析與判斷焦點事件的潛在用意，或對往後發展的持續觀察，而做出事件影響免疫的投票決定。

## 三、檢驗各類民調

選舉民調本來在於測出各類參選人，在選舉活動的不同時段，究竟受到哪些類別選民的支持，以及各類選民的支持強度，以為參選人鎖定標的選民，強化與其互動的頻率，雇用得能與其接觸的政治中人，進行政治遊說的工程，展現說服智商吸引其支持的轉向。換言之，選舉民調的初始功能在於：探勘參選人的支持弱區，以為政治支持轉型的標的。

不過，在各個民調機構有了特殊政治立場之後，總會在有形或無形的部署下，試圖影響或左右選舉的運行，選民的投票抉擇。然而，民調的準確度本是不難檢驗的，首先選民可以察明受訪的對象，是否經由隨機抽樣的方式抽出，與受訪母體的代表性是否雷同，拒絕受訪而流失的樣本是否夠大，如上述三者均是，則歷次調查的結果欠缺效度，根本不必對之理會（Boyett, 2008; Weisberg, 2005）。

其次，選民要觀察沒有意見的反應，這些受訪者或許真正未能表示對任何候選人的偏好，抑或尚未完全知悉候選人之間的優劣，甚至根本對受訪毫無興趣。不過，有些受訪者之所以表示不知道或無任何意見，恐不願讓他人瞭解自己的政治意向，更認為自己並無義務接收這樣的訪查，是以民調的結果，不易反映出真實的政治支持趨勢，選民不必隨著民調的趨勢而動搖自己的投票抉擇，甚至可以以拒答的比率偵測民調的虛假性。

最後，民調所問的問題或用字的順序，恐有所引領或誘導的作用，造成訪問結果的偏誤。蓋有些民調的機構，為了使自己支持的對象有更高的支持度或看好度，以製造選民的西瓜效應，精心安排提示性的問題，抑或掌握社會的習慣性偏好，而引領出自己所欲的調查結果。總之，民調的操作是可以事先安排的，亦有可能事後的灌水或縮水的加工工程，選民不值得以民調做為投票的依歸。

## 四、識破誇大承諾

參選人競相以五花八門的政策承諾做為政治說服的訴求，意在吸引青睞政策承諾的選民，不僅表示強烈的政治支持，而且加入政治動員的行列，進行社會資本的築造工程，從事關係領導，協助參選人建構多數的支持聯盟，展現勝選的氣勢，誘引更多政策同理心的選民加入政治動員的行列。

然而，諸多的重大政策承諾，於當選後卻無力兌現而出現跳票的情勢。選民或可以三項指標來識破承諾的誇大不實性。一為所需經費的額度，如超出政策轄區的負荷，則在有限的任期內就可能無法完成。二為政策所需的協力度，參選人力主的政策訴求，非自己的政策轄區所能獨立運作而成，至須仰賴上級政府或同級政府之間的協力始克完成者，由於組織對議題的迫切度不同，優先列序有異，協調同步推動不易，政策承諾之兌現，由於聯合行動的複雜性之作祟，乃會出現巨幅的執行落差。三為策略變遷的領導條件在於：推動者所擁有的政策韌性度，及不易受到初期的掣肘而中斷承諾的追求，按照推動的進度投入更多支撐的政經資源，然而這項韌性總會受到意外事件的干擾，執行遊戲的脫軌，而難以維持。

## 五、評比不同代理

每次代表政黨參選公職的人選不同，選民最好不受過往投票決定的認

知捷徑掣肘（Lau & Redlawsk, 2006），而要對參選結構的每個可能代理人，進行優勢、劣勢、機會與威脅的比較分析，才決定最終的投票依歸。蓋政治意識形態的盲目浸染，恐會選出治理績效不易產出的代理人；受到選舉操控的影響而改變支持對象者，亦因對潛在代理人的詳實評比未行，而可能承擔政治風險。

由是觀之，負責的選民，抑或深具公民意識的選舉主角，本要在選舉過程中進行政治風險的管理，以降低民主赤字，慎投手中的一票，俾讓想望的政經社文變遷得以適時適刻地出現，以免蓄積抵制的能量，延緩變遷的發酵與催生。何況，選民的四大政治權利，只因程序及各類門檻的限制，只剩下選舉猶有最大政治可行性，其慎重行使的重要性就極具明顯，哪能輕易受到選舉操控的宰制，隨意失去選民的投票自主權。

而在評比未來的政治代理人之時，多方的蒐集參選人資訊，尤其是過去政治經歷流程，表現的績效，更與相關人士進行政治對話，切實理解參選人的過去與未來的作為，而做出自認符應個人價值取向及政治信念的抉擇，致使政治風險得到前瞻性的管理，而找不到湧出的缺口。總之，對參選人的整合性或全局性的評估，恐是防止選舉失靈的必要條件。

## 六、抉擇理據取向

時下在管理領域推崇以理據（evidence）為基礎的管理，目的在於穩固組織所推出的爭取白地策略，經得起實際世界的檢驗，得能應對環境的變遷，對症下藥地解決組織所遭遇的疆界競爭問題（Pfeffer & Sutton, 2006）。與此趨勢同步在政策領域上亦發展出以理據為基礎的決策，試圖以這種路向達成政策想望，化解標的團體所受到的困境，以換取他們政治支持的回饋（Pawson, 2006）。這兩項嶄新策略發展，所得致的效應皆朝向積極正面的方向演化，且迅速逐步推廣擴散中。

選舉這種政治事業，政治利害關係人若能汲取上述二項成功的經驗，馴化選民以參選人過去、現在與未來的作為或打算為之的計畫，成為投票

依歸的基礎，不受各類煽動性文宣的汙染，不惑於製造性的民調，免疫於假議題的殺傷力，主動進行競選期間所蒐集到的資訊之處理，徹底釐清它的真實性，更投入注意力關注偶發意外事件的明朗化，不受任何有意炒作的影響，但憑參選人之間的條件評比而投下理據性的投票，致讓治理輪替得以常態的方式發生，不必出現選舉信任的危機，選舉問責管道的堵塞。

選民為使選舉的正常功能有了路徑可資依循，從經驗中不斷地學習，從歷次的選舉案例提煉出準確的判斷力，進化儲備選擇候選人的能力，對自己與政治系統皆有建設性的影響。而為了選舉品質的提升，選民的進化，恐是同步提升正常選舉的利器，是以選民鞏固自己的獨立判斷，乃是催化選舉轉型的可靠前提。

誠然，選民以外的政治利害關係人共同參與選舉正常化改革的協力者，對選舉品質的提升，勢必滋生協力優勢，成就比選民單獨的角色扮演更能產出的溢出效應。因之，凡是盼望選舉民主化的追求者，以這項政治志業共同投入努力，想必於最短的時間內就能目睹選舉操控的失去空間。

# 結　論

任何民主的政治系統，如若出現異常的選舉操控現象，恐會有民主退卻或民主赤字的危機。這樣一來，所有政治系統的成員，其政治權益可能受到有形或無形的毀傷，同時其亦會隨之發生不良的政治衝擊。而這項衝擊的嚇阻力量，主要來自選民進化的養塑，不再受到操控的役使，更是任何政治風險的有效管理。再者，選民在歷經多元不同的操控經驗或案例，從中應順勢發展充滿的政治智慧（swarming political intelligence），足以做出理性的選舉判斷。從上述三個核心向度的剖析，身為民主化的選民，要對選舉的意涵有更深的智慧或認識。

## 一、不當投票自己受害

選民因受到選舉操控的影響而投票,恐要在選後承擔一些政治代價,比如政策合理變遷的停頓,業已滋生民怨的政策未能終結,新環境所需的對策無由而生,不同問題的出現未能受到有效的治理,甚至未加以注意,白地空間的爭取受到忽視,政策世代的交替未見著手。

## 二、何人當選關係績效

不同的當選人,由於受制於過往不同的政治社會化,施政的作風有異,政策優先列序的設定有別,推動政策的韌性有異,協力的構築用心不同,人民聲音的傾聽與投下的同理情懷深度不一,創造出的績效就大受影響,投入的資源也可能導致財政的空洞化。

## 三、選舉主角並非別人

在選舉的運行過程中,選民是選舉的主角,由他們決定治理權的歸屬,設定未來的政策路徑。不過,選舉主角如若輕易受到選舉操控的制伏,就立即變為配角,受外力的政治影響。因之,為了保持主角的角色扮演,選舉操控隨他,而始終以自由意志選擇參選人,授權他或她為政治代理人。

## 四、一時受控改變結果

選民在發生選舉操控時,本可擺脫其役使,抑或逃離操控的空間,但如自身並沒有這樣的反應,反而願受其影響。這樣的抉擇至為可能改變最終的選舉結果,進而影響到權力結構的不同,政策關注領域的差別,議程設定的殊異,治理網絡安排的有別。

## 五、選民進化代理優質

　　選民認真受到選舉的洗禮，從各種經驗中經營或積累政治智慧，而以冷卻的方式靜待選舉操控的演化，不為操控者任何作為所影響，還是氣定神閒地按既定的投票方式為之，致使操控者體會到任何操控皆已失效，非以政治倫理的方式經營，不足以撼動選民的意向，進而鋪設更優質代理人的勝出。

## 六、選民進化輪替有道

　　各級政治系統的民選治理者，如能透過正常的選舉加以輪替，才更能防止政治腐化，加速各項改革，回應選舉主角的需求。職是之故，選民勢必要不斷政治學習，調整主導行為的價值，抑或支撐不穩的行動假定，而提升進化公民自主意識，願意協力政治系統的進化而貢獻。

　　選民進化確是防止民主赤字的根本，鞏固運作治理的基礎。因之，選民對自己重要性的體悟，築造操控的防火牆，致使操控的快速無效化，而對各個參選人進行價值追求、政策詮釋及提出事實的檢定，才作成最終投票的決定，乃能實現民主的宗旨，維繫自身的選舉主體性，避免淪為選舉的客體，選舉操控者的政治附庸。

　　選舉操控危害選舉效度不小，一旦操控順利，就提供政治後遺症的出口，所以其已構成一項迫切必須關注的政策議程，有待各方政治利害關係人，由不同的經驗及沉澱的知識構思探測及嚇阻的策略，使其在選舉的過程上失去原有的效用，抑或逐步出現效用遞減的趨勢，俾讓實際的選舉結果找出回歸的路徑。當然，選民自身的隨勢進化，按照政經條件的更迭，政治系統的治理績效決定投票的依歸，更能加速選舉操控的滅跡。

# 參考書目

## 一、中文部分

林水波,1999。「政治性棄選的選民」,收錄於氏著選舉與公投,臺北市:智勝,頁171-173。

林水波,2009。「蝴蝶選民與忠誠選民」,國會月刊,第35卷,第12期,頁23-35。

## 二、英文部分

Abrajano, M. A.2010. *Campaigning to the New American Electorate*. Stanford, CA.: Stanford Univ. Press.

Alvarez, R. M., T. E. Hall & S. D. Hyde (eds.) 2008. *Election Fraud: Detecting and Deterring Electoral Manipulation*. Washington, D.C.: Brookings Institution Press.

Behn,R.D.2001.*Rethinking Democratic Accountability*. Washington, D.C.: Brookings Institution Press.

Birkland, T. A. 1997. *After Disaster: Agenda Setting, Public Policy, and Focusing Events*. Washington, D. C.: Georgetown Univ. Press.

Birkland, T. A. 2006. *Lessons of Disaster: Policy Change after Catastrophic Events*. Washington, D. C.: Georgetown Univ. Press.

Bovard, J.2005. *Attention Deficit Democracy*. NY: Palgrave.

Bowler, S., T. Donovan & C. J. Tolbert (eds.) 1998. *Citizens as Legislators*. Columbus: Ohio State Univ. Press.

Boyett,J.H.2008.*Won't Get Fooled Again*. NY:AMACOM.

Cappelli, P. 2008. *Talent on Demand*. Boston, MA.: Harvard Univ. Press.

Chopra, D.2010. *The Soul of Leadership*. NY: Harmony Books.

Cohan, P.S.2003. *Value Leadership*. San Francisco: Jossey-Bass.

Creighton,J.L.2005.*The Public Participation Handbook*. San Francisco: Jossey-Bass.

Donsanto, C. C.2008. "Corruption of the Election Process Under U.S. Federal Law," in R. M. Alvarez, T. E. Hall and S. D. Hyde (eds.) *Election Fraud: Detecting and Deterring Electoral Manipulation*. Washington, D. C.: Brookings Institution Press:21-36.

Gerken, H. K. 2009. *The Democracy Index*. Princeton, NJ: Princeton Univ. Press.

Granger, R. H. 2008. *The 7 Triggers to Yes*. NY: McGraw Hill.

Hoppe, R. 2010. *The Governance of Problems*. Bristol, uk: The Policy Press.

Johnson, M. & S. Wunker 2010. *Seizing the White Space*. Boston, MA.: Harvard Business School Press.

Joiner, B. & S. Josephs 2007. *Leadership Agility*. NY: John Wiley & Sons.

Kotter, J. P. 2008. *A Sense of Urgency*. Boston, MA.: Harvard Business School Press.

Lau, R. R. & D. P. Redlawsk 2006. *How Voters Decide.* Cambridge: Cambridge Univ. Press.

Mitroff, I. I. & G. Anagnos 2001. *Managing Crises Before They Happen*. NY: American Management Association.

Mortensen, K.W. 2008. *Persuasion IQ*. NY: AMACOM.

Pawson, R. 2006. *Evidence-based Policy*. Thousand Oaks, CA.: Sage.

Pfeffer ,Jeffrey& R. I. Sutton. 2006. *Hard Facts, Dangerous Half-Truths, and Total Nonsense : Profiting from Evidence-Based Management*. Boston, Mass. : Harvard Business School Press.

Pimbert, M. & T. Wakeford 2001. "Overview: Deliberative Democracy and Citizen Empowerment," PLA Notes 40: 23-28; Hers Cited From J. L. Creighton 2005. The Public Participation Handbook. San Francisco: Jossey-Bass.

Senge, P. 2008. *The Necessary Revolution*. NY: Doubleday.

Sinclair, B. 2006. *Party Wars*. Norman: The Univ. of Oklahomn Press.

Sirianni, C. 2009. *Investing in Democracy: Engaging Citizens in Collaborative Governance*. Washington, D.C. : Brookings Institution Press.

Thompson, D. F.2005. *Restoring Responsibility*. Cambridge: Cambridge Univ. Press.

Weisberg, H. F. 2005. *The Total Survey Error Approach*. Chicago: The Univ. of Chicago Press.

# 第二章　懲罰性投票

　　英國2010年5月6日的國會大選，出現與過往13年來極大不同的政治結構，執政的工黨從選前的349席驟減91席來到258席，反觀保守黨卻從選前的209席一下子增加97席來到306席（參閱表2.1），躍居為第一大黨的地位，並順利與自民黨組成聯合政府，歷經溝通對話達成新政協議，開拓英國另一新階段的政治發展歷程、修訂及更改前工黨政府的決策內容，以對應主政者不同的政策思維，以及引領政策變革所出現的新內外在環境因素，爭取選民的後續支持。

　　而臺灣自第二次政黨輪替之後所進行的立委補選及三合一的地方選舉，國民黨的選戰績效出現統計學上「迴歸趨中」的現象，從2008總統大選的高得票情形，緩緩下滑而失去少數立委的席次，未能持續維持總統大選時的政治態勢，因為整體臺灣的政治、經濟、財政、社會、科技、環境、立法的系絡或情境業已出現巨幅變遷，選民由於深受這些系絡的影響或浸透，有的出現選舉退卻，政治冷漠的情形，有的改宗政黨支持，改投

表2.1　英國2010年5月6日國會大選主要政黨各類指標消長情形

| 政黨　　　　大選結果 | 保守黨 | 工黨 | 自民黨 |
|---|---|---|---|
| 選前席次 | 209 | 349 | 63 |
| 選後席次 | 306 | 258 | 57 |
| 增減情形 | +97 | -91 | -6 |
| 得票率 | 36.10% | 29.00% | 23.00% |
| 席次率 | 47.08% | 39.69% | 8.77% |
| 兩率差距 | +10.98% | +10.69% | -14.23% |
| 上次大選席次 | 198（32.4%） | 355（35.2%） | 62（22.0%） |
| 上次大選席次率 | 30.46% | 54.62% | 9.54% |

資料來源：Wikipedia & 筆者自算

他黨推出或無黨籍的參選人，展現蝴蝶選民的本色（林水波，2009），重新尋找屬意的參選對象，表露自主性選民的民主氣度，更對政黨的作為提出示警，以激勵其推出更讓選民對味、回應選民需求的政策取向，留住蝴蝶選民原本的政治擇定。

　　在這兩個不同國度，選民出現相同的政治支持現象，已經引起各方關注與重視，進而加以討論分析，胡祖慶就由「懲罰性投票」的概念對這種政治現象加以定位，舉述法國的歷史選舉案例說明（2010）。不過，由於受限於報章篇幅，這項懲罰性投票的分析，尚留下不少空間可資探索，究竟投這項投票的選民具有哪些特色，才比較會在政經系絡變化下，選舉期望降低下，做出這樣的投票抉擇；他或她到底有哪些合理化的理由，足資構成這項投票的基礎；選民這項投票抉擇，是否能全以負面的角度視之，還是可透由選民這樣的政治舉措，對政治系統或政黨的運營得有正面而積極的效用；主政者要如何展現策略靈敏，以因應這項對自身不利的選舉行為，進而凝聚原本不同的支持力量，聚焦於共同的政治使命，再度激發選民的熱情，引領團隊成就政策目標。

# 第一節　選民屬性

　　英國工黨趁選民對保守黨的青睞疲乏之際，1997年一舉衝破國會的過半席次，取得組閣的機會，擁有決策的壟斷權，主導關注政策的政治理解及詮釋權，應用制度安排來強化那項政治理解及詮釋。不過，歷經時間的更迭，空間的遞移，抉擇政策所立基的假定，在效度受到挑戰之後，逐步出現失靈之勢，導致政治支持度的滑落，終在2010年的國會5月大選，在選民扮演蝴蝶性政治顧客的角色下，失去建立多數聯盟的機會，而將執政權轉讓給另一個更具競爭力的政黨。這項政治演化直接證明：工黨在取得執政的正當性之後，在維持治理正當性的作為上，並未產生令選民肯定的

結果；尤有甚者，當主政者察覺治理正常性正在流失之際，亦未能洞鑒這項趨勢，推出修補正當性落差的對策，終於達到選民不願再忍受的門檻，而在蝴蝶選民離開工黨的支持陣營，就失去治理的權限。

由上述工黨受到選民評鑑的經驗，一個政黨若只在固守死忠的支持者，其在治理的基礎上本是至為脆弱的，恐因治理期間的政策偏差，造成部分政治顧客即將在未來選舉遊戲時，成為另一個政治市場的支持者，試圖改變治理的權力結構，調整回應度不足的政策，積極扮演「即將成為」（soon-to-be）改變的主力，警醒主政者的施政取向。是以，執政黨定要關注在野黨所運用的藍海策略，掌握關鍵選民的政治動向（Kim& Mauborgne, 2005），不可出現注意赤字的情形而流失選民的政治支持。

在選民的政治支持並非永續不變時，各政黨的選戰操盤手就要認清這類「即將成為」其他政治陣營的選民，其究竟已政治社會化或習得哪些政治屬性，而慣於選舉遊戲上扮演蝴蝶的角色。這個選舉議題或可由七個向度加以解剖，以引起選舉主事者的聚焦。

## 一、自主選民

這類在選舉遊戲上，擺盪於不同政黨之間的支持定位，乃充分展現政治的自主性。在根據自己設定的評鑑指標下，對各政黨所推出的候選人，一一加以評估再決定最終的投票歸屬，並非任意受媒體擺布，受政治民調操控，抑或受到包裝的政見所迷惑。

選戰經理人針對這一類選民，一定要誠實以對，不可提出一項可以證明為不實的政治主張，以致引起他或她的反感，成為「即將成為」改宗政黨支持的選民。尤有甚者，這類選民甚為關切候選人的政治形象，蓋其始終在尋找更好的政治代言人，政策企業家以資扮演優質立法或提供公共服務的任務，更期盼支持的政治代表得能在適當場域展現政策銀舌的角色，得以合縱連橫締結政策合法化所需的多數聯盟，適時推出彌補政治經濟環境缺口的對策，以緩和問題情境的殺傷力。

　　自主選民一直在揀選更好的替代政治人物，只要發現這樣的參選人，其可能在行動上、財政上盡力投入，冀想其所屬意的對象能在選舉中勝出。與此同時，他或她亦會在政治遊說上展現說服智商，說明其他選民認同自己所支持的候選人，解釋這樣抉擇的正當性，說明其他選擇的後遺症（Mortensen, 2008）。因之，選戰的操盤手或經理人，為了贏得勝選，一定要做好選區的選民分析，認定哪些選民的政治支持業已動搖，再想方設法加以挽回，以利多數門檻的締結（Shaw, 2010）。

## 二、效用選民

　　選民在投下手中的一票時，可能各根據多元不同的效用（utility）考量，有的要肯定執政黨過去的政策表現，開創選民的就業機會窗，有的深恐一黨獨大太久，透由政策壟斷造成政策偏差，形成政策未能充分回應廣泛人民的需求，甚至提供多數宰制的機會，不能吸納不同的政策聲音，以利政策視框的反省，進而做出假定較為公允妥當的決策。

　　有的時候，選民為了衛護自己信守的道德或價值，不僅於選舉的過程上，重視道德議題的討論，強調家庭的完整性、墮胎的違反生命權，彰顯宗教在政治上的重要性。這種以選票代表選民所追求的價值，並主導最後總統大選的勝負，可以美國2004年的大選做為典範，是次選舉被定位為兩黨從事價值競爭的選戰，最後並由衛護基督徒權利的政黨取得勝利（Green, Rozell & Wilcox, 2006）。

　　當今資訊科技至為先進的時代，選民由於接受傳輸而來的資訊相當豐厚，已愈來愈有政治見識，對參選人更加挑剔，每藉由選票呈現政治訊息，不再忍受執政的失靈，在野的無理，抑或擁有貪腐形象的政黨，更無法容忍政見允諾未能兌現的政治人物，看穿他們的允諾不實，而不願接觸其文宣，每要選出卓越的政治領袖，以彰顯選民的政治智慧，為政治體系帶來更有希望及允諾的成果（Boyett, 2008）。

## 三、警示選民

　　選民之所以投出懲罰性投票，有時其用意在於對執政者或現任者的示警，不得在政策主張上過於專斷，並不理會不同的聲音，未能有效進行意見差異的管理，從事公共爭議的磨合或統合的對話工程，忽視對話的政治轉型力量，不理解透過對話而非強制的力量，可以成功地建立互信關係，而有助於政策主張的行銷（Forester, 2009; Roberts, 2002）。換言之，原本視爲理所當然的政策假定，以及立基其上的政策結構，在經由對話的同理性傾聽及不同意見的交流後，相互調整原先各自存有偏頗或偏執的政策主張，而以較爲符應主權者需求的政策安排出爐。

　　任何政黨之所以能取得治理權，最大的底盤因素在於政策主張受到廣泛的支持。不過，在治理階段如未能射準主流民意的歸趨，內外在環境的劇烈變遷，而推出根本性轉型的政策，在風險未能有效控管的情形下，難免引起選民的政治疑慮，而要在選票上反映出來，希望政治系統更能展現商議民主的政策風格，得能在決策之前省思政策盲點或風險的所在，於是改弦更張投票的取向（James, 2004）。

　　選舉的結果是一項政治指標，標示出選民的政策意向，如若治理者不加以重視，不在意相關議題的走向，根據選舉的風信而有所調整，下次選舉更可能流失不少的支持者。因之，政治領袖每要時時體悟選民在選舉上所流露的政治訊息，以之當爲一種極富價值的示警訊息，做爲政策主張更調的準據，並應事先謀定而後動，不可在倉促、草率、邏輯不合的情況下，就推動根本性的政治轉軌或政策轉型。

## 四、績效選民

　　選民有的只重視前瞻性的政策承諾，而以候選人所推出的政見允諾做爲投票抉擇的基礎，不太在乎過往的政績。不過，有的選民是後顧性，非常在乎當選人在任期內作爲或不作爲行爲的績效，如任職期間並未創造出

令人感受到的政策成果，反而增加不少的痛苦指數，乃會縮回過往的政治支持，改宗他黨較為中肯的參選人，希冀賦與政治機會，以求更佳政策績效的產出，推動更具回應力的政策。

政黨或候選人需要體認：選舉是選民對政治人物的一種政治問責，持續支持乃表示對現任的肯定，支持退卻就顯示績效未受賞味。因之，選舉是選民一定期間的政治評估，如參選人未能通過這項評估的檢驗，可能名落孫山之外。由是觀之，現任者要享受現任的優勢，平日就要做好績效管理的工程，組構協力團隊，合夥地完成選民想望的表現，設定不同階段所要進行的使命、所要推動的政策願景。

## 五、經濟選民

選民有時高度關切經濟的議題，非但強調經濟政策在論證的合理性，更評估經濟政策所創造的效益，抑或系統成員所必須負擔的成本。如若主政者服公職期間，適時推出解決經濟問題的良策，緩和失業問題的嚴重性，解決政府的財政危機，獲得選民的後續政治支持，本是一項快速的捷徑。

不過，經濟政策由於受到內外在環境演化的嚴重制約，每每充滿高度的不確定性，更非決策者所能事先測得準的。何況，經濟政策所立基的假定，若心存過度樂觀的推測，抑或只言談選民所要聽到的，而未論及較為實際的情況，每會出現政策謬誤，帶來選民無可承受的後果（Sowell, 2008），欲贏得他們的再度支持就不太容易。蓋任何的經濟信仰並不等同於實際的經濟情形，主政者如對經濟信仰過度的傾斜，而不對之接受經濟事實的檢驗，恐會引發不少的選民受到不利影響，而改變政治支持取向。換言之，經濟政策所帶來的經濟榮景，最易感動選民，但其所帶來的蕭條，選民亦感受良深，而有改變政治支持的謀算。

## 六、遊移選民

選民的結構中，有一群人不受任何內外在因素的影響，始終青睞於某一政黨的候選人，當然不會因政績的水平面改變政治態度，更不致於投下懲罰性投票。不過，也有一群選民對政績及形象至為敏感，一旦出現二者受到非議的情勢，自身感受到經濟痛苦加倍，乃想要在下次選舉改投他黨所推出的人選，冀圖以不同的政策改變現行經濟的困境。

選民有時正如蝴蝶顧客一般，隨時準備更換支持的政治市場，其一直在尋找強勁的政治領袖，組構協力的團隊，試圖由知識的工作者規劃出解決問題的對策，創造令選民激賞的績效與成果，留住原本支持的選民。不過，政治領袖如於取得治理權之後，受到同性質人力資源的影響，未能體驗到實際情境而推出立基假定不是合理的政策，也未顧及政策可能承擔政治風險，恐會驅動選民的政治遊移，改變治理的權力結構。

懲罰性投票的選民，大體上擁有上述六種屬性，但彼此間或有交集的所在，更有前後因果關係存在，只是這樣的區隔論述，目的在於更清晰描繪這類選民的樣態，提醒有意於以政治做為志業者，不得對之出現注意赤字，而影響當選立基。蓋選民既可支持政黨合理而正當地取得治理權，抑可抽回支持的允諾，改宗支持別的政黨。畢竟，選民是政治市場的利益極大化者，更是嚴格的政治問責者，名副其實的治理授權者。

# 第二節　投票原因

部分選民之所以在後續選戰中，出現投票搖擺的情勢，不再強烈支持原本棲息認同的政黨參選人，除了寄望政治系統藉著權力結構的更調，改變政策的走向，警醒政黨及其負責人並無政治傲慢的基礎，選民自身也有一定的因素考量，做為合理化改投的舉措。茲由六個層面加以剖析之，以為相關從事權力競爭政黨的參據，誘引其採循的選戰管理策略。

## 一、議題的失策

　　政黨之間在選戰上的交手，有時決定輸贏的關鍵，在於候選人對時下社會所關注議題的政策立場，如果原本支持政黨所採取的政策態度與自身的政策偏好互異，但並未在選戰期間提出說服的解釋，得到選民的接受，創造立即的信任，再加上整體社會氛圍支持不同的立場，乃決定投票轉軌，藉機扭轉最終政策取向的選擇。

　　政黨之間的競爭，不可但憑政黨認同的情感因素，還要取得選民重視，關切的主軸議題之所有權，站在選民的偏好發聲，盡力維護選民的權益，方能鎖住他們的持續支持。是以，政黨及決定參選者，平日就要警覺到選民的政策偏好，以及立場的改變，而推出對應眾趨民意的政策主張，以防止蝴蝶選民的群聚。比如，五都選舉如有政黨將ECFA列為主軸議題，其就要格外的小心，因各黨的支持者均有支持或反對的選民，稍一不慎或過度操作恐會發生反作用。

## 二、失望的反映

　　蝴蝶選民在磁吸效應的引導下，促成中央政權的輪替，抑或改變國會的權力結構，強化制衡的力量，但在新政權的治理過程中，由於受到國際政治經濟情勢的影響，致讓政治系統遭遇荊棘難理的議題，如若治理者政策處置未當，而致使選民受苦，未能感受高度的幸福指數，乃形成不少的民怨，對政策表示不滿，更對治理的失望，無持續支持的動力。

　　政黨在選戰競爭之際，每對選民灌輸重大而積極的希望或政策期許，構思令選民感動的政治夢想，試圖說服選民的投票支持。不過，訴求過後，也爭取到勝選的多數聯盟，取得治理的權柄，乃順勢轉到實際檢驗的歷史時刻，如職司者選前所建構的希望，由於外控條件太多而無法成就，選民恐會將希望轉成失望，進而改變投票的歸屬，用以懲罰在位者，使其不斷反思原本作為，注意外在變化，提出更為精準的對策。

## 三、績效的未顯

蝴蝶選民的轉換支持對象，乃在問責衡定之後所下的決定，期待新政權得能發揮優質的團隊精神，建構策略性夥伴關係，發揮協力治理的合超效應，表現令人激賞的績效，同時在因應內外在情境的演化之際，又能做妥適的診斷，並發展對應情境屬性的策略，以關建效應產出的路徑（Watkins, 2003）。不過，或許團隊的協力出現問題，環境的診斷難為抑或失真，配置資源未達關鍵的質量，迫切意識的不足，期冀績效未能在適當的時機內勝出，選民恐就失去希望，而於接續的選戰見異思遷。

績效對選民而言，本是至為敏感的議題，又是左右選民政治取向的關鍵因素之一。是以，治理政治系統者，一定要關注政策假定的效度，如其因受到內外在環境變遷的影響，而出現失靈之勢，恐就得改變政策的配套內容，方能抓住民意的歸依；而在假定失效之際，並允准主事者適時採取回應，斯時就不可延宕回應的時間，以致產生另外的問題，加重系統的責任負擔。尤有甚者，主事者在面對環境的重大變遷，就要展現前瞻性的規劃能力，快速調適與環境得能鑲嵌的策略，馴服環境的殺傷力；而在對應之策出爐後，主事者更要連結執行機關及人員，步調一致地進行轉化工程，導使政策產出解決問題的效應（Light, 2005）。換言之，勝選之後才是考驗的開始，只有以績效來回饋選民的支持，如回饋的支持鏈中斷，要說服支持就不易了。

## 四、跳票的失信

政治領袖一定要深刻體認：信任是治理的重要基石，如若政策作為未能取得被治理者的完全信任，則支持的支柱會有崩塌之險。蓋政治領袖取得政權的要素之一，乃在選前提出令人激賞的政見允諾，設計頗具前瞻性的願景，流露創新的思維，開創系統至廣的生存空間，指出競爭對手的政策謬誤，而引起選民的共鳴，發揮共鳴領導的功效，因而備妥嶄新政治發

展的各項條件，引領蝴蝶選民的飛奔，而構足取得治理的多數聯盟。

然而，政策的許諾不難，但要充分加以兌現就不易。蓋兌現充滿高度的外控性，非政治領袖所能完全掌控，再加上國際政經情勢的脫序，加深許諾貫徹的困難度。而在歷經一段的期待期或政治蜜月期後，出現跳票的情勢，其要維持厚實的支持就有困難。一旦政治系統又要面對各項選舉的挑戰，難免會有懲罰性投票出現，甚或出現用腳投票的舉措，即杜絕選舉訊息的浸染，又不參與任何選舉活動，更不上投票場所，致讓支持底盤脆弱化。因之，政策跳票是傷害選舉部署的凶手，如何盡全力對之避免，抑或全然地逃脫，乃是選戰經理人所要面對的重大課題。

## 五、專斷的批評

政治系統長久以來，以追求民主價值的深厚爲職志，主事者勢必責無旁貸地進行這項價值的領導，用以鞏固民主的根基，盡到回應型政府的使命。於是，在重大政策抉擇之際，推動廣泛而深度的公共商議，有效管理公眾的價值衝突，取得大體上的共識，再做最終的決定，方不致於產生有損民主的風險。換言之，政治抉擇無權剝奪公民的參與，以及國會的實質審議，更不能圍堵民意的表達。

在這樣的民主原理制約下，透由選舉競爭而取得治理權者，就要強化民主價值的追求，如若在重大政策抉擇之際，限縮言論自由的空間，弱化國會的監督問責力量，試圖全由行政部門主導政策的形成，可能腐蝕選民的政治支持度，而在斷續的選舉上，一則主動成爲棄選的選民，二則改變支持標的，展現懲罰性投票的決心。是以，政治領袖追求一致的價值，並透過領導力鞏固原本追求的價值，方能說服選民繼續支持。畢竟，選舉是選民與候選人之間，彼此互惠的政治遊戲，如候選人失去互惠性的提供，恐無法再說服選民的加持（Hillygus & Shields, 2008）。

## 六、本質的還原

政治領袖在競爭性選戰的過程中，每要進行形象的包裝，顯現優質的領袖魅力，清廉親民的形象；抱持可現願景的評價，流露與競爭對手巨幅落差的對比；在關係管理上充分展現情緒智商，扮演變遷的催化者，衝突的化解者，相互協力的養塑者，提升他人能力的發展者，團隊的啟蒙者，與決策的影響者或折衝者（Boyatzis & Mckee, 2005）。而這些形象透過媒體的擴散，電子網路的傳輸，或可爭取到為數可觀的支持者。

不過，這些包裝而突顯的形象，一旦政治領袖站上治理的高度，乃是接受實際檢驗的開始。如若在面臨重大抉擇時，並未能充分反映歷經塑造的形象；無法準確地扮演政策企業家，抑或政策銀舌的角色；無能體會他人的政策主張、瞭解他們的政策透視，徹底關注他們的想法，解讀社會氣氛流露出來的政策訊息，社會網路傳輸的議題主張，民間社會的政治言談，而推出尚待凝聚共識的政策，恐刺激選民的政治轉軌。

選民的政治態度並非一成不變，永續支持某一政黨所推出的候選人。選後的選舉經營，審慎處理各項焦點事件的發生，適時推出早期的績效，以杜絕選民失望的緣由。而對選前的政見允諾，不得有疏於經營的跡象，更要提出理由解釋一時未能兌現的原因，取得支持者的諒解。在攸關政治系統發展的政策抉擇之際，固守民主價值，提供公民參與公共事務管理的機會，排除政策壟斷的格局，才能維繫選票。尤有甚者，一致形象的保持，杜絕落差的產生，提供不必政治改變的凝結劑，或能有效防止選民的市場轉移。

## 第三節　正面效用

選民利用選舉展現民主社會的主人角色，並以靈敏的政治觀察，審慎選擇自己的政治代表，藉其在政治場域或各類競技場上反映他們的政策

聲音，不致使政治代表過度傾斜某一特定的政治走向，而失去多元回應型
政府的特色。換言之，有一些選民的投票取向並不固定，而是隨著政治氣
氛，內外在政治環境，參選人過往形塑的形象，以及對主政者的政策滿意
度，而為不同的投票抉擇。至於，這樣的投票改變或轉軌，在政治學上究
竟具有哪些政治用意、企圖，抑或正面效用，或可由六個角度述明之。

## 一、防止政治自滿

　　政黨趁著政治情勢對自己有利之際，又以形象清新的政治菁英代表參
選，順時順勢取得勝選，立下發展政策使命的機會窗。不過，這項政治成
就往往亦埋下或滋生失敗的種子（Cohan, 2002），蓋政治人物在政治選舉
成功之後，如鬆懈內外在環境的注意，未能充分理會不同政策表達的可取
性，也未發現經營團隊的政策盲點，更自滿於可受挑戰的政策假定，每易
引起政治民怨而漸進流失政治支持。

　　自滿的攻堅，本是懲罰性投票選民致力要為之的政治使命。是以選
舉勝利者在取得政治授權之後，絕對沒有空間出現狂傲的作為，發展一些
習性阻礙永續維持受選民認同的氣質或作為，而未能針對內外在環境的演
化，隨時反映選民的想望。尤有甚者，從選舉激烈競爭過程中出現者，
為了鞏固自己的政治地盤，每要展現議題吸納的作為，將競爭對手所推
出而有價值的議題，做為自己努力的標竿，進而贏得議題支持者的青睞
（Sulkin, 2005）。不過，如選舉勝出者未能體悟到這項選舉的黃金法則，
反而表露自滿的情結，出現自見自是的政策主張，排斥不同聲音，乃引起
蝴蝶選民的蓄勢待飛。

## 二、提供改革空間

　　表2.1中，英國國會大選出現一個嚴重的過度代表問題，即兩大政黨
應用選制的優勢得到比得票率更高的席次率，而自民黨雖有23%的得票

率，但只得到8.77%的席次率，由此顯現選制所伴隨的五鬼搬運席次的後遺症。不過，這種政治不義的現象，或有可能透由懲罰性投票，改變執政的陣營，調整議題處理的優先順序，矯正制度不公的沉疴。

尤有甚者，執政黨若為團體思維所困，無法進行複眼思考，以利政策視框的反省，而推出潛藏失靈基因的政策，導致政策利害關係人的價值受損，為了這類不良政策的適時調整，抑或脫軌政策的導正，蝴蝶選民就以自身的重新選擇，創造政策變革的機會窗。再者，政黨原本的清廉形象如不再受到肯定，出現一些貪腐或行政失靈的情勢之後，選民關注的焦點，評價的鎖定亦會有所改變，進而改宗選舉取向，調整決策陣營，扭轉未能符應民意的政策。

## 三、警醒注意赤字

政黨在取得治理權之後，本要全神關注內外在環境演化所出現的各類問題，試圖加以緩和，以對應主權者的企盼。不過，政黨每每受制於自身政治意識形態的制約，比較偏好於與其一致的政策選項，而疏忽與其距離較遠的議題，甚至並未充分理會不同的政策見解，引發大小不一的政策衝突，影響到選民的投票抉擇。

其實民主多元化的社會，在環境不斷演化的情勢下，政治系統本會面臨諸多難理的問題，比如治安在無作為的影響下，抑或社會結構的變化下，失業人口的增加，乃產生寧靜的危機；而政策若在標的團體的射準上出現認定的偏差，而有導向財團利益的傾向，本會製造出不同的問題。何況，社會政策在政治和設計上的成敗，每每仰賴於標的團體或對象的認定具有極高的效度，並匯集必要且充分的資源，解決其受問題情境浸染的程度（Schuck & Zeckhauser, 2006）。不過，政策主事者如若注意有所偏差、他顧或不及，而構思不夠全局關注的方案，乃鼓勵選民改變投票的抉擇，另尋不同的政治代表，藉以展現認定標的對象的效度，避免有限資源的濫用、誤用或不當使用。

## 四、激勵在野努力

選民隨勢改變政治支持對象，並未永續固守一個政治陣營，其中有一個隱性的政治功能，即激勵在野黨的政治努力，非但盡到政治監督的職責，而且積極更替政治領導人，提出具有競爭力的政策對案，又能針對時境系絡推出不同的問題觀、政策觀及目的觀，與執政者的政策見解較勁。

反之，執政者在取得治理權之後，本要竭盡所能投入於選前對外表示的政策承諾，以建立選民的政治信任，增加更大的支持空間。不過，執政者若未能讓政策允諾找到兌現的路徑，亦無法提出合理的解釋，就會出現政治誠信的問題，製造出選舉被質疑的議題，所推候選人被拒絕的現象。於是，民主政黨必須正視：政治市場的競爭本是激烈的，獲勝者本要屬行價值領導，整合連結各項作為以創造價值，滿足選民的需求。如若獲勝後，推動未能價值創造的舉措，表現出政治自負的情形，恐於下一次選舉，為他黨製造有利的政治空間。

## 五、實踐選舉問責

選舉本是政治問責的機制，選民以選票來追究主政者在財政的配置是否公平妥當，有無偏離分配及程序正義的問題；在價值追求上有無偏袒不公的情勢，不同職司機關是否盡力實現原本設定的組織使命；權力階層在權力的使用上，有無出現濫用、誤用及不當使用的情形，而將價值不貲的契約賦與特定的團體；政府不只在經費運用上要儉約、謹慎，發揮最大的財政效應，平等對待每位主權者，還要依限完成多元不同的公共目的，即選民會對公職人員的作業績效問責，以決定其投票的歸屬（Behn, 2001）。換言之，選民重視政府行動的結果，如其未能達到可接受的門檻，甚至由行動本身滋生選民沉重的負擔，乃構成蝴蝶選民準備置換政治棲息地的動力。

當代的選民為了有效問責政府的執政績效，每每對政府的施為結果設

下合理的期望，對主軸政策所能產生的成果，對標的對象及政經環境所帶來的衝擊，都會加以評估，以為後續授權的標竿。因之，贏得治理授權本是承擔責任的開始，並非享受特權的開端，因為選民隨時根據個人客觀的體驗及主觀的績效評定，漸進形塑下次投票的抉擇基礎。職是之故，藉由選舉上台執政者，無法逃避主權者的問責，而問責的最高代價，乃失去再度政治授權的條件或機會。

## 六、洞鑒水舟關係

懲罰性投票隱藏的深層政治意義，乃在顯示選民方是決定政權的歸屬者，其可以支撐深具政治未來的政黨，實現政權交替的想望，展現政治抱負的舞台，亦可拉下績效未能彰顯的政黨，使其失去治理的權限。這種水舟關係的徹底展現，意在警告任何政黨並無政策懈怠的權力，非時時力拼績效的勝出不可，以免治理正當性的流失。

由於選民對政府的犬儒思維不斷增強，乃透過適當的程序取消民選代表或公職對政策議題的決定權，並由自身的投票決定，頗具爭議的公共政策議題（Bowler & Donovan, 2000）。同理，一旦由選民支持上台執政或掌控國會的政治領袖，歷經一段時間的政績經營，如猶未能勝出令選民肯定的績效，甚至因為政策的配套不夠周全、全局，只有少數人受益，加上又低估對政治系統不利的政經衝擊，選民政治的反挫力可能藉機尋勢而出。是以，認知選民於今的政治敏感，權變性的投票取向，方足於應對蝴蝶選民的政治取向。

選民歷經多次的選舉洗禮，已形塑透視選舉操弄的能力，已能對「高齡化」的政治議題表示無趣，更對影響深遠的政策表示高度的關切，對自己切身的生計問題列為優先的序位，而對意識形態的操作並不熱衷，所以政黨的選戰經理人，非掌握選民的政治變遷不可，設定貼近選民需求的政策願景，展現令人賞味的政策績效，方可吸引選民的依附，成為構築多數聯盟的選舉利害關係人。

　　懲罰性投票之出現，選民定有其根據的理由，冀圖藉之產生的政治效用。這項選民的決定可能是政黨及領袖政治自滿的防腐劑，不致因一時的成功，而種下往後大敗的種子；促成政策或制度改革的空間，因不同政策理念的政黨領導人，可藉之交代政權；發現注意赤字的所在，趕緊填補政策的真空；提供在野政黨努力的動機，使其不致頹廢，而勵精圖治發動選民做出懲罰性投票的舉措，藉以實驗不同政策取向的機會，展現政治問責的功效，致使各競爭政黨隨時省思政策視框，減少政策風險的幅度；供給政黨洞識水舟的互動關係，隨時儆醒自身的政策作為，是否出現回應的偏誤，而滋生不公的現象，提供覆舟的溫床。

　　歸結言之，懲罰性投票在在顯示的政黨的政治示警，希冀其要擁有策略靈敏的能力，不可出現政策惰性或政策大躍進的作為，蓋前者可能無法因應情境變遷的需求，後者可能無力控管政治系統所要承擔的風險水準。而政黨一旦鍛鍊策略靈敏的環境反應力，就可協助其站穩選舉遊戲的競技場，鞏固政治支持的力量。

# 第四節　投票圍堵

　　選民的懲罰性投票一旦蔓延，極有可能會傳染於往後的選舉戰役，政治領袖必須想方設法加以防堵，以減損殺傷力，並築妥防火牆以使至為關鍵的選舉對之免疫。這些策略於前述各節中均有對應式的提出，現再為通盤性的論述，以為相關主事者的參照。

## 一、提出脊柱論述

　　政策的變遷，抑或嶄新政策的推出，定要有合理性來支撐，並避免內涵或主張的謬誤，不得只提出單面的效益陳述，還要顧及損失的指陳，風

險的描繪，後遺症的示警，機會所在的鋪陳，威脅面的縷析，再做對應的配套安排，務使政治性的衝擊得能圍堵，爭議的議題得以擱置，風險或威脅得到設防，機會可以加諸掌握，後遺症在工具預防下得能減輕。

須知，重大政策的轉軌，無法逃避利害關係人的評估，絕不能全以主觀的建構，就試圖說服可能受政策影響的人。是以，在政策形成之際，設計對話交流的平台，吸納各方的政策知識，應用各項事證以支撐政策立論，而不以傳言或毫無根據的事實說明政策主張。蓋單面強推一項新策，受到挑戰或質疑恐會不少，也會在無意中流失不少的蝴蝶選民，動搖治理的正當性。

## 二、政策貼近民意

民生性的政策，對一般普羅大眾影響最大，其好壞他們也感受最深，稍一走調抑或完全代位決定，抱怨就立即而生。是以決策者最好設身處地為他們設想，盡可能貼近其所望而行，不必逆反眾趨的所向而引起政治動盪，促使政治支持的轉向。

回應性本是評估政策的一項關鍵指標，如若政策內容只反映優勢階層的利益，而對眾多弱勢帶來不利的衝擊，不僅因回應度的不足造成不滿，更因衡平性受到質疑，而引領強烈的反彈，凡此種切類皆影響到選票的穩定性。而對年輕世代的選民，在政策選擇上要注意代間正義的問題，不可全然為了當代人的福祉而加重年輕世代的負擔。何況，其本是政治遊移的社群，極易隨勢轉向的一族，信實地加以抓住他們的心思，並以對準的政策加以反映。

## 三、重視少數聲音

國會多數統治本是政治運作的常態，但政黨絕無權力出現多數宰制的情勢，並不理會少數的另類思維與不同的政策主張，甚或壓抑少數的權

利。蓋這樣的舉措在無形中可能引起選民的政治不滿，而伺機轉移選舉的支持對象。何況，國會本身也要接受選民的問責，對外在的政策聲音，本要主動與聞其內涵，做為視框反省之用。

政策烏鴉本是彌足珍貴的，不同的政策論述本可表達合理的疑懼，道出嚴重的隱憂，進而提醒相關人士的注意，消除規劃的盲點；避免自滿於政策設計的完整無缺，而存留吸納異聲的空間；同時在不同聲音提出之後，改變一言堂的決策氛圍，多加關注原本未及的問題面向；刺激再思不同的論述，擷取建設性的觀點，致使政策設計的更加周全，維繫蝴蝶選民的接續停留。

## 四、進行差異管理

政治與公共政策本來就深具爭議性，當其出現之際，對相關利害關係人就要進行互動管理，交流對話不同政策透視，從中理出彼此可以認同的方案。換言之，決策者必須正視政策衝突的管理，避免衝突的擴大，圍堵衝突的面向，使其在可管理的範圍，經由誠摯協商以益於共識的出爐。

尤有甚者，職司決策者有欣賞建設性批評的氣度，從中進行政策學習之旅，擴充政策的廣度、深度及效度，以維護政治系統的穩健發展，不致生存空間受到限縮，內控幅度增強，外控幅度減弱。換言之，政策的制定，首要考量的本是政治系統內部自主性是否受到摧殘，而為了防止這項流失自主性的陷阱，不同聲音的吸納就無法推脫，差異管理就要啓動。

## 五、適時化解民怨

主權者等待施政績效的產出太久，對政策變遷推出的時機感到不宜，並因提高人民負擔的政策微調同時出現，以致產生更大的衝擊；經濟問題牽動就業的困難，貧困家庭的自殺悲劇，以及犯罪率的提高、治安的惡化，這些多元不同的政策問題如意外地輻輳於一時發生，乃激發出不小的

民怨，主政者在內外在環境不易被馴服的狀況下，就難於最短時間內解決各項問題，因而逐步累積不滿的情緒，導致投票的主動度疲軟，甚至改投下懲罰性投票。

職是之故，職司施政者就要將民怨問題列為優先處理的課題，試圖於最短時間內降低民怨的指數，非但展現高度的關懷之情，披露情緒智商而對標的對象表示同情，以及述說即將推出的對策，用以取得他們的信任。尤有甚者，主政者並應信誓保證：照顧主權者過著無懼的生活，本是強烈堅持的價值，不論遭逢任何環境的挑戰，均會以之為優先的任務，並提出早期的成果，證明承諾的可靠度，以爭取選民表示支持的反應。換言之，政治領袖如能同時運用理性及感性的作為，爭取選民的信任，乃備妥政治成就的條件。不過，政治人物如展現過於強勢，政策形成不太在乎人民的主觀感受，對重大政策變遷過於一廂情願的樂觀，凡事操短線的作為，可能失去選民信任，同時流失政治支持。

## 六、培植在地人才

主政者每會以中央的菁英下放地方參選的思維，領導地方的選戰主角。這種政治盤算，總想以全國性的知名度，做為勝選的指標及容易動員的憑藉。不過，每個地方選區的政治生態不同，對政治空降的認同度不一，激起選民依附的影響力有異，但有一點是共同的體認：中央並不重視地方的人才，進而引發選民二元抵制：消極或積極不動員，乃造成政治滑鐵盧的現象。

事實上，選民並不認同這樣的提名安排，因為空降式的提名，完全由上而下的指定安排，由於候選人的社會資本匱乏，可以連結的結構孔道不熟，欲於短暫時刻築造多數聯盟恐非易舉。何況，原本準備角逐多時者，由於機會窗被關閉，難免成為勉強的協力合夥人，不致盡全力動員。因之，為了鞏固政治動員的功能，提名在地化的人才，並於平日就加強培植、鍛鍊及養塑，杜絕選民轉軌的藉口。

　　懲罰性投票愈嚴重，就表示治理者疏於治理正當性的管理，而供應選民政治轉向的機會。因之，解鈴還要繫鈴人，政治領袖要體認情勢的危害性，而採取對應之策。於重大政策爭議之際，適時採取建設的差異管理，吸納具遠景性的政策見解，首先設下後遺症的防火牆，並以確實的推演而非一廂情願的樂觀假定，建構政策的架構，以免引起反作用力，而失去對政策的向心力。

　　政治民怨是一股動搖選民意志的殺手或力量，所以在政策調整之際，考量政策的併發效應，而安排適當時機，不必急在一時。與此同時，在地方推出競爭主角時，盡量依歸生態原則，不宜空降而走避地方可資協力的利害關係人，因為在地化是選民的政治想望，更是選民所表露的「瓦倫達」心態，即一切將注意力集中在在地化領袖的出現，其他的事都等待選後再說。因之，主政者展現對地方仕紳的同理情懷，或可減少提名衝突，凝聚地方的支持力量，減少分化地方力量的質素。

　　部分選民出現初期懲罰性投票，抑或表態即將離棄原本的政治市場，就要體認到這樣的政治情勢，學習新的競爭遊戲，不可對之無感覺，而要在策略的轉向上構思快速轉向的安排，以免流失支持的政治動能。換言之，政黨的管理階層要始終保持運用挑戰或危機的機會，機警而靈敏地把握，投入充分的彈性資源，再造集體的向心力。

# 結　論

　　英國選民在上次大選之後的缺額補選之際，就已出現部分選民投下懲罰性投票的現象，分別由保守及自民兩黨的候選人在選戰勝出，但工黨的注意力恐有赤字，抑或國際政經環境的惡化，非其所能一時扭轉，以致不易在本次大選中完全留住支持選民。不過，保守黨雖取得治理權，但已進入選民評估問責的經營階段，稍不小心也同樣會流失選民的寄望。臺灣的

黨際競爭亦難逃選民的銳力評鑑，以督促政黨及政治代表的警惕與警戒。
嗣經四節各自六個面向的分析，吾人或可歸納出六項知識啓發。

## 一、懲罰的震駭性

選民投下懲罰政黨的投票，足讓政黨震驚，而感到選民並不是容易被
馴服的，稍一政策懈怠或遲滯，均會引發政治反應。是以，任何政黨還是
要隨境演化，不可自滿，而要驅動價值的創造於任何的經濟態勢之中。

## 二、選民的蝴蝶性

蝴蝶本尋芳而遊，並不一定棲息一處，同樣有的選民亦非同一政黨的
死忠支持者，他們會擇優而投注，擇質而投票。而這些人更是決定政權歸
屬或勝選的關鍵，於是選戰經理人，如何推出受到支持的議題主張及具競
爭力的參選人就是優先要處理的課題。

## 三、偵測的預防性

選民的態度變化會出現跡象的，更有指標來提醒，所以職司的政黨負
責人平日必須裝設優質的偵測機制，隨時掌握選民的動態，挽救即將離去
的選民，強烈固守支持底盤，發現支持對手熱情弱化的選民，找出選民關
切的議題，而提出對應作爲，預防他們的動搖，爭取他們的改宗。

## 四、自滿的傷害性

選民授予政權是政治挑戰的開端，並非自滿喘息的時刻，因選民時刻
在進行評估的任務，以爭取最大的公共利益，一則對現任者提出評斷，以
促成較佳政策的推出；二則做爲政治決定的參考，以供選民選舉投票的參

考。因之，乘選民投票上台者，還是要以減輕社會問題，滿足人民需求為職志，備妥再度授權的動能。

## 五、靈敏的助益性

政治遊戲本是黨際之間策略較勁的比賽，哪一個政黨較能在策略安排上展現靈敏的質素，對應問題情境的特質，才有機會掌控遊移選民的來歸。是以，任何政黨要養塑不同思維和行動的能力，引領政策的創新與全局，才有助於政黨競爭優勢的創造。

## 六、擇人的在地性

在地化的人才培植，而非臨時的由外地空降，方能迅速連結選民人際關係的結構孔道，而開拓快速的動員力量。蓋外地空降的人選，由於平日的疏於互動經營，與選民的關係密度不深、不廣及不密，無法快速地全面凝聚，而隱藏敗北的基因。何況，這樣的選舉部署，每每引發在地人的反彈或抵制，成為政治旁觀者。

選民懲罰性投票非常平常，更是必須正視的選舉課題。政黨在事態出現之際就要加以處理，不可因丟掉少數幾個席次，而認為無關政治大局。因為，主事者對之的無感覺，卻造成選民對之感覺甚深，而浸染更多的同感覺者。是以，他或她以之當為一種政治警訊，策略靈敏地加以處置，或可助益政黨處在政治遊戲上的領航，增大政黨的生存空間，適時推出流失支持的管理。

# 參考書目

## 一、中文部分

林水波，2009。「蝴蝶選民與忠誠選民」，國會月刊，第35卷，第12期，頁23-35。

胡祖慶，2010。「馬能否擺脫懲罰魔咒？」，聯合報，1月11日意見廣場。

## 二、英文部分

Behn, R.D.2001.Rethinking Democratic Accountability. Washington, D.C.: Brookings Institution Press.

Bowler, S.&T. Donovan 2000. *Demanding Choices : Opinion , Voting, and Direct Democracy*. Ann Arbor , MI: The Univ. of Michigan Press.

Boyatzis, R.&A. Mckee 2005. *Resonant Leadership*. Boston, MA.: Harvard Business School Business.

Boyett, J.H.2008.*Won't Get Fooled Again*. NY:AMACOM.

Cohan, P.S.2003. *Value Leadership*. San Francisco: Jossey-Bass.

Foreeter, J.2009. *Dealing with Difference*. NY: Oxford Univ. Press.

Green, J.C., M.J.Rozell &C. Wilcox 2006.*The Values Campaign ?* Washington, D.C.: Georgetown Univ. Press.

Hillygus, D.S.&T.G. Shields 2008. *The Persuadable Voter*. Princeton, NJ: Princeton Univ. Press.

James, M.R.2004. *Deliberative Democracy and The Plural Polity*. Lawnence, KA.: Univ. Press. of Kansas.

Kim, W.C.&R.Mauborgne 2005.*Blue Ocean Strategy*. Boston, MA.: Harvard Business

School Business.

Light, P.C. 2005. *The Four Pillars of High Performance*. NY: McGraw-Hill.

Mortensen, K.W.2008.*Persuasion IQ*.NY:AMACOM.

Robersts, N.C.2002. "Calls for Dialogue", in N.C. Robersts (ed.) *The Transformative Power of Dialogue*. Boston :JAI:3~24.

Shaw, M. C.2010. *The Campaign Manager*. Boulder, Co.: Westview.

Schuck , P. H.& R.J. Zeckhauser 2006. *Targeting in Social Programs*. Washington, D.C.: Brookings Institution Press.

Sowell.T. 2008. *Economic Facts and Fallacies*. NY: Basic Books.

Sulkin, T.2005. *Issue Politics in Congress*. NY: Cambridge Univ. Press.

Watkins, M.2003. *The First 90 Days: Critical Success Strategies for New Leaders at All Levels*. Boston, MA.: Harvard Business School Business.

# 第三章　解析選民的三度空間

　　哈佛學者A. Fung（2006）以「民主的三度空間」（democracy cube）來理解複雜治理的現象，論述三度空間如何匯聚方使公共政策的制定，一則講究正當性的質地；二則達及公平正義的境界；三則擇用對應問題的解決方案，以成就政策所要追求的目標。而為了造就前述三項標的，特別要求在決策過程上正視三個面向，以確定任何特殊的參與機制，可資定位的空間，用以在不同的空間上，得讓三個面向輻輳，因而提升決策的品質。這三個面向分為：參與者的揀選管理，參與者的意見交流及共同形成決定，政策或公共行動如何與已形成的討論內容連結，進而產生行動激勵的效應，滋生參與者願在執行的路徑上，與政策職司者共同協力，排除執行行動所能衍生的複雜性。

　　選舉本是一項政治參與的機制，選民透由這項參與機制用以表達主權者的意志，委付當選者代行公職的各項職責，而於下次選舉時，再根據對公職人員的主客觀評估，決定是否對現任者，或現任者所屬政黨所推出的參選人，再度委付，抑或改宗支持他黨參選人，俾便勝出者進行體系對投入的轉化工程，以產出因應投入的政策與行動，化解體系所遭遇的內外在問題，這本是民主工程運作的本質（Lau & Redlawsk, 2006）。

　　這項民主工程重要的主角之一就是選民，他或她在政治複雜、資訊多元分歧的選舉活動上，如何運用自己的認知能量（cognitive energy），進行選訊的處理，用以理出投票抉擇的基礎。而另類選民，即負責政治行銷的參選人、所屬政黨同志及競選團隊，如何針對選民的選訊處理情形，設計政黨的策略，構築支持選民的多數聯盟，以在就任之後推動參選人及所屬政黨的政治理想。凡此三者，即一般選民的認知捷徑（cognitive shortcuts）、據以投票的基礎，以及另類選民（主持選戰者）攻克一般選民的策略，乃成為此處所要論述的三的面向，以資瞭解或探查選舉這個極端動態的過程。

# 第一節　認知捷徑

選舉期間，每位選民往往透由多元不同的管道，接收到參選人自行行銷的資訊，平面和電子媒體放送的相關影響選舉新聞，主辦選舉機關推出的活動或參選人對話的平台，凡此均試圖政治社會化選民的投票取向，以爭取其任公職的權力委付。選民在面對洶湧而來的資訊，究竟會如何加以處置，以決定最終的投票對象。選民如要扮演一位至爲理性的選民，恐要對所有的信息加以瞭解、分析、解讀與評斷，再選定較可接受、較具說服力及較符應需求的參選人。不過，這類選民每要花費大量的時間及體力來消化資訊，以免造成選擇的謬誤，而損及自己的政治利益，抑或爲政治社會帶來負面的衝擊。

完全理性選擇的選民雖非沒有，但這種人在認知能量上一定要有極大的投資，否則就要面臨一般人常遇到的認知限制。根據社會認知心理學家的研究，不少的選民，由於工作的壓力，抑或關注的標的不在政治性的選舉活動，因而對選舉信息養成的投入度不深，每每成爲「認知的守財奴」（cognitive misers），不願浸淫在大量的信息中，進而接受信息的洗禮，甚至改變原本的政治信仰與投票的路線（Fiske & Taylor, 1991）。這種在認知的投資不大的一般選民，通常對大量湧至、猛襲而來的模糊信息，會採用有效率及較爲舒適的方式，來解讀或詮釋：其所見所聞與親身接觸，儘速逃離翰海信息的干擾。這種種方式即學理上所謂的認知捷徑（cognitive shortcuts）（Lau & Redlawsk, 2006; Pfeffer & Sutton, 2006）。至於選舉期間一般選民常用以詮釋選訊的認知捷徑，共有五種方式（Lau & Redlawsk, 2006），茲加以端詳說明。

## 一、依循過往

每次選舉的參與，對選民而言是一種政治經驗，並由這項過往的經驗，形塑一定的投票習慣，而於未來的投票時際，並不受當下的選訊所影

響，還是按照往習，支持自己所認同政黨所推出的候選人，抑或自行獨立
參選的人士。

　　這類人士的選舉決定可說是延續性的抉擇，姑不論選舉氣氛如何熱
烈，負面攻伐如何密集推出，對立主張如何較勁，未來願景如何構思，弊
端如何舉證而出，他或她完全處在紛爭對抗的氛圍之外，政治態度依舊如
昔，並不受任何選戰議題的感化，依然按照過往的投票基礎來投票。這種
對選訊免疫者，恐非選戰策略圖案設計者所要特別關注的對象，而要積極
尋找位於自己政治市場邊緣，隨時準備離去的選民，抑或未經開發的選
民，生性政治消極的選民，位於非政治市場的標的對象，提供足能對之政
治社會化的資訊，鼓勵其投入選舉參與（Kim & Mauborgne, 2005）。

## 二、循勝機會

　　選戰進行一段時間之後，認真競選的參選人，抑或只為參選而參選的
人，大概可以由選舉動態及各自投入的能量上體悟而出，以致對後者的選
訊就可以置之於漠不關心的位置（zone of indifference），不必對之費心或
詳閱，以免浪費稀少的時間資源，進而篩選出務必留意的選訊，以免因疏
忽而做出錯誤的選擇，造成自誤與誤人。

　　再者，在可公布民調的期間，選舉造勢場域的選民參與密度，亦可看
出勝負誰屬的端倪，或是參選人已落後至趕鴨子的行列，完全失去政治的
競爭力，選民為了減輕厚重選訊的疲勞轟炸，就只釘制有當選機會的參選
人，而不再顧及其他參選人所推出的選戰文宣，大眾媒體所承載的選戰消
息，支持社團的背書文本。蓋這種的舉措讓選民覺得輕鬆，不致超越自己
所能承受的資訊門檻。

　　不過，這項循勝機會的選舉認知捷徑，即只考量擁有極佳勝選機會的
參選人，其所推出的多元選訊，恐會面臨一項政治風險，即勝選機會的推
估存有高度的不確定性；推出民調的機構易有機構效應，不易反映出選民
支持參選人的態勢，只在試圖發揮西瓜效應而已。如此一來，選民由於選

訊掌握的偏差，而最終產生選舉預測的反差，漣漪地產生對政治體系運作不良的效應。是以，選民在選訊的抉擇上，還是平衡較為貼切。

## 三、依憑熟稔

在諸多候選人中，選民若只對其中一個候選人有所聽聞、有所認識及有所互動，但對其他的候選人並不熟稔，過往亦無交集，也沒有交流，在這種情況下，選民對業已熟稔的參選者的表現評價，至為中性或不差，則他或她在最終的投票標的，恐就是已經熟稔的標的人選。是以，其他的參選人如想得到這類選民的青睞，恐要透過選舉中人，將關係缺口加以連結，而讓選民認識、深刻地瞭解，並由比較之後，再行決定終極的投票對象。

這類選民之達成以熟稔對象做為投票的人選，其簡化人選抉擇的方略，完成投票選定的任務恐是消除法，即將自己的注意力限縮在自己所熟稔的參選人，進而有效排除可資挑選的對象。以熟稔做為投票抉擇的準據，類似訴諸於名氣（appeal to popularity）的邏輯推理過程，在先天上恐會有謬誤的風險。尤有甚者，這類選民極易將目光鎖定在現任者而不及於新手上，這對優質的挑戰者並不公平，於是如若有人欲以政治做為終身的志業，平日就要參與各項政治平台，以擴展自己的政治知名度，凝聚挑戰現任的競爭力。再者，挑戰者亦可提出貼近選民的政見允諾，倡導與現任者不同的政策主張，指出現任者原本主張的環境脫臼性，以聚焦選民的注意。

## 四、循證背書

通常較優質的政策每要以證據為基礎，切於實情、契於系絡、基於因果、據於事實、成於對話與本於願景（Pawson, 2006; Pfeffer & Sutton, 2006），不可聽信他人的傳言與胡扯，而致使政策於制定初始就殘缺不

全，造成政策失靈的無可避免。換言之，既然無風險的政策，在現實的社會並無存在空間，所以決策者爲了減輕課責的訴追，絕不可踩在雲端作決策，要有事實做爲根據。

選民對公職人員的選擇，亦同樣輕忽不得，可以依憑親密相識的人，可以信靠的政治菁英，抑或自己所認同社會團體的推薦或背書，做爲投票抉擇的依歸，減輕眾多選訊處理之負擔。換言之，選民藉由他人對候選人的過濾，擔任評比的責任，以供自己決定如何投票的依據，排除投票決定之前，所要職司的資訊處理任務，抑或只限於自己能處理的範圍之內，單純做爲有限度的理性資訊處理人。

這種名人背書以減輕選民資訊處理的認知捷徑，其產生效能的前提，每要求背書者的知名度要高，可信度要強，吸引力要夠，權威性要有，被背書者與背書者要對稱，方能產生高度的轉移作用（林水波，2000），否則就會失去引起選舉共鳴的效價。不過，在選舉密度極高的國度，這項簡化選擇的機制，恐已瀕臨毀損之境，不太值得再運用。

## 五、依附印象

每次選舉如若有多人參選角逐，而選民對每位參選者均已至爲熟悉，斯時他或她會把票投給評價最高、服務績效最顯著、問政最爲犀利的參選人。這種情勢之所以產生，可能是眾多的參選人均已參與多次的選舉競爭，各自給選民留下評價不一的印象，而於下次再參選時，選民爲了減化對選訊的處理，直接以印象最爲深刻的對象做爲投票標的。

這項認知捷徑，如對現任的任職表現至爲景仰，而願意加以再度的認同，所要承擔的政治風險可能較低。尤有甚者，如現任者於任期中，吸納上次選舉挑戰者所揭露的重要議題，做爲議程安排及立法的對象，將加深選民對他或她的印象，而願意再度授權（Sulkin, 2005）。不過，如選民僅由初選過程的關注，而對新參選者留下印記，而對其過往的任職績效不甚清楚，而又未識明其他面向的特質，恐會產生錯誤授權的情勢，失去選賢

與能的要求。

　　上述五項認知捷徑，諒能幫助選民篩選資訊，以利快速作成投票對象的選擇。不過，由於每位選民並非全能的精算師，以致每項在有限理性制約下的認知捷徑，均要承受一些風險或成本，一則做出不甚正確的人選判斷，未能在其政策轄區創造優質的政績；二則未能選出卓越、當責不讓的代理人，失去創造價值極大化的機遇。因之，選民應在底下二種情況下，做出較為平衡的選舉考量：一為投入較多用心，詳加考量多元不同的選訊，做出較為理想的人選選擇；二為以極小的認知投入與努力，達成一項人選抉擇，但面臨政治代價的風險（Lau & Redlawsk, 2006）。

# 第二節　投票基礎

　　選民在眾多參選人中究竟如何相中其一，而將票投下試圖委付一定任期的代理權，代理自己在對應的轄區，施展作為以回饋選民的授權，再度爭取另一階段的付託？綜合極端理性選民及運用認知捷徑決定選票歸屬的選民，吾人約略可歸納出六項投票基礎。

## 一、後果導向

　　極端理性的選民，不易輕舉選擇對象，往往會評斷不同人接掌公職，其在政策方向的抉擇會如何，推動公共治理之後會帶來哪些積極正面的效應，抑或衍生消極負面的衝擊。是以，他或她如在最終決定改宗他黨所推出的候選人，其可能展現這樣的政治偏好，如兩岸互動得以開創新向，消除過往的緊張對峙關係；人民對政府的信任可以回復，願意以建設性的策略夥伴關係，處理各項聯合行動所生的複雜性問題。

　　又如臺美關係的漸進疏離，得以找到重建的路徑，不再因政治見解的

差異，釀致關係的倒退；扭轉政府的負面形象，建立透明的運作機制，建構廉潔形象，以增強政府治理的正當性；消除政務與事務人力資源的衝突對立，發揮協力的優勢，致使各項永續方展的計畫，能快速付諸執行，並以高度的執行力導出彰明較著的績效；化解行政立法之間的政策對峙，避免政治空轉的持續，回復憲定機關的活力，使其發揮轄區的權能。

歸結言之，理性的選民盡量想望選票與政府課責之間毫無縫隙存在，並對各領域所要推出的政策，抱持高度的期待值，並祈能透由憲法機關的通力合作，將抽象的內容轉化成具體的行動，直接反映選民的需求。換言之，有些選民會注重當選任職之後，根據政策支票而推出的各項政策行動，其所可能產生的後果，進行對象選擇的準據。

## 二、回顧導向

參選歷經長期又激烈的競選活動旅程，中間各自的政治支持度或有升降，但最終得能締結選民的多數聯盟而當選公職者，其已進入另一階段的挑戰與考驗，因為自己能否連任，抑或所屬政黨繼續推出的參選人，能否展現競爭優勢，現任者任職期間的績效表現，可能是有些選民高度重視的，並以之做為持續授權的準據。是以現任者自當選開始，就要承擔各項政治責任，成為選民課責的對象。茲為了贏得選民的持續委付，恐要組構可以充分協力的團隊，發揮合超效應，創造令選民認同的績效。

選民以任職績效做為再度委付的依據，理論上對之稱呼為回顧導向的選民。不過，任職者表現績效的優劣，往往要透由評估的過程，只是評估每會加入評估者主觀上的認定，抑或參酌主流媒體的評論，所以選民就要謹慎小心，盡量以事實的真相做為決定的基礎，不要聽信半真半假的傳言，抑或純屬揣測的說法，因為兩者恐造成選民作成不正確的投票抉擇，影響未來的績效產出。

2008年臺灣立委及總統大選的結果，由國民黨獲得壓倒性的勝利，就表露出部分選民，對民進黨主政的績效不甚滿意，又因少數從政人員的政

治形象受到質疑，有的選民就從選戰的場域撤退，有的則改投他黨所推出的候選人。因之，在激烈競爭的選戰中勝出者，絕無機會鬆懈，因為他黨在選戰結束之後，就已啓動下次選戰的準備，蒐集攻堅的資訊，安排具競爭力的參選人，鞏固支持的底盤結構，關注當選者的績效運作，批判決策的誤失，舉發可能的不當作為，以影響形象的管理。

## 三、前瞻導向

有些選民不太在意過往的種種，每每認為政治體系造成今日這樣的態勢運作，內外在的環境演化恐是制約的定素，而在環境演化非主持政務者所能完全掌控下，課責的急迫性恐非這類選民的最優先考量，有必要思索不同的投票基礎，盡可能地做出正確的投票抉擇，以免因抉擇的失靈，導致政府運作的失靈，無能掌握在市場失靈之際，適時提出妥當的政策干預，以恢復市場的常態運作（Winston, 2006）。

這類選民雖不太計較過去，但極為重視未來的政策發展，希望各個參選人能透視到被代理人的想望，針對政治體系優先要面對的政策議題，非但設定處置的優先順序，表明明確的政策立場，設想引人認同的政策願景，注意政策議題之間的連結性，做好政策領域之間的治理工程，建構彼此整合的套案，以爭取選民的投票支持。

尤有甚者，這類選民更希望參選人能在競選的歷史時刻，捉住他或她所迫切關切的議題，取得議題論述的主導權，進而掌握擴散的通路，圍堵其他次要議題的吸引力，致使競爭對手絕無議題逃避的空間，提出相對的配套，以爭取選民的青睞。這樣一來，選戰才不致於淪為無議題的窘境，並以議題的建構優劣決定選戰輸贏，不再限於挑撥族群和諧的混戰中。

美國2006年國會參眾院的期中選舉，民主黨同時攻占眾議院及參議院的多數席次，取得較大的議事掌控權，其最關鍵的因素，乃民主黨的選戰規劃師，鎖定人民反伊拉克戰爭，導致經濟發展受創的困境，做為競選的主軸議題。這個議題因為反映不少選民的心聲，改變人民的投票對象，導

致國會的政黨輪替。由是觀之，選舉是提供議題論戰的機制，哪一個政黨得到議題的主導權，則吸引選民認同、取得競選資源、號召支持者加入及贏得最終勝利，便非如緣木求魚之難。

## 四、關係導向

　　參選人與選民之間的關係密度，亦是部分選民據以投票的基礎。蓋每位參選人與選民的關係並不相同，彼此之間的熟識度亦有所差距，以致受到選民的信任度彼此差距甚大。在這種情況下選民最快速、最節約及最容易的選擇，乃選擇選民自己最熟悉的對象，最有通路可資請求協助者。換言之，選民常以關係之厚薄，做為過濾參選人的基礎，逐步袪除關係不夠深的參選人，而以可近度的高低來決定投票的依歸。

　　關係資本的厚實與否，本是參選者投入選戰與否的考量因素之一，蓋選戰本是一種人脈動員的政治遊戲，政治椿腳連結的工程，是以參選者所屬的政黨，平日若能以自己所擁有的政經資源，進行合理的分配，以廣結善緣，藉以建立強有力的人脈網絡，在選舉動員上就極為有利，對勢頭的創造與引領，對選舉氣氛的熱絡均有所幫助。

　　美國的國會議員，在週末均要回到自己的選區，做一些選民服務的工作，一來傾聽選民的申訴；二來吸納選民關切的議題，成為國會問政的題材；三來藉與選民互動的機會，向選民進行政治述職的工作，述說自己在國會場域如何有效地扮演代理人的角色，做好與被代理人之間的連結工作，俾便增強兩者之間的關係密度，順勢爭取選民的政治回饋。是以，以政治為終身志業者，其最基本的立基在於：建立信任的網絡，構築綿密的人脈，做為政治動員的窗口，消息擴散的通路。

　　時間、人脈及經費是選戰的三大稀少資源（Wellstone Action, 2005）。參選人本要好好運用人脈，善用有限的時間，爭取到豐裕的競選經費，做為選舉動員的所需。同時，對參選人不可能支持的選民，最好節約時間對之訴求，以免浪費有限的資源。因之，參選人要建立基本的人脈

基地（base building），以之做爲關係網絡的連結工程。

## 五、認同導向

　　每位選民均歷經不同的政治社會化經驗，養成對某個政黨的深厚情感，從中獲取一些政經利益，經營一群關係密度不低的人脈，交換理念相同的訊息，形塑對政黨的高度認同。於是，在選戰期間，從媒體上接觸到諸多選戰消息，但對媒體信息的認知，總會偏向早期社會化所習得的取向，因而慣以自己所屬的政黨認同做爲投票基礎，不再浸淫或接收另一個世界的訊息。這種政治選擇講究認知的一致性。

　　每位選民也可能來自不同信仰的宗教家庭，自幼接受不同教義的洗禮，養塑互異的價值觀，以之做爲評價候選人在墮胎、家庭、與婚姻等議題上的政策主張，如他或她所倡導的政策理念，與自己所薰陶的宗教信仰差距太大，選民恐就不對其支持，而選擇與自己的道德價值觀雷同的參選人。2004年的美國總統大選，一群右派基督徒在初始就受到政治激勵，試圖在公共政策上注入傳統道德的關懷，他們希望對墮胎加上一些法律限制，保護在公共機關宗教信仰表達的自由，以及限制同性戀者的權利擴張，這些政策倡導深深影響宗教信仰者的投票取向，造成布希總統的連任成功（Green, Rozell & Wilcox, 2006）。

　　每個國家的社會結構亦大有不同，由不同族群組構而成，以致因從小的政治社會化過程互異，形塑出不同的行爲取向及行爲模式。臺灣原本所擁有的四大族群之外，新增外籍的「新臺灣之子」，其投票的基礎，有的還是至爲原始的，單純考量參選人的族群屬性是否雷同，做爲選擇的依據。有的族群若無屬於同族的人士參選，則再以政黨認同做爲投票的依歸。2008年美國民主黨的黨內初選，種族的因素在決定誰代表民主黨出來挑戰共和黨人士，亦扮演重要的角色，其中較爲明顯乃西裔人士、藍領白人較爲支持希拉蕊，而非裔的選民則較爲支持歐巴馬。

　　政黨認同、宗教認同及族群認同在決定投票基礎上，有其一定的左

右力量。如果三者匯聚合流，恐就構成強大的震撼效應。不過，選民政黨認同的及早培塑，致使各項選舉擁有一定程度的死忠支持者，並以之做爲關係網絡連結的交接點，對於築造勝選的多數聯盟，就很有助益。然而，政黨成立初始所追求的政治價值，不得因取得執政的機會而加以扭曲或忽視，以免流失死忠的額度，甚至連中間選民亦因而改宗支持其他的政黨。

## 六、危機導向

競選活動的過程既漫長又多變，每會有重大事件的產生，一旦候選人未能即時而明快的處置，有可能逆轉選情的態勢，造成原本看好的候選人，因支持者受到事件的影響而改變投票的對象。蓋一些繁忙的選民，對一些平淡無奇的選訊根本不在意，抑或對誰當選並不在乎的選民，一旦在境內或境外發生焦點事件，歷經多元媒體的大幅報導，乃觸動這些人的政治神經，成爲認知該次選戰的捷徑，改變原本用腳投票的意念，出來投與事件無關的候選人，抑或深受事件傷害的苦主。而有些原本投票對象已定的選民，因受危機或事件的影響，而改變投票的對象。

在負面選舉於每次選舉中均會找到出線的時機，何況負面選舉又有一些正功能存在，一來做爲競選時攻伐對手的批判威脅，致使有志於政治公職者，平日採納健全的政策，造就自己成爲深具選票吸引力的參選人；二來負面的批判，對選民提供更多優質的資訊，瞭解候選人過去的服務紀錄曾有哪些缺點，以及將來擬議推動的政策使命；三來這樣指控，可以做爲對參選人問責的機制，以防止民主的動搖（Geer, 2006）。因此，候選人除了平日的政治修爲之外，也要研擬可能被爆料的事件，而事先安排反擊對策，而使危機事件的存活期間極短，不致成爲掌控全局競選活動的主軸，喪失支持者的信心。2000年臺灣總統大選的興票案，即是宋楚瑜在該次選舉的致命傷（林水波，2006）。

中國因素也是影響臺灣總統大選結果，參選人所必須關切的焦點，蓋她的選舉評論，抑或時機不宜的政治作爲，均會成爲部分選民投票考量的

基礎,更是國民黨候選人所要立即處理的選舉危機,以免中國的行為成為選戰的攻擊主軸,動搖選民的投票取向。2008年的臺灣總統大選,西藏事件中國所採取的鎮壓行動,並未影響國民黨候選人的選票位移,乃因選舉主角表明強硬的立場,構築堅固的防火牆,致使競選對手毫無藉題發揮的機會。

選民各有不同的投票基礎,有時以單一的基礎作成快速而簡約的投票抉擇,有時則以兩種或兩種以的組合,對多元競爭者從事取捨的政治遊戲。而每個人早期的政治社會化過程,恐會銘刻不易改變的政治取向。尤有甚者,由於選民接受的選訊不全,或以認知捷徑來作成有限理性的抉擇。至於,至為理性的選民,勢必積極搜尋所有可能的資訊,認識每位參選者過往的經驗紀錄,從中比較出哪樣的候選人最具可靠性,可以委付治理大任。

偶發事件不論是創造出來的,抑或自然出現,候選人均要慎重處置,一來加以靈活運用、掌握機遇,使之成為主導選舉過程的主軸議題;二來由於殺傷力可能很強,候選人就要準擬(預先擬定、設想)對策,適時加以消滅、稀釋或模糊化,致使對手找不到見縫插針的機會,再創造極為顯著又牽動民心向背的議題,引發選民的共鳴,做為選民投票的基礎。

# 第三節　攻克策略

選民在整體競選活動的過程中,是被政治社會化者,由參選人對之進行社會化的事工,說服他或她願在投票上支持,使其成為代理人,在公職上為其政治利益打拚。是以,參選人及其所屬的政黨,該如何進行政治行銷,以攻克選民的心防,不僅加入動員體系,更要在選票上強烈支持,並以被代理人的身分,控管代理人在公職場域上真正扮演稱職的角色。茲根據選民的認知捷徑與投票基礎,加上參選主角的策略思維,提出六項攻克策略。

## 一、藍海策略的運用

選戰的主要任務在於建構多數聯盟的選民，所以盡可能擺脫對手的糾纏，而讓選戰氣氛極冷，致使對手不易找到主控全局的選戰議題，反而陷入過往毫無新鮮性的策略窠臼，不易引發新選民的共鳴。蓋新選民對過去的政治社會史，既接觸不多，又不太重視，更與其當下的政治視框格格不入，哪能引起他或她的興趣和投入。

《藍海策略》一書特別提到企業家要對三類對象，進行爭取使其欣賞推出的服務或商品，避開紅海市場的廝殺，開創無人競爭的全新市場，建立自己企業的利基（Kim & Mauborgne, 2005）。參選人或可師法這套作為，從事三項選民的開拓：

1. 即將離去的選民：這類選民原本是某一政黨的支持者，但因對政黨的表現或形象感到失望，即可能在選戰末期縮回原本的支持，或為政治棄選者，抑或改變支持不同政黨所推薦的參選人。眼尖的同黨參選人應尋找可與之連結或接近的結構孔道，對這些即將離去原本政治市場的選民，進行懇切的對話，提出共同打拚的願景，驅除原本的政治失望，重燃對政治理想的熱情，使其重回原本的政治立場。

2. 態度抗拒的選民：這類選民一直在固定政治市場經營，並對其他的政黨採取抵制的作為，不認同該政黨的服務或政治立場。不過，人是感情的動物，他黨候選人如若展現高度的情緒韌性，與其親近，並對之解釋重大政治史的經緯，並願為其建構嶄新的未來，且站在其角度來理解其家庭過往的遭遇，從而化解敵意，願在投票上改變原本的政黨支持。

3. 未經開發的選民：每次選舉均有第一次參與投票的選民，尚未形成投票惰性（voting inertia）的行為，亦未有一定的政黨偏好，參選人應針對他們的屬性，進行網際網路的政治行銷活動，與其有效的接觸，討論他們所關切的議題，傾聽他們對未來的想望，承諾推出符應他們需求的政策（Campbell, 2008; Foot & Schneider, 2006），使其對特定的參選人表示認同，並願應用電子科技動員同屬性的選民。

再者，每次選舉均有不少的選民並未參與投票，有心的候選人就要運用可行的搜尋機制將其找出，與其進行互動，瞭解他或她的處境，認識其亟待解決的課題，承諾願提供有利的協助，使其願意盡到公民的責任，誠懇地參與正當化公共決定的努力，使其以追求公共利益爲旨趣，不致再浪費政經資源，擺脫政治冷漠的陰影（Ackerman & Ayres, 2002）。

## 二、政黨認同的養塑

選民在心理上長期依附某一個政黨，認同其倡導的政治意識形態，養成特殊傾向的政治認知，進而支持政黨所推出的候選人（Rayan, 2007）。這是政黨奠定勝利門檻的基本盤，以及據以擴散關係資本的結構孔道，連結關係縫隙的交接點。是以，凡是爭取政治權力的政黨，莫不吸收更多的政黨認同者，構築較大的動員能量，擴大政治版圖。

政黨認同更是預測政治取向的利器，顯示對各別議題的政治立場，以及決定解釋政治事件所採用的基碼（schema），所以可由家庭、宗教、媒體及環境等社會化機構進行政治社會化的工程。不過，政黨形象的受人肯定，一直堅持公平、正義與清廉的風格，才能吸引更多人的嚮往及投入，是以從政的黨員，不論擔任哪項公職，不僅要展現績效，還要遠離貪腐的指控，才能做好政黨形象的管理，吸納更多志同道合的人士，共同爲政治理想奔忙。

政黨內部應以正途爭取權力，根本並無分裂的本錢，所以要形構一套爲人肯認的權力分配制度，建立有效協商的機制，俾讓潛在的衝突得能在正軌的機制上解決。以免各自建立山頭，堅持本位，影響動員力量的凝聚。蓋內部嚴重分裂的政黨，腦力激盪不出創新的選戰策略圖案，足以迎戰他黨的強烈競爭。尤有甚者，一個政治紛爭不斷的政黨，更不易吸引其他社會人士的認同，有限資源的投入，反而加速重要黨員的離開，面臨式微的風險。是以，政黨平日就要進行優質形象的管理，讓選民感到以行動

加入具有將來性及前途感,吸引更多人的政黨認同。

## 三、危機處理的狠準

　　選舉本是一項漫長的政治遊戲,內在外在環境在選戰期間,極可能發生事先無法預期的事件,進而影響到選舉的耕耘,改變選戰的步調或方向,是以策劃選戰者要事先準備多元不同的劇本,針對不同的情節進行沙盤推演,而於競爭對手推出時,適時加以迎擊,使其無法發揮擴散效應,改變中間選民的投票立場。

　　主持選戰的人士在面對危機時,要確實履踐五項任務:確認危機的本質,指出危機的要害;建構迫切要解決的議題,安排有限而稀少資源的運用;說明被指控事件的原委,提供權威性的論據,指出事件已不存在;快速終結危機的承載,恢復正常的選戰步調,同時推出嶄新的選戰議題,取代選民關注的焦距,再度掌控議題設定的主導權;進行處置經驗的反省與學習,以供未來進行權變規劃與選戰演練的文本(Boin, Hart, Stern & Sundelius, 2005)。

　　不過,最好的危機處理之策,可以採取預防性的策略,即在選戰初期事先告知選民,競爭對手可能採取的負面選舉,製造哪些事端,將引用外在環境所發生的事件,進行對參選人的攻伐,以壓縮發動的動機,而將危機於無形中消失,或已先打好預防針,有抗體防疫危機的殺傷力。而對外在突發的政治事件,競爭對手恐會引用以提醒選民不當的投票,會造成對政治系統的毀損,試圖改變選民的投票意向,主持選戰者亦可強烈表明批判的態度,致使對手並無藉用的空間,減低外在事件的殺傷力。

　　歸結言之,面對選舉危機,參選人絕無逃避的空間,只好又狠又準地加以迎戰,更讓事證說話,縮短危機的存活時間,繼續運行藍海策略,挽回即將拒絕支持的選民;發覺原本抗拒的選民,設法改宗其支持對象;搜尋新增選民,利用其所熟悉的通路與其接近,贏得他們的支持;找出對政治嚴重疏離者,指出本次選戰的重要性,強化其參與投票的意願。而事先

舉發對手製造危機的類型，備好對應之策，導致對手對危機運用的猶疑未決。至於，外在的政治事件，強烈表明參選人的態度與即將採取的行動，讓該事件並無炒作的空間。

## 四、政見允諾的震撼

選舉本是參選人與選民簽定政策契約的遊戲。有些選民往往在比較參選人的政見允諾之後，作成投票依歸的決定。是以，參選人平日就要射準人民的民生疾苦，規劃出反映選民需求的政策目標，並備有套案以於正式得到政治授權之後，再定在一定期限內加以完成。尤有甚者，參選人更要有心理學的素養，盡量訴求希望的願景，以及下定決心推動的熱誠，藉機感動選民的心靈，得到他們的政治認同（Brader, 2006）。因為希望與熱誠的訴求，讓選民感覺舒服，有心認識整體政策承諾的布局，留意其可行性與否，進而挺身投入推動的行列。

有些參選人訴諸於恐懼，冀想引起選民的疑慮，而不將選票投給對手。蓋對手過往對某個政策領域的論述，總有人提出政治風險的質疑，更引起不少人的恐慌，所以參選人就對選民提出示警，以免選民做了不正確的投票抉擇。不過，示警的訴求由於相當具有不確定性，又繫之於將來政治情境的演化，所以在選民政治知識不低的當下，以及長久以來的政治經驗，示警的威脅若一直停留在言說的階段，一直未見具體的事實發生，所以其恫嚇選民的功效也在流失之中，顯見常用之後的可信度降低，不足以說服選民的投票意向。

政見的提出，如若無法引起選民的回應與共鳴，那種動員支持的熱情就不易溢出，當然就無能產生催化選票的效應。因之，參選人要選定目前選民最迫切關注的議題，提出周詳的方案構想，對應選民的心理渴求，以爭取到政治支持。蓋有時選舉是一種感性的運動，更是一種感性的努力，並非全是知識上的較勁，尤其對基層草根的選民，以政策與之搏感情，諒必有撼動的果效。

## 五、結構孔道的連結

臺灣各縣市均成立各式各樣的民間團體，在公職人員的選舉上，並不一定長期展現一致的政黨偏好，形構他黨的參選人無法入侵的防火牆，而是採取門戶開放的策略，歡迎各政黨與其接近，共同舉辦活動，積累厚實的社會資本，推動定期或臨時的公益活動。不過，參選人如平日未能與這些結構進行相當有建設性的連結，以致未能對之動員做爲選舉競爭時的擴散基礎。

候選人爲了擴大支持的層面，應迅速找到可與各類團體打交道，進行密集互動的政治中人或政治企業家，從事搭建連結的工程，逐步逆轉團體的政治支持對象，再由這些團體憑藉已建立的關係資本，建立支持的網絡，成爲一呼百應的動員體系，可將具感動心靈的政見允諾快速普及到各個團體的成員，將其吸納爲助選的一員。

政治中人在選舉競爭的場域，試圖替參選人接近各自獨立的結構孔道，使之密切的連結，並取得孔道成員對候選人的信任，形成競爭的優勢。詹啓賢院長由於醫界有一定的影響力，並在南北各大醫院均有不少的醫護人脈，由其扮演串連醫生及護理人員的角色，影響他們，支持國民黨所推出的總統參選人，本是一項連結結構孔道，入侵或突破界限防守的利器，增加不少的新支持群。

臺灣的選舉結果向來均多少出現南北差異的態勢，南部的選民較傾向支持民進黨所推出的參選人。基於這種現象，2008年總統大選時，爲了接近廣泛的選民，競選主角採用了連結結構孔道的策略，於各縣市長住一段時間，藉機與主權者親近，並探視民瘼，作成反映民意的政見允諾，以爭取其支持。從選舉結果的視察，這項貼近選民的策略，不僅爭取到人脈，並具冷卻選戰的氣氛，不易造成衝突的火花，發生爭議性的焦點事件。

分散各地的結構孔道，若有中人牽線而形成關係密切的網絡，提供諸多的選戰機會，一來從中蒐集到眞實的興情，獲知對手的選戰消息；二來可以選擇適當時機，推出具撼動力的政策主張；三來藉由原本孔道的

力量，與已建立的關係網絡，將參選人推銷給另外的選民，構築更多的聯盟；四來由於中人的穿透，中斷對手可能建立的網絡關係，抵消其底盤結構的凝聚力量；五來鑑於對手所屬的政黨，業已長期疏於經營，選民向心力漸減之際，乘機入侵及懇切對話贏得他們的肯定，掌控他們的投票意向。

## 六、選區分析的落實

政黨在每一選區得到選民的支持度大有不同，每次選舉的得票率亦有高低起伏的變化，這些資訊應由政黨負責選戰的人士，建立完整的政治地理資訊系統，進而分析：

1. 哪些政治板塊的選民，一直以政黨做爲投票的基礎，從不跨越政黨的界限，受到「熱紐」（hot-button）（即激烈紛爭）議題的影響而改投他黨參選人（Shaw, 2004）。這是一群死忠的政黨支持者，用以連結其他選民的結構通道，建立關係資本的基礎，主導選舉的政黨要設法加以鞏固。

2. 見異思遷者，即選民因政黨推出特別具有政治魅力的參選人，而想放棄原先的政黨偏好，這對政黨是一項警訊，恐要趕緊探究改變的根本原因，設法加以扭轉，同時預防該現象入侵其他選區。這一類選民，有時亦因受到議題的感動，被候選人的熱情攻勢及形象所說服。凡是受到這種情勢演展所影響的政黨就要尋找著力點，運用軟性工具加以勸服，以阻止漣漪效應的擴大。

3. 以過往的選民投票率以及當下的競爭激烈度，預測當下選舉的投票率，並算出安全當選所需的票數，做爲參選人奮力爭取的標竿。臺灣地區的選舉，投票率的高低，每是決定政黨勝負的關鍵之一，投票率低絕對對民進黨不利，所以每次選舉該政黨總想要炒熱選情，製造焦點事件，但他黨如不願與之配合，其選票擴大的空間就受到影響。

　　過往的選舉史，以及選舉期間所做各項預測的資訊，均是極為珍貴的，從中可以發現事實的眞相，再據以設計不同時機、不同選區及不同選民的攻堅策略，方是贏得選舉的良方。蓋這是一種對選戰進行循證管理的策略，完全以證據做為宏觀調控的準據，發生謬誤的情形恐就較少。尤有甚者，這是發揮藍海策略，開創無人競爭而全新政治市場的運營，減少硬著陸的對立場面，提供對手造勢的機會。

　　選戰本是政黨之間爭取競爭優勢的政治遊戲，主持者就要想方設法對應每一種情勢的演變。處今講究事實的時代，要懂得運用客觀管理的選戰策略，不可陷入行動惰性的窘境，因選民結構、參選結構及政治氛圍均在變，何能一再使用LKK的作為，一來無法撼動選民的心志，二來不能激起選民熱烈的情緒，三來招致選民的反感，是以主持選戰者要反省過去，把握當下，及策劃未來，運用藍海策略的核心質素，打出反映自己特殊屬性，對應各項結構，連結政治氣候的策略，才較有可能爭取到競爭優勢。

# 結　論

　　選民是相當多元化的，有的極端理性，有的在認知的努力上總是吝嗇的，有的情緒相當激動，更養塑不同的認知捷徑，俾便快速處理選舉資訊，決定投票的依歸。因此，參選人及其所屬政黨要對選民的動態進行全局管理，以推出可說服各類選民的政見允諾，贏得他們的支持，取得治理的正當性。嗣經前面選民三度空間的解析，吾人或可提煉出六項知識啓蒙。

## 一、選民是主角

　　選民不但是參選人試圖接近與行銷的對象，更是評估參選人優劣的判斷者，決定終極投票的對象，針對受權力委付者進行監督問責的任務，並

於另一個選舉循環,再扮演另一次選舉代理人的角色。選民如做出相對上較為正確的抉擇,對自己的政治效益恐會更大。

## 二、選習是常態

選民在投票上養成一定的政治取向,本是一種常態的政治現象,蓋個人的投票記憶,往往構成處理選訊的基碼,解讀焦點事件的基礎,影響投票對象的催化劑。是以,職司選戰者要透由政治地理資訊系統的建構,從中解讀出各選區選民的選舉習慣,做為分配動員資源的依據,較能集中一切努力於善變之選區。

## 三、樂推是動力

政黨推出能讓選民順服擁戴的候選人,在選戰行銷上就比較不會遭遇困難。尤有甚者,候選人若又能針對自己較弱的選區,找到政治中人,進行界線入侵的工程,增加關係資本,累積更多的支持者。是以,候選人要有伯樂之賢,相中各個領域的政治企業家,負責政治穿透的工作,吸納更多的中間選民。

## 四、政黨是孔道

政黨是非常重要的結構孔道,職司連結民間團體的任務,成立選舉後援會的橋樑,供輸競選經費的財主。是以,候選人及其組構的競選團隊,要與其合作無間,協力完成競爭的勝利。兩者是策略性的夥伴關係,並無權力演變成相當勉強的合夥人,抵消選戰的能量。

## 五、政經是定素

選戰進行期間，政治系統所面對政經條件，如讓選民感到不滿，就已顯現過往執政或任職者的績效，並未達到選民的期望值，這對回顧型的選民而言，其可能缺乏動機再對現任或試圖繼任的候選人投下認同的票。因之，政見允諾若未兌現，經濟情況也失調，對外關係又停滯或萎縮，均對必須負責的政黨與所推出的候選人不利。

## 六、積卑是為大

「丘山積卑而為高，江河合水而為大」本是候選人要養塑的政治信仰，並在選舉的作為上荷「丘山積卑」的心胸，走「始於足下」的路程，不斷與選民接觸，進行同理性傾聽，而在政見允諾上反映選民的想望，認同他們的想法，進而爭取到權力的委付。

選民在競選活動的過程中，總要處理選舉資訊，以做為投票的基礎。不過，政黨及參選人不要對選民進行過度複雜的認知，而要想方設法找到選民的認知捷徑及投票基礎，再進行針對性攻克策略的設計。是以，重視選舉史的解讀，理出寶貴的選舉知識，以及當今的競爭態勢，並以二者做為選戰管理的指針，方不致於迷失選戰的方向與著力點。

選舉的政治市場可能出現三類顧客，即政治棄選者、反對抵制者及即將離開者，選戰主事者如有路徑或線索將其找到，並對之訴之以情，以理及以希望，使其願意走入市場，改變原先的取向，恐會得到有形的政治回饋。這些選民的暗中開發，致使競爭對手因聞不到選戰的煙硝味而來加以注意，正是選戰的最高境界。

# 參考書目

## 一、中文部分

林水波，2000。選舉與公投，臺北：智勝。
林水波，2006。政黨與選舉，臺北：五南。

## 二、英文部分

Acherman, B. and I. Ayres 2002. *Voting With Dollars*. New Haven: Yale University Press.

Boin, A., P. 't Hart, E. Stern and B. Sundelius 2005. *The Politics of Crisis Management*. Cambridge: Cambridge University Press.

Brader, T. 2006. *Campaigning for Hearts and Minds*. Chicago: The University of Chicago Press.

Campbell, J. E. 2008. *The American Campaign*. College Station: Texas A & M University Press.

Fiske, S. T. and S. E. Taylor 1991. *Social Cognition*. NY: McGraw-Hill.

Foot, K. A. and S. M. Schneider 2006. *Web Campaigning*. Cambridge, MA.: The MIT Press.

Fung, A. 2006. "Varieties of Participation in Complex Governance," *Public Administration Review* Special Issue: 66-75.

Geer, J. G. 2006. *In Defense of Negativity*. Chicago: The University of Chicago Press.

Green, J. C., M. J. Rozell and C. Wilcox 2006. *The Values Campaign?* Washington, D. C.: Georgetown University Press.

Kim, W. C. and R. Mauborgne 2005. *Blue Ocean Strategy*. Boston: Harvard Business

School Press.

Lau, R. R. and D. P. Redlawsk 2006. *How Voters Decide*. Cambridge: Cambridge University Press.

Pawson, R. 2006. *Evidence-based Policy*. Thousand Oaks: Sage.

Pfeffer, J. and R. I. Sutton 2006. *Hard Facts, Dangerous Half-Truths and Total Nonsense*. Boston: Harvard Business Press.

Rayan, J. A. 2007. "Party Identification," in L. J. Sabato and H. R. Ernst (eds.) *Encyclopedia of American Parties and Elections*. NY: Checkmark Books.

Shaw, C. 2004. *The Campaign Manager*. Boulder, Co.: Westview.

Sulkin, T. 2005. *Issue Politics in Congress*. Cambridge: Cambridge University Press.

Wellstone Action 2005. *Politics the Wellstone Way*. Minneapolis: University Of Minnesota Press.

Winston, C. 2006. *Government Failure versus Market Failure*. Washington, D.C.: The Brookings Institution Press.

# 第四章　蝴蝶選民與忠誠選民

　　當前的企業市場上，經常出現顧客遊走不同商店，以購買自己想要或需求的東西或服務，時存貨比三家不吃虧的心態。不過，這個社會亦同樣維持一定的人數，忠誠於某一家商店，永續與其進行交易，彼此感到相互滿足，而形塑關係濃厚的社會資本，一則穩固商家的利基，另一則贏得顧客的信任，提升交易的效率，減少花費的時間成本，保證一定的品質。不過，忠誠的顧客，一旦發現原本的交易關係有所變質，時有因存量管理的缺陷，未能即時提供他或她所需要的物品，抑或因兩造互動關係的不良，顧客導向的運轉褪色，未能強調顧客的需要，站在顧客的立場，其乃會切斷過往已立的關係，重新扮演蝴蝶般的角色，到處尋找新的服務提供者，觀察其遞送服務的質地，再決定是否與其建立較長久的關係。換言之，商場上的顧客多變，有的雖加入不同營業組織的會員，但總隨主顧關係的更迭，而改變抉擇的對象。

　　政治市場亦如一般的市場，競逐公職的人員亦以選民當顧客，特意行銷以爭取他或她的認同，而於選舉遊戲上投下支持的一票，俾便連結其他支持者，取得當選所需的孫山指數，而於服公職期間，再以選前承諾的政策主張，爭取支持多數聯盟的建立，加以貫徹以回饋選民，持續爭取他們的支持，進而鞏固政治版圖，防止其他政治人物的地盤入侵。不過，有的選民始終受到政治意理的感召，長時間支持某一政黨所提名的參選人，不論所推人選的優劣，不議其所提出的政治承諾。反之，有些選民並沒有長期的政治認同，而要於每一次選舉遊戲啟動之後，才審慎評估參選人所提的政策願景，所加入的政黨，所參與的社會團體，所養塑的領導特質及廉潔的品格，所任職務的績效，所擁有的相關經驗，以及受到權威人士的背書，才投入共同經營選舉工程的行列，欲使其支持或推舉的標的，順利當選而展開另階段的選民結盟工作（Brader, 2006）。換言之，政治市場亦存

有蝴蝶式的選民，與忠誠的選民，而參選人的勝出就要推展選民的有效管理，一方面維護忠誠的選民，使其持續成為築造關係資本的結構孔道，動員連結更多的有志一同人士；另一方面則要想方設法顛覆蝴蝶選民，使其願意鎖定支持人士，同心協力完成勝出的使命，抑或任其飛行，扮演用腳投票的角色，不為任何政治陣營所說服，而靜觀選舉的推移。本文的旨趣在於：移用蝴蝶顧客的概念（O'dell & Pajunen, 1997），轉而以其屬性來認識或描繪時下的蝴蝶選民，進而分析與蝴蝶選民相對的忠誠選民，其究竟被社會化或擁有哪些屬性，而願於選舉產業上參與哪些活動的經營。而候選人在面對這兩類選民之際，如何進行有效的管理，使自己締結較多忠誠選民，而能續階應用服公職的機會，持續耕耘忠誠選民的版塊，挫折競爭對手的機會窗。

# 第一節　蝴蝶選民

　　有的選民於選舉期間，不輕易表態支持的對象，只是用心觀察參選者的政治言談，留意其將來為選民所設定的政策議程；對競爭對手所做的攻伐，所提出的回應，是否針對性，而非顧左右而言他；面對各項蜂湧而至的危機，如何加以適時適刻的處理，引發自己的共鳴，而於關鍵階段下決定予以支持。換言之，蝴蝶式的選民，在選舉運營期間，不易輕下斷語，而是游移於不同的政治市場，關注選舉變化的動態，認為該改變支持的政黨顏色就改變，認為參與投票並無實質意義就按兵不動。至於對這類選民的特性，進行較為整體或全局的觀察，可由八個角度透視之。

## 一、有心成為死忠支持

　　蝴蝶選民雖在選舉市場內飛來飛去，但他或她也誠願接受符應其需要、偏好或期待的訴求，而早些決定自己的候選人認同。只是，顛覆這類

游移不定選民的利器，有時要有過往政績確實令人感受得到，深願其持續
發展，不想因政黨輪替，而改變原本的施政步調，抑或更調已定的政策議
程，改變議題的優先順序。

　　有時這類選民亦會透由比較做事人的人品與能力，而做出認為未來主
政較適合的人選，是以這類選民比較具有自主性，不容易被媒體、流言或
民調所操弄，更不易受偶發或事實未明的事件所影響。因此，負責政治社
會化選民的各營選舉動員團隊，務必要認清這類選民的自主屬性，盡量排
除物役化的選舉營為，而要以感動選民心靈或思維的舉措，進行政治說服
的工作，引起共鳴的政治活動接近選民的距離。

## 二、游移不同政治市場

　　蝴蝶選民在每一次選舉，不一定支持同一政黨所推薦的候選人，而是
根據內外在時境的遞移，而進行權變性的投票；依循政治中人的穿梭，而
與不同的政經社文結構接軌，而改變支持的政治對象。蓋臺灣有些政治轄
區的選民，其所隸屬的各類結構，並未將選舉時的支持黨派定型化，因為
政黨輪替已是常態，所以每一次的選舉，各黨派候選人及其經營團隊，若
能找到擁有諸多善舉而養塑聲望者，從中搭橋或進行接軌的政治工程，從
而爭取到結構成員的支持。

　　而有些選民本對執政者寄予厚望，至盼其於執政期間，能妥適配置
資源，建立同心協力的執行團隊，以落實與選民立下的政治承諾，持續鞏
固支持者的慣性選舉行為。不過，在執政期間，由於不諳組織有效運作的
默會性知識，不能適時化解聯合行動所易產生的障礙；抑或未能善用知識
工作者，適時產出創新的知識，並由知識引領具體行動的更新，以得到令
人重視的績效及施政成果，而滿足各類的選民，贏得他或她的選舉青睞
（Davenport, 2005）。

　　換言之，蝴蝶選民較具權變性，不將自己支持的黨派鎖定，而較持
績效導向，以決定每次選舉鍾情的對象。尤有甚者，這類選民每富政治鬆

動性，在原本支持黨派疏於經營，抑或新主政黨派未能展現令人稱許的治績，也無法處理各項危機的到臨，他或她也會見風轉舵，改宗其他具政治潛力、現政治遠景的黨派參選人。

## 三、擁有一定知識水平

蝴蝶選民在政治上並不盲從，每有自己建構的一套參考架構，做爲投票的抉擇。這些人在過往，因實際的政治參與，抑或不同的工作經驗與互動模式，培塑一定的政治智慧，不隨意聽信政黨或媒體操作的民調，亦不願意接受各類的配票安排，更不喜歡海市蜃樓式的政見。

這類選民亦擁有一定的教育水平，足以分析論斷各黨派候選人所設定的各類議題及其配套的對應方案，究竟是假或眞的議題，所提套案有無犯了「稻草人」的謬誤，即該套案並無針對問題的本質，在執行之際易生執行遊戲，如挪用資源、目標轉換、抵制制度化及消失政治能量（Bardach, 1977），而決定支持某一黨派所推薦的候選人。是以，候選人若以政治詐術試圖贏得選舉，恐十分不容易。

何況，這類選民平日又會關注各項資訊，不管是媒體所披露的各項社會問題，抑或腐化的交易行爲，評斷其眞實性或虛假性。而於選戰期間，又能比較各候選人於當選就職後，所能提供的政治效益，以及選民自己所要負擔的政治成本；知悉候選人的社會連結、政治信念及過往的作爲，進而以這些蒐集到的資訊，做爲最終投票抉擇的準據。因之，凡是有志於政治志業者，務必不可假定這類選民是可輕易說服的，其本有一套標竿，進行評比各類參選人，才下最後的決定。

## 四、抱持多疑犬儒心態

蝴蝶選民雖要求各黨派候選人提供諸多的資訊，以進一步洞悉其過往、現在及未來的政治取向，但他或她會對這些資訊提出質疑，並顯露

不相信的態度，對政治人物在選舉時所立下的多元不同承諾抱持保留的態度。

由於這類選民顯現出對政治人物的信任匱乏，所以為了爭取其支持，平日與選民進行較高密度的互動，以築造較為雄厚的關係資本，一來讓選民認識自己的價值所在及在選舉遊戲上的重要性，進而為選民構思一個充滿希望的未來，鋪設一幅可行性極高的政治願景，而且積極投入持續關心，才能爭取到他或她的信任。

既然當代的部分選民擁有極高的自主性，但憑自己的獨立判斷，觀察選舉遊戲的運營，於是參選者恐要針對這類選民的特質，不應以強烈的文宣行銷，因其未必會對之有所回應，採取必要的動員行動，協力合產選舉產業的果效；還是以真誠的互動、社會資本的建立、政治能量的展現，來感召這類選民的政治順服。

## 五、寧願轉向不願抗爭

蝴蝶選民往往根據自己的政治認知決定自己在選舉時的抉擇依歸，而於選後發現：原本自己的支持者在履行公職的使命上，未能展現當責的作為，與原先自己的政治期待差距甚遠，每會在下次選舉時，進行寧靜的革命，決定改宗支持其他政黨的參選人，並不會主動參與政治述職未達門檻的抗爭，以消極的不認同，做為對公職失能的抗議，冀以政黨的醒覺，深信選民持有選舉轉向的威脅，而用心於績效勝出的經營。

而這類選民之所以會有這種政治轉向的打算，乃政黨通常均會面臨「聲望風險」（Eccles, Newquist & Schatz, 2007）。蓋由於政黨聲望本是選民主觀上的認定，每與實際的狀況有所落差，並於所屬參選人當選後任公職期間，一一呈現能力不足、績效不彰的情勢，乃改變原本對政黨或候選人的聲望認定，而動搖原本的支持力。再者，選民的政治信仰與期望也會隨著時境的遷移而調整，斯時政黨的作為及本質，若猶維持不變，則聲望與實際之間的差距擴大，所面對的風險亦同時增加。最後，獲勝的政

黨，如在主政期間，出現內部協調的困難，所屬黨員對政黨及其領導者提出強烈的批評，當會因政黨潛存分裂的危機，而損及過往已積累的聲望；何況，新執政黨由於執政經驗不足，不諳政務與事務人員之間的有效互動，出現明顯的績效落差現象，也衍生出令主權者不滿的問題，當然連帶影響主政政黨的聲望。

政黨聲望之維持與強化，本是持續選民支持的定素之一，是以政黨要竭盡所能規避聲望滑落的風險，隨時注意選民態度的變化，維繫協力的團隊，進而產出協力的優勢，獲致主權者的認同。如若政黨在取得執政之後，產生權力傲慢的現象，未能偵測內外環境的變化，而提出影響或馴服環境的政策工具，則聲望下跌是平常之事，進而引發支持選民的政治轉向。

## 六、熱衷於別人的經驗

蝴蝶選民非常重視別人與政治人物的互動經驗，以及從互動經驗中所得的評價，和所做的政治推薦。這種現象正如商場顧客一般，每每接受別人在購物之後，對所購之物所為的論評，而決定採購的情形，換言之，人與人之間，常利用各種不同的政治場合，進行政治的言談，交換不同的訊息，以及各自特殊的政治經驗，並由言談、訊息及經驗上得到啟示，以為下次選舉投票抉擇的考量基礎。

選民之間的相互影響，每易形成正負面的篷車效應，即選民認為某位政黨所推薦的候選人，在綜合的評價上至為令人激賞，乃會互相促銷，期望其能達及孫山指數；反之，如選民一同認為某位候選人的公職適格性可受到合理的質疑，恐會改變原本的支持傾向，試圖使其落選。因之，政黨為了增加所推薦人選的勝選利基，定要有黨內過濾機制，控制會引發爭議的人士出現，以避免負面的篷車效應之產生。換言之，政黨提名機制的健全化及公平化，乃是創造正面篷車效應的前提。

## 七、深信見異思遷不恥

　　蝴蝶選民對自己依勢、依情、依人、依黨及依見改變支持的對象，並非是異例的政治參與，且深信任何政黨不可執政太久，以免腐化的政商交易之滋生，全民負擔善後的窘境。尤有甚者，由於制衡代議民主的直接民主機制，在創制複決受限於程序卡特爾的狀況，即以多階段的程序及高門檻的成案條件，再加上出席及贊成投票的絕對多數，而窒息該兩權的有效行使（Cox & McCubbins, 2005），罷免又因單一個案的舉行，以及提案和取決的高門檻，該機制的監督果效，也已成為形式主義化，唯剩選舉的運用，要求政治人物的述職，而述職目標之成就，恐只有依賴選民在投票上的權變決定。

　　何況，公職人員只能從整體得知選民的政黨重組，並不太容易知悉哪些選民在政治行為上做了巨幅調整，所以他或她可以理直氣壯的態勢，推動選項的更調，不必顧慮政治人物或他人的論斷。蓋政治系統的主權者，本有自主抉擇代理人的權利，要求合法代理人善盡職責。總之，這類選民正如消費者，可隨意在各地運行消費行為，只要那個商家提供周全的商品及服務，站在顧客的立場構思被消費的品質，務必使其能夠滿足就可。

　　見異思遷的投票行為既是負責的，又起因於政黨及候選人的因素，所以投票者要以正常心態對待之，不必覺得有任何政治尷尬，而政黨及候選人更要在選後進行懇切的內省，究竟選民的投票改變依據何在，競爭對手的策略有何吸引選民的優勢，進而徐圖下次選舉機會，一舉破除選民的抉擇障礙。換言之，政黨之主事者要針對選民的政治變革，進行對症下藥的變革管理，避免不好的選戰賭注，仔細過濾出場競爭的「壞蘋果」，進而瞭解選民究竟對競選活動如何進行資訊的處理，以決定最後的投票抉擇（Lau & Redlawsk, 2006）。

## 八、洞悉自己價值所在

蝴蝶選民每每洞悉自己的政治關鍵地位,深諳選舉結果往往取決於自己這類選民的多寡,所以更重視自己審慎思辨的選舉行為。蓋這類選民可以影響政黨的成長或式微,決定候選人的勝出與否,抉擇未來的政治取向。一旦政黨發覺支持選民的根基萎縮,就要構思因應的策略,檢討現行政黨主導的政策,是否已無法鑲嵌當下時刻的眾趨民意,而有必要大幅更張,以防止支持者的持續政治轉向。換言之,這類選民每是促成政策變遷的動力,測知政策風向的風標。

政黨每每希望忠誠且重複支持的選民,一直與政黨進行政治疆界擴展的管理。不過,政黨或候選人定要抓住時代的脈動,內外環境的變遷,妥適因應聲望衰頹的風險,適時防止或杜絕選民的政治鬆動。政黨更得體悟:眾多選民之中,雖有外控的選民存在,完全順服於政黨的指示或安排投票,但也有內控的蝴蝶選民,其所服膺的選舉準則為績效導向、優質導向、信任導向及比較導向,設法爭取他或她的支持,進行選民的政黨重組,政黨所推薦的參選人,才有勝選的空間。

選民自己所進行的選舉寧靜革命,乃是政黨所要面對的政治威脅,也唯有嚴肅以對才有機會維繫政黨的利基。不過,如若政黨的偵測機制不靈,不諳選民已顯露的政治信號,猶如溫水中的青蛙,不識內外在環境的改變,而持續政治惰性的行為,可能就難挽回最終的選舉頹勢。因之,政黨無權利自滿,而有義務自省,隨時偵測環境的更迭,提出影響環境的政策,而維持或擴展政治支持的空間。


# 第二節　忠誠選民

臺灣的政治演化逐步呈現「M」形分布,藍綠政黨各占有一極的雙峰形態,亦擁有較長時期支持的選民,姑不論政黨的形象管理如何,主政期

間的施政績效水平，是否出現高頻率的弊端，滋生腐化的交易（Porta & Vannucci, 1999），還是展現或延續原本的政治認同，無識選舉期間雙方重大議題的爭鋒，負面文宣的激烈攻伐（Geer, 2006），未來政治願景的規劃，均對其選擇取向無法更調。換言之，臺灣的兩大政黨各自保有一定程度的支持群，並以其做為穩定的利基，再想方設法尋找足以勝出的蝴蝶選民，建構勝選的多數聯盟。這類對政治競選活動完全免疫的選民，即學理上所稱的忠誠選民，但俗稱之為死忠選民。這類選民的抉擇準據有五：

## 一、政黨認同

　　臺灣選民由於所受的政治社會化過程不同，來臺生活的時間亦前後有異，接受訊息的媒體偏好也有殊異的選擇，政治互動的對象及場域更有所差異，於是養塑對不同政黨的認同，並經常參與所認同政黨所舉辦的活動，彼此之間建立高密度的關係，培塑親密的情感，養成一致的投票取向。

　　而由於環境生態的議題日益受到重視，加入環保運動的人士也愈益增加，為了促進環保的議題設定權，有些人士亦成立綠黨之類的組織，參與選舉競爭，試圖取得公職，以宣揚或倡導減少全球暖化之類的環保生態議題。不過，這類政黨的生存空間有待開拓，奮力引起更多人士關注全球暖化、環境破壞、漁產濫捕所生明顯而立即的危險，人類生存空間因而受到窄縮的情形。

　　尤有甚者，在厭惡藍綠長期對抗，引發政治空窗的歷史時刻，再加上國會結構的巨幅更迭，立委席次的減半，且在藍綠現任委員，未能透由黨內機制出現參選者，能否在第三勢力的號召下，成立第三個主流政黨，引發選民的認同，突破兩黨的界限防守，得能制衡藍綠兩大政黨在國會的權鬥。總之，臺灣的政黨認同在特殊的歷史時刻下，可能會有所更動，而調整國會的權力結構。

## 二、族群認同

臺灣的四大族群,由於在臺灣的生活期間不同,平日接觸互動的情形亦大異其趣,受到政治照顧與得到政策效益也有殊異的感受,在選舉期間接觸政黨動員的幅度根本不同,因此不同的族群,也有人對政黨及所屬政治人物抱持不同的認同,而維持歷來極其穩定的政治支持。

有的特定族群由於已形構成特殊的利益團體,得能在政策合法化的場域,順時順勢締結議事的多數聯盟,通過賦與其利益的法案,否決對其不利的政策變遷,再由選票的回饋,支持認同政黨的利基。因之,各個不同的族群,由於政策取向的差異,追求政策效益的不同,每與其取向較為接近的政黨結盟,成為共同的利害關係人,且在投票上成為死忠的政黨支持者。

## 三、統獨認同

臺灣與中國的關係在政治上極端模糊,不過有的人主張統一,有的人堅持獨立,成為一個正常的國家,得能正常成為國際組織的一員,享受應有的權益,分擔應盡的義務。於是在統獨主張分歧的社會,選民每會加入贊同自己政治主張的政黨,成為死忠的支持者,並於選戰期間參與投入爭取勝選的活動。

統獨的立場,由於各趨政治的一端,而且缺乏統合的機制,所以會持續一段不短的期間,政治取向統或獨的政黨,為了固守原本對自己忠誠的選民,將不會任意調整意理,而引發劇烈的紛爭,鬆動原本的支持陣營。不過,統獨的立場若不能化解,則兩岸政策難得共識,原本因政策空隙而滋生的問題,就不易獲致解決,易生民間行動超前、對應政策落伍的情勢。

## 四、國家認同

　　臺灣在本質上是一個移民的國家，各類移民於不同的時間移入，並受到不同歷史經驗與政治學習的影響，也歷經不同政治事件的衝擊，遭遇互異的政治不連續現象，以致島內的居民形成不同的國家認同，有的自稱爲中國人，有的自認爲臺灣人，更有人自許是中國人又是臺灣人，因而呈現多元不同的認同。不過，最近認同自己是臺灣人的比例似有大幅增加的趨勢（參閱政大選研中心所做的民調結果）。

　　而不同的國家認同，亦影響到選民在選舉時的政黨認同及所支持的候選人。大凡自認爲中國人的選民，多數人每每成爲泛藍的支持者，而自認自己是臺灣人者，較易傾向支持泛綠的候選人，並成爲動員的結構孔道，試圖爭取支持標的的當選。

　　自認爲中國人的選民，歷來的選舉很少將選票投給泛綠的候選人，形成相當穩固的政治版塊。不過，這種不分候選人過往績效高低的投票取向，可能衍生社會的潛在分歧，不易凝聚社會資本，缺乏社會的互信，將有礙社會的整體發展。

## 五、遵從指定

　　臺灣的選舉，如在複數選舉區的制約下，政黨爲了加大當選的席次，提升選票的作用力，每以配票的方式尋求支持者按照配票的方式來投票。如果每一選區提名三、四、六席，則可按照選民出生的月份加以指定；如果有的選區提名五席，則可按照選民身分證末碼加以合理分配；不過，如提名七席的選區，在分配上就比較困難，有時或可以投票當年的生日是星期幾來指定分配，有時亦可先以月份先平均分配六個提名者，再以生肖配合候選人的名字，決定第七位的配票方式。不過，在臺灣由於選民相當瘋迷星座，政黨在某一選區提名六席時，亦可以兩個星座的分配方式，合理分配給每一位提名者。這種以星座的分配方式，由於至爲新鮮，增加選民

的樂趣及參與意願，可能提高候選人的當選率。尤有甚者，十二生肖的分配，亦可用於提名二、三、四、六席的選區，目的在於增強分配的新鮮度。有關配票的情形可參閱表4-1。從中瞭解國民黨於北市第十屆市議員選舉，要求支持者的分配方式。

　　而選民若真的按照政黨指示的方式投票，就可顯示出其是對政黨忠誠的選民，姑不論其是否加入政黨。該這類選民已放棄自主行使選舉的權利，而以較全局的視野來對待選舉，但求自己支持的政黨，得能擁有較大的資源配置權，進而回應他或她的政治想望。

### 表4.1　臺北市第十屆市議員選舉國民黨的配票指定表

| 北投·士林 | |
|---|---|
| 1·2·3月出生 | |
| 請投給④吳碧珠 | |
| 4·5·6月出生 | |
| 請投給⑥陳壽章 | |
| 7·8·9月出生 | |
| 請投給⑪賴素如 | |
| 10·11·12月出生 | |
| 請投給⑱汪志冰 | |

| 内湖·南港 | |
|---|---|
| 1·2·3月出生 | |
| 請投給⑨吳世正 | |
| 4·5·6月出生 | |
| 請投給⑩李彥秀 | |
| 7·8·9月出生 | |
| 請投給⑪陳義洲 | |
| 10·11·12月出生 | |
| 請投給⑬闕枚莎 | |

| 松山·信義 | |
|---|---|
| 身分證末碼為1·2 | 身分證末碼為7·8 |
| 請投給②王正德 | 請投給⑪戴錫欽 |
| 身分證末碼為3·4 | 身分證末碼為9·0 |
| 請投給⑤陳孋輝 | 請投給⑯楊實秋 |
| 身分證末碼為5·6 | |
| 請投給⑧陳永德 | |

| 中山·大同 | |
|---|---|
| 1·2·3·4月出生 | |
| 請投給⑥陳玉梅 | |
| 5·6·7·8月出生 | |
| 請投給⑨林晉章 | |
| 9·10·11·12月出生 | |
| 請投給⑪王浩 | |

| 中正·萬華 | |
|---|---|
| 1·2·3·4月出生 | |
| 請投給③陳惠敏 | |
| 5·6·7·8月出生 | |
| 請投給⑫李仁人 | |
| 9·10·11·12月出生 | |
| 請投給⑯吳志剛 | |

| 大安·文山 | |
|---|---|
| 生肖屬龍 | 7·8月出生 |
| 請投給①歐陽龍 | 請投給⑬秦儷舫 |
| 1·2月出生 | 9·10月出生 |
| 請投給⑤厲耿桂芳 | 請投給⑮蔣乃辛 |
| 3·4月出生 | 11·12月出生 |
| 請投給⑥林奕華 | 請投給⑱陳錦祥 |
| 5·6月出生 | |
| 請投給⑩王欣儀 | |

來源：國民黨臺北市黨部

　　忠誠選民是政黨的基礎結構，每次選舉政黨總先以各項訊息及政策承諾穩住這類選民，再施以其他有效策略爭取蝴蝶選民的來歸，以構築當選所需的門檻。不過，選民的政治光譜如類似一個移動的鐘，不斷隨時間在更迭，隨環境在遞移，以致忠誠選民的額度恐在遞減，職司選戰的政黨，可能要更關注蝴蝶選民的經營，加強選戰活動的民主化，提供優質的資訊環境，讓選民在投票之前，得以細思考量再投下支持的對象，才有機會提升選舉的民主化程度。

　　忠誠選民既然依照自己的政治認同及由上而下的指示投票，對投票支持對象的各項條件，恐就不加以挑剔，因之為了維持公職人員的一定品質，過濾及汰選的責任，就要由政黨承擔之，由其按照黨內民主的機制，提出適格適任的人選，以供忠誠選民的背書。如若政黨未盡淘汰人選之責，則忠誠選民可能轉變為用腳投票的選民，進而降低整體投票率，而波及每一政黨當選的總席次。

# 第三節　選民管理

　　政黨本欲追求政治權力、掌控權威性價值分配而組構，而這項宗旨之成就，就要針對選民的類型或屬性，進行選民的有效管理，以符應選民所重視或追求的價值，俾能讓蝴蝶選民鎖定支持的對象，不再心智不定，四處尋找可投入支持的標的；而使忠誠選民擁有高度的動機，願意出席投票，以助政黨所推薦人選得能達及孫山指數。此處所闡述的選民管理，乃衍生於Kaplan & Norton（2004），在《策略圖案》一書所提出的顧客關係管理內涵，從中轉譯到政治市場的顧客—選民的管理，而規劃管理策略的中心指導原則為，如何充分滿足選民的價值，其具體的作為可由五個面向建構之：

## 一、形象管理

政黨形象的優質與否，每會影響到選民的青睞程度，並決定只在選舉過程中，扮演消極被動的角色，還是自始至終積極地參與投入，捐獻時間與資源，協助動員選民，共同支持所屬意的候選人。因之，經由選民透過選舉而指定的執政黨，最好的形象管理，乃是建設性地運用政治系統所擁有的政經資源，促成社會的穩定，經濟的發展，國關的擴展，社福的豐厚，兩岸的和平，犯罪率的降低，就業率的增加，重大問題的解決。換言之，執政黨要以亮麗的施政績效，弊端的極小化，政策承諾落實的極大化來贏得選民的信賴，吸引蝴蝶選民的鎖定。

經由選民指定為準備執政的政黨，其形塑優質形象的作為在於：擺脫為反對而反對的舉措，而以證據或更佳套案推銷自己擬斷的方案，使之成為正式的政策方案，並協助執政者確實加以實踐，突顯政策的績效。蓋反對黨要扮演忠誠協助的角色，協助執政黨走出可能的政策盲點。再者，正準備執政的政黨，要擔負監督防腐的任務，減少稀少資源的浪費，抑或流入不當的方向，進而展現清廉的作風，力持改革的作為，向上提升的運營，而贏得兩類選民的肯認。

政黨形象的正面維護，並於政治系統在投入、轉化及產出的運營過程中，扮演選民所指定的角色，不致引起選民的反感，在選舉時對選民一定會有號召力。如若政黨的角色扮演有所逾越，只重在黨利的追求，而忽視公共利益的推展，這對政黨的形象是有負面的影響。

## 二、關係建立

政黨運作績效的產出，單獨但憑政黨之力，恐力有未逮，而未能達到成就目標的極大化，是以其要與各類選民建立策略性的夥伴關係，共同合產政治運作的工程，致使代理人與被代理人之間的意思連結不致中斷；而全以代理人自己的意思表示做為政策推動的指針，難免無法完全回應被代

理人的冀求。

　　尤有甚者，政治系統的政策行動，其績效的勝出，得賴標的對象知悉相關的政策訊息，進而加以運用，並按政策訊息採取行動，姑不論是順服而按指示行為，抑或主動協力協助政策的推動，兩者之間關係密度不低，所養成的信任度亦高，極願在選舉工程上，共同築造最終的多數聯盟。是以，政黨在平時就要察知選民所連結的社會網絡，利用得以服眾的政治中人，與選民建立互動綿密的關係，共同參與推動公共事務的工程，進而形塑將來可用以動員的關係資本。

　　選民亦需要政黨提供各項服務，解決他或她所遭遇到的問題，滿足其需求。尤其在選舉迫近期間，如各地區的選民發現任何公共建設有了缺陷，主事人員立即提供所需經費加以修復，進而建立得能回應民需的聲望。而選民的期望每每隨著時境的演化而改變，欲維持已立的關係資本之政黨，就不能在風格、作為及對應上維持一成不變，無法適時適刻提供針對時境的服務，則原本已樹立的形象或聲望就會受到損傷，中斷過往已立的關係。

## 三、紫牛尋找

　　蝴蝶選民由於不輕易鎖定標的人選，所以要找到或運用選舉過程上所發生的引人注目事件，並於最短的時間內將事件的訊息廣泛地傳送出去，而做為蝴蝶選民考量投票歸屬的依據。不過，容易改變選民的事件本是可遇而不可求的。

　　S. Godin（2005）提出「紫牛」的概念，指出企業的成功，一定有出奇制勝的設計與安排，方能引來顧客的青睞，他指出：草原上成千上萬頭的牛，如每隻的顏色和外表均呈現相同的樣態，絕對難以吸引遊客的駐足觀賞。不過，突然之間出現一頭紫色的牛，外型相當與眾不同，便極能突圍而出，成為眾人目光的焦點。轉申之義，企業追求成功之道，即要創造與其他同類不同的特點，以吸引顧客的喜好。選舉中的紫牛，除了候選人

主打的議題，自我定位的貼近特質，競選活動的感人場面外，如能找到最後一招，突如其來讓對手無法招架的招數，大大有助於影響蝴蝶選民，而取得最後決定性的勝利。

　　2006年高雄市長選舉，陳菊陣營在選戰最後一天凌晨揭發走路工事件，對以清廉為主打議題的對手可說是致命的一擊。姑不論究竟有多少選民收到這項消息而改變投票對象，但走路工事件對對手的形象已構成嚴重的破壞，進而鬆動選民的投票意志。因之，職司競選活動的團隊，在關鍵的歷史時刻，一定要步步為營，不可出現易受攻伐的事件，為對手找到紫牛的情境，進而發揮攻擊對手的利器。

## 四、商品講究

　　在政治市場行銷的政治商品，其可行銷性，抑或可吸引蝴蝶選民的貼近，主打選戰者所要對政治商品講究者有三：評價優、質地良及接觸易。首先候選人受到的評價不低，在過往所有任職期間，均展現令人激賞的績效，適時回饋標的顧客的需求，設計出解決時下迫切問題的套案，隨時扮演政策關切者的角色，留意執行過程中所出現的插曲或脫軌，並即時加以扭轉，完成有效執行的任務。

　　再者，候選人的質地受到非議較少，有苦幹實幹的作風，又有鐵腕及魄力，克服政策推動的阻力，化解抵制政策變遷的障礙或抵制。尤有甚者，候選人的人品受到肯定，在推動臺灣民主化的過程上盡心盡力，願意與人協力望創造嶄新的方案，用以對應社會所迫切面對的問題，進而養塑支持的氣氛，開拓將來創新方案落實的策略圖案。何況，他或她在領導上又扮演策略轉化者、跨域結盟者、組構團隊者、開創方案者、內滋激勵者及目標極化者的角色，足以展現優質的績效。

　　三者，候選人平易近人，樂於與人接觸，願與選民緊密聯繫，建立溝通對話的平台，知民所需，悉民所向，以釐清較能貼近民意的政策。換言之，較能感化蝴蝶選民者，乃候選人與選民間維持零距離的關係，設有各

項便利的管道，隨時接觸到重要的資訊，並運用公職將其轉化成具體的策略，縮短現況與理想情況之間的落差。

政黨在推薦候選人時，本應重視其是否具有可行銷性，因爲選戰有如市場一般，本具有相當的競爭性。如政黨推出一位與選民有距離的候選人、過往受人評價平平的人、未具顯著特色者、不易與人打成一片者、木訥寡言者、互動關係密度不高者，恐會造成選戰開打的不易，當選利基的營造有所困難。

## 五、鎖定選民

候選人爲了奠定勝選的利基，除了講究本身的政治商品外，還要認定選民之中，究竟有哪些人比較認同自己的風格，支持自己的公職行爲，欣賞自己從事的社會活動，參與的政治論壇，而且接受過自己所提供的服務。這些人可能已對自己有所認同，所以要以符應他或她政治胃口的文宣，鎖定他們的投票取向，鼓舞他們加入政治動員的行列，發揮連結結構孔道的威力，鞏固當選所需的票數門檻，延續增強關係資本的平台。

還有另一種隨興投票的選民，政黨的主事者若能掌控這些人的分布所在，可資接近的管道，再以說之以理、動之以情的訴求，說服他或她務必參與投票的理由，使其醒覺行使政治權利的重要性，履行政治義務的關鍵性。尤有甚者，主事者要在政治市場溝通選舉的訊息，提出選舉結果的政治展望，並由明顯而重要的展望，讓那些隨興選民，願意投入冀能改變政治系統運作的權力結構。

再者，每次選舉均有爲數不少的用腳投票選民，不論選舉氣氛如何熱烈，競爭對手之間怎樣攻伐，新聞媒體對選舉消息的炒作，選舉事件的發生，這些人依然呈現政治疏離的態度。政黨之主事者，如能透過過往的投票紀錄，找到這些人的行蹤，與其建立互動關係，知悉他們的想望，瞭解他們的政治觀點，而於政見訴求加以對應，誘引他們重回政治市場，或可打破原本的政治壟斷情勢。

　　選民就是政治顧客，亦可對之進行有效管理，一方面鎖定有可能支持
的標的，另一方面接近隨興及用腳投票的選民，增進與他們之間的關係，
提升他們對政黨及其推薦參選人的支持度。不過，在進行有效管理之前，
一定要設法探測選民所追求的政治價值，所要從政治代理上得到哪些服務
或利益，再由政治訴求上反映出來，在任公職之際實現出來，並維持一定
的服務品質，致使選民成為高度滿足的政治粉絲。

# 結　論

　　由於臺灣選舉密度特高，選民已由頻繁的選舉中，培塑出投票的政
治智慧，迄今雖有部分的選民維持政治忠誠的取向，每次選舉還是投給
認同政黨所推薦的候選人，但增加了為數不少的蝴蝶選民，不願意明示地
進行政治抗爭，而以選票的轉向，對各個政黨示警，使其警覺是否逾越
選民透過選舉所指定的政治角色，並於角色扮演過程上出現不能稱職的
情勢，至祈政黨之間，為了政治系統的長遠利益，主權者想望的公共利
益，扮演著審慎的合作者，改變過往本位考量的決策思維，履踐代議利他
（representational altruism）作為，進而打破政治場域的對立僵局，排設勝
出時境需要的政策與制度（Smith, 2006）。嗣經上述三個面向的分析，吾
人或可演繹出七項知識啓蒙：

## 一、選民的多樣性

　　政治系統的選民由於政治認知、情感與評價取向的殊異，形塑出蝴蝶
選民、忠誠選民、隨興選民及用腳投票選民，他或她均會舉出多元不同的
理由來支持他們不同的選舉角色扮演。不過，基於投票率的日漸降低，對
政治場域政黨權鬥的不能認同，用腳投票的選民似乎有快速增加的趨勢，

相關政黨應有所警惕，並於某些情境下得能展現代議利他的情懷，與他黨協力完成時下迫切需要的法案。

## 二、蝴蝶的不定性

　　蝴蝶選民每在選舉的時刻四處尋找質地較優的候選人，並運用自己的關係資本，動員支持該候選人的勝出。這些選民必須受到政黨的密切關注，並以民主的提名制度，勝出具競爭力的參選者，以回應這類選民的期待。何況，這類選民一旦巨幅增加，每促成政黨的執政輪替，造成政治的寧靜革命，是以政黨不得對之忽視，而要觀察由選舉所建立的政治地理資訊系統所出現的版圖變化，設法加以扭轉。

## 三、死忠的難變性

　　死忠的選民並不輕易改變投票的取向，更是政黨支持的底盤結構。不過，一旦長期支持的政黨，在政治角色轉換之後，無法透由政治系統的轉化機器，產出回應選民支持及要求的政策及行動，其也會進入政治冬眠期，不理會競選活動的運轉，而成為用腳投票者，進而影響選舉的最終結果。

## 四、聲望的風險性

　　政黨聲望的維護是本身形象管理的標的，也唯有高度的聲望，才能留住忠誠的選民。然而，主觀的聲望，若於實際的表現上並未襯托出，而出現顯著的落差；再加上選民在信仰及期許上的變遷，而政黨的作為猶未能對應之際；政黨內部的衝突，又引發選民的不信任，就會面臨嚴重的風險，如忠誠選民的流失，政治底盤結構的鬆動。

## 五、機警的重要性

　　政黨要對選民的變化相當敏感，才能即時做出有效的因應，挽回選民的轉向。因此，政黨在政治競爭至為激烈的時代，不能有絲毫惰性的行為，更不能永遠與他黨對立，而是要扮演機警的合作者，在歷史關鍵的時刻做出共利的決定，以免選民的不當咎責。蓋政黨並無權利，讓必要政策及制度永久虛銜。

## 六、政黨的外控性

　　政黨地位是由選民來認定，盡由選票來決定執政或在野之分，是以政黨不能自以為是，而忽略眾趨民意的取向，並擅自以黨意做為抉擇的標竿。蓋這樣一來，政黨的威信容易流失，疆界不易管理，而政治版圖更易被穿透入侵。

## 七、管理的價值性

　　選民有其所要追求的價值，並以最能符其價值追求的政黨或候選人，做為投票的標竿。因之，政黨之主事者定要按照價值追求的類型，設計合理的工具加以滿足，一方面鞏固忠誠選民，使其不致於用腳投票，另一方面讓飄浮不定的選民，得能鎖定支持的對象，不再四處飛翔。

　　選民類型及轉型的關注，政黨才能在平時及選戰期間架構對應選民需求的策略，提升選民試圖追求的價值。政黨不僅要認識到自身的外控性，更要做好形象管理，使自己的品牌受到讚賞，適時展現代議利他的精神，為全民公共利益著想，並於競選期間提供思維的糧食，導引選民對政治做深入的思考，鼓舞他們對系爭的政治議題從事無偏見的對話，願意由政治議題的兩個或三個向度來思慮之，得到較有共識的抉擇，而得到更高的政黨聲望，爭取更多的蝴蝶選民。

# 參考書目

Bardach, E. 1997. *The Implementation Game.* Cambridge: MA. : The MIT Press.

Brader, T. 2006. *Campaigning for Hearts and Minds.* Chicago: The Univ. of Chicago Press.

Cox, G.. W. & M. D. McCubbins 2005. *Setting the Agenda.* Cambridge: Cambridge Univ. Press.

Davenport, T. H. 2005. *Thinking for Living.* Boston, MA.: Harvard Business School Press.

Eccles, R. G.., S. C. Newquist & R. Schatz 2007 "Reputation and Its Risks," *Harvard Business Review* 85/2/: 104-114.

Geer, J. G. 2006. *In Defense of Negativity: Attack Ads in Presidential Campaigns.* Chicago: The Univ. of Chicago Press.

Godin, S. 2005. Purple Cow-Transform Yours Business by Being Remarkable. NY: Penguin Books.

Kaplan, R. S. & D. P. Norton 2004. *Strategy Maps.* Boston, MA.: Harvard Business School Press.

Lau, R. R. & D. P. Redlawsk 2006. *How Voters Decide.* Cambridge: Cambridge Univ. Press.

O'dell, S. M. & J. A. Pajunen 1997. *The Butterfly Customer.* NY: John Wiley & Sons.

Porta, D. D. & A. Vannucci 1999. *Corrupt Exchanges.* NY: Aldine De Gruyter.

Smith, K. B. 2006. "Representational Altruism: The Wary Cooperator as Authoritative Decision Makers," *American Journal of Political Science* 50/4: 1013-1022.

# 第貳篇

## 選舉對象

# 第五章　選舉疏洪道

　　臺灣在威權統治或民主治理時代，政黨為了減輕黨內兄弟鬩牆的競爭壓力，極大化所屬政黨的當選席次，在選舉的各個競爭較勁階段，莫不運用多元不同的策略，冀以達成前述的政治目標。而在諸多不同的運用策略中，針對擬參選而又具破壞力的對手，提供一個合理的政治下台階，減少上陣與不同政黨的提名者競爭的壓力，開啟勝選的機會窗，乃是一般所謂選舉疏洪道的安排。

　　這種選舉疏洪道的提供與策略規劃（Bryson, 1995），在最近國民黨部署雲林縣長選舉時，為了該黨在選舉過程中的競爭優勢，又啟動了這種策略，用以強化政黨在選戰中的成就。於是，再點燃各方識者的討論，引發詳加解析的系絡性、必要性及價值性。而時下對這項選舉應景現象所做的價值判斷，盡由單一向度視之，即只論斷負面的衝擊，而不能由全方位的角度，抑或由三百六十度的評估方法，探究該選舉現象的潛藏內蘊，再由昇華的策略對之進行大幅度的轉型，使其蔚為生產正功能的策略，並於最佳時機運用，改轉破壞的力量使其成為協力的建設力量。本文基於策略規劃、協力領導及無害運用的觀點，討論選舉疏洪道的定性、效益、代價及轉型，俾能讓一般學子及治理的利害關係人，更進一步掌握這項選舉策略的實質意涵。

## 第一節　定　性

　　選舉疏洪道本是政黨常用的選戰策略，尤其是享有治理資源配置權的政黨，試圖解決選舉紛爭的政治工具。不過，這項策略或工具的使用，時機的講究或拿捏就決定是否受到外界或競爭者嚴酷批評，抑或涉及背反公

職人員選舉罷免法和行政中立法的質疑及告發。是以，認識這項政治工具的本質，俾能於適當時機使用，方有助於政治利益的獲致。至於其本質或可由六個面向剖析。

## 一、公器做為勸退

　　選戰的開始並非始自競爭對手已現之際，或正式取得合法競爭地位才開始，而是於黨內的提名階段，或更早的時際就著手營運。相關政黨於平時就應注意欲以政治做為志業的黨員，獲知其政治意向、未來的生涯規劃，以及適宜何類工作的特質，事先進行能力養塑與經驗傳承的工程，並安排妥適契合的管道由其發展，成為政黨倚重的人力資本，抑或支持政黨的社會資本，成為政黨鞏固的堅實底盤結構，不致成為與他黨競爭力消蝕的元素（Chrislip & Larson, 1994）。

　　因之，善於運用選戰策略者，平日就不能出現注意赤字現象（Bovard, 2005），而忽略在政治轄區有動員力的黨員、深厚社會資本的人士，而必要加以重視，並適時納入各級治理體系，找到生涯發展的軌道，一方面藉機職務歷練，另一方面備妥準備力，而於政治氣候成熟之際，推出選戰舞台，爭取權威性的價值分配權。這樣一來，在行為並不遲延之際，就對有力競爭人士做好出路安排，乃排除他人或他黨以公器做為酬庸的惡質批評。是以，領導選戰者絕不能中斷選戰的營為，更要於適時適刻關注人力資源的流動，養成高度的政黨認同感，不給所屬政黨製造選舉障礙。

## 二、協力管理機制

　　選舉遊戲在本質上是一項原本並不相連的結構孔道，透過政治中人的居間連結，而構築多數聯盟的政治作為。是以，為了追求最終勝選的目標，選舉本要凝聚多數人的力量，致力於共同目標的達成，並由全體夥伴

分擔支持者擴散的工程，應對選舉期間所發生的打擊危機，處理大小無益於勝選的問題，於是將原本有欲加入選戰者，或於合宜時機，運用選舉疏洪道，將其納入選戰經營團隊，協力管理選戰的運作，或以富權威性、具說服力及運作公平的初選制度，進行參選人篩選的工程，俾讓未通過初選檢驗者，誠願加入經營黨際競爭的行列，協力完成終極的勝選，再分享資源的分配權。

而結構孔道的連結，本非樹立敵對的作法所能竟其功，或將原本同一陣線者排擠到其他陣營，選舉的主事者本要廣結善緣，運用各自的關係網絡，連結支持的選民，再透由他或她的關係資本，築造更多的擁護者。蓋選舉的統籌者如若不能處理或化解黨內參選的衝突，則他黨的競爭對手極可能趁勢取得選舉的勝利。於是，深具政治智慧的選戰操盤者，本會竭盡所能構築協力的系絡與氛圍，創造共同的政治願景，採取共同的策略，致力於雙贏的選舉事功，不至於過度抱持本位主義思維，拱手失去致勝的機會。

## 三、藍海策略管理

黨內參選衝突乃犯了兵家的大忌，蓋選勝的核心關鍵在於參選結構對各個政黨的助益與否，如若一個政黨出現兩個候選人，在政黨實力在各選區已趨於一定程度的穩定之際，同室操戈或內部呈現分裂的政黨，欲以選戰行銷的策略開啓勝選的機會窗，本非易事而有如挾泰山超北海之難（Campbell, 2008）。是以，比較穩當的作為，乃於黨內開創無人競爭的選舉市場與空間，致讓黨內的競爭無關化，不致影響最終的選局，這乃是藍海策略的另類運用（Kim & Mauborgen, 2005）。

藍海策略的四大行動：消除黨內惡性競爭的場景，謀劃全黨一致對外較勁的政治氣候；減少黨內不合作主義的蘊釀，抑或消極抵制的行動；提升團隊的經營精神，以協力的方式攻克權力的舞台；創造與他黨不同的參選結構，與未來追求的價值願景，進行一場不一樣的選戰。而這四大行動

的前提，乃將黨內具競爭力的對手，於合宜時際以建設性的方式納入政黨
體系，抑或其他可支配的部門，共同創造顯著的績效，強化組織形象，吸
引選民的依附。這本是選舉疏洪道的妥當運用，配合藍海策略的本質，加
以巨幅轉型地運用，全力解決組織共同關注的課題。

## 四、阻卻違紀工具

　　凡是有志於以政治做爲志業的政治人物，每每極早經營選區，以服
務積累社會資本，並以個人的關係網絡開闢隱性的人力資源，做爲必要時
政治動員之用。換言之，組織人士得以豐富的社會資本成就自己想望之事
（Baker, 2000）。這些人本是任何政黨可貴的政治資產，不僅可以之連結
支持的網絡或結構孔道，也能運用各種知識與經驗處理荊棘難理的問題。
政黨之主事者平時就要注意到這些人的存在與分布，部署出任適才適所的
任務，以免因提名制度執行的落差，程序正義受到質疑，而加入選局，深
化選戰獲勝的困難度，一來要應付黨內對手的攻伐，二來要面對競爭政黨
的挑戰，三來要投入更爲龐大的選戰成本，但打未必能贏的選戰。

　　一個政黨若無能力縱橫捭闔黨員之間的無謂競爭，而出現違紀參選
的情勢，乃造成勢力被瓜分的情勢，要擊倒他黨的競選對手誠屬不易。是
以，政黨在選舉的任務上，首要擺平黨內的無情廝殺，推出各方共識的參
選人，而未能循制度出現者，或可尋求在其他領域發展；亦可加入權力經
營團隊，共創權力施用的舞台，也可加以適當安排，提供貢獻才華的路
徑。不過，有志於政治志業者，也要體諒政黨輔選的過度負荷，政黨因有
違紀參選所造成的組織混沌狀態，而有等待時機的耐力，並不勉強出頭，
讓政黨在面對選舉挑戰之時，得能無痛應戰。尤有甚者，政黨爲鞏固勝
選的利基，亦可透過人力資源的創造性重組，一方面安排具有競爭力者
參與選戰，另一方面備妥選舉疏洪道，安排參與黨內競爭的其他人，出
任適當的角色。畢竟，組織的存在在於滿足人類的需求（Bolmau & Deal,
2008）。

## 五、安撫派系機制

任何組織均會因人員的互動而形成多元不同的非正式組織，政黨亦無法規避這項非正式組織的衝擊，各個選區每會因不同的歷史背景，抑或習慣的關係網絡，而形成不同的派系或政治團隊。然而，臺灣的選舉又有派系權力、政治資源重分配的影響，為了顧及兩極或多極的平衡，以為政黨共通的政治事業打拚，採取政治經濟資源共享的策略，開創黨內無人競爭的全新選舉市場，恐是克敵致勝的第二好策略。當然，民主化深厚的政黨，或可運用權威性的提名制度，決定何者代表政黨參與選舉市場的競爭，而落敗者就主動加入動員團隊，擴大自己的關係網絡，協力完成政黨最終的勝選。

派系的存在如非人為力量所能容易排除，政黨或可應用創造性的人力資源重組，致使各個政治利害關係人得到妥適的管理，做好負擔和效益的合理分配，激勵他或她從事適當的任務，為政黨的整體發展而共赴政治事功。是以，時機運用得宜的選舉疏洪道，並非全是負面的政治舉措，恐為化解黨內競爭衝突的工具，和諧派系、協力領導及誠願合夥的凝聚利器。

## 六、提名制度未臻

本來代表政黨參選的正當性，原可透過提名過程合理地取得，但因制度本身或未臻令人信服的境界，或因職司者疏忽程序正義的固守，以致造成提名結果無法取得各方順服。尤有甚者，有的政黨為了避免提名過程所帶來的分裂後遺症，影響正式選戰的競爭力，希望逕由協調產生人選。前述兩種現象諒皆隱藏黨內衝突的因子，勢必破壞政黨團結的形象，不易說服選民的行動支持。蓋選舉是一項說服選民的工程，政黨的提名作為就引起兩派人馬的政治衝突，又要以哪種議題於選戰過程中，說服或誘引選民的支持呢？（Hillygus & Shields, 2008）

這項黨內選舉衝突的解決，參選者識大體顧全局的作為本可快速加以

化解，但這種人畢竟不多；主事者勢必要另尋他途來處理，選舉疏洪道的適時啓動，或可發揮引退的效果，隨即將其納入抬轎的行列，由其說服支持者轉向促銷黨的代表參選者。這樣的衝突管理之道，雖可受批評，但在全局利害的衡量下，還是次佳的手段。當然，政治志業者願意等待機會，提名制度邁向優質，均是讓制度決定參選人的前提。而在斯二者有待昇華的歷史時刻，替代方案的暫時使用，也許是不得已的選擇。不過，爲了杜悠悠之口，在時間的管理上絕不能拖延，在專業條件的考量上要有所契合（Mancini, 2003）。

選舉疏洪道雖負面的評價較多，主因乃政黨拖延使用的時機，而令人質疑斯項作爲有違選罷法及行政中立法。不過，一個綜觀全局、隨時關注政治布局的政黨，均要對自己所擁有的人力資源，進行創造性的重新組合，完成選戰競爭負荷不致過重，政黨面臨衝突混沌較低的選舉部署。因之，政黨的當務之急爲：設定優先順序議程與提早疏解有礙政黨團結的情勢，俾讓具競爭力的人士順利出現，同時召喚擁有關係資本者，共同協力成就配置資源的權利與承擔優質政黨形象的任務。

選舉人選的安排最好在「無痛」的過程中進行（Abrahamson, 2004），進而在黨內開拓無競爭的空間。這當然要由多重管道下手，一則安排有意競爭但實力較弱勢者有所職司；二則建構權威的提名制度，不容有縫隙供人挑戰過程的公平性；三則政治人自己要培塑等待的能耐，永續經營的毅力，強化自己的裝備，創造有力的利基。再者，政黨及黨員要深知兩造協力所可能創造的機會窗，所以政黨所厲行的協力領導就至爲重要，否則一旦造成黨內的分裂，面對雙重戰爭的危機，要賴選民的棄保就非政黨本身所能完全控制之事，亦非符應有效棄保運用的條件（林水波，2002）。

# 第二節 效 益

選舉疏洪道之所以常在必要時刻使用,更成為具競爭力政黨的歷史記憶,而於適當時機就成為媒體論述的焦點,形成斷續注意的議題,箇中本有其巧妙效用的存在,從定性的分析已知其梗概,茲再進一步分析之。

## 一、防止雙重威脅

本來選舉是黨際競爭有限公職的政治遊戲,最佳的策略乃是設法去除後顧威脅,不必與出自同黨人士競爭稀少而有限的票源,而能集中權力攻堅他黨的競爭對手,運用主導的議題說服蝴蝶選民來歸(林水波,2008),構築當選所需的孫山指數。是以,選舉疏洪道的適時安排,意在射準後顧威脅的消除,只是其要用在妥當的機會上,絕不可以臨時抱佛腳的方式倉促推出,而無端引起他人的批評與過度解讀。

由上觀之,後顧威脅的排除有賴於政黨職司者時機智商的發揮,以及情緒智商的運用(Covey, 2004),俾讓擬定參選者選擇雙贏的安排,不但找到發揮專業的場域,而且加入助選的團隊,貢獻自己所擁有的資源,成為政黨致勝的基礎建設。是以,政黨的注意赤字,抑或不當的遲延,均會增加問題解決的困難度,還是要盡可能排除導致遲延的力量,免得受到嚴酷的批評。尤有甚者,擬定參選者本具某種程度的競爭力,政黨之主事者如欲他顧全政黨致勝的利基,本要展現高度的同理情懷,誠摯地與其溝通,達成黨內合作一致對外的戰鬥力。

## 二、創造協力優勢

政黨的主事者應用自己所屬的資源,發展有效運行的關係,促使原本打算選舉競爭的兩造成為協力夥伴關係,共同為黨際之間的激烈競爭而打拚。蓋選舉本是高度政治動員的遊戲,選民又未必能主動成為參選者的代

言人或志工，本賴意見領袖的政治遊說，所以選戰的經營者絕無特權製造敵人，以傷害到政黨或自己的生存空間，而要發揮協力領導的效能，獲取諸多協力的效益，諸如擴大影響層面，增強關係資本，找到接近關鍵人士的孔道，快速發展因應選舉危機的策略，找到競爭對手的政治死穴，與創新指導選戰的議題（Lank, 2006）。

　　選舉本是團隊之間的競爭，團隊的凝聚力愈強就愈有戰鬥力，是以每位團員有義務貢獻所長，也有權利要求分享權益。選舉疏洪道的時宜性使用，乃是人力資源的協調、組構與配置的工程，目的在於完成選舉競爭的最高勝利。大凡協調統合的政黨，每位成員均能認清所屬政黨所緊要追求的政治目標，也能洞見個人所冀欲的標的，並由大家協力創造但憑單獨力量無能成就的效益。是以，由於政黨任務的特殊性，其務必與黨員個人結成協力合作的團隊，並以激勵做為推動個人向組織向心的動力。

## 三、防止衝突發生

　　選舉疏洪道政黨於適當的時機啓動，規避他黨對之適法性的挑戰，或可即時預防政治衝突的發生，滋生兩敗俱傷的後果。蓋在藍綠政黨的版圖較為穩定的時際，若有政黨發生權力競爭的破壞性衝突，則原本的選民支持亦會出現分裂的現象，當然要構築選舉的多數聯盟就至為不易，也可能喪失治理的所有權，進而減損更高層次選舉的政治動員力。這種實際的個案不少，須為政黨的負責人，隨時注意政治訊號，偵測出潛在衝突的外在情勢，並即刻進行斡旋的工程，圍堵或疏洪不益於政黨的衝突。

　　選舉本是一項高度政治動員的遊戲，更是一項人力資源高度互賴的活動，又是十足他賴性的遊說工作，所以黨內的參與衝突為政黨必須歸零的政治禁忌，更是選戰經理人在組構競選攻堅團隊，進行選區分析，向選民拉票，與媒體建立良性互動之前，相關職司所要善理的第一課題（Shaw, 2004）。

　　參與衝突的防止與管理，對於選戰的成敗既然攸關又至為迫切，絕不

允准任何時間的延宕，而要射準標的，適切進行利害關係人的管理，將其納入經營權利的夥伴，使其有機會分享未來治理時際的實質效益。是以，致力於參與黨內提名的人，本已於過往充滿一些挑戰的條件，更在聲望、正當性及關係資本上達到一定程度的政治利害關係人，為了政黨的效益，勢必要對之進行利害關係人的管理，將選戰的阻力化為助力（Friedman & Miles, 2006）。

## 四、擴大當選利基

黨內的參選衝突既能事先防止，又將擁有實力的競爭對手，予以適當而合法的出路安排，抑或策略性地加以管理，引領其加入爭取治理權的奮鬥夥伴，其多元效用就找到通路，加諸發酵出來。比如，已成為夥伴的團隊，其原本所經營的關係資本，就可做為連結更多關係資本的結點，擴大更多的支持選民，減少代表政黨參選者過往所未射準的標的選民。

再者，決定最終選戰的輸贏，參選結構本是至為關鍵的定素，但因衝突管理得宜與得時，就可順勢降低參選的密度，祛除爭取同屬票源的候選人，歸零相互排擠的效應，自然擴大代表參選者的當選利基。何況，政黨如若未能將代表參選者定於一，勢須策動選民的棄保投票，但棄保的所有權為選民所有，政黨不易為之，而且潛存不小的政治風險，也可能流失當選的利基。

尤有甚者，政黨雙方在選戰上的攻伐，本是一項知識戰的對壘，而在黨內原本競爭對手，成為策略規劃的成員後，增強對真正對手選戰策略的可能模擬，抑或推出的步數，事先謀定制衡對策，抑或向選民事先公布，使其使用的空間窄化，甚至摧毀其原本想推出的議題，讓其議題枯竭而失去選戰的主導權。蓋在選戰的內在威脅無形化後，結構戰起動之時，又有更多的結構孔道由原本黨內的擬參選者提供後，議題的較勁就成為主軸，所以在知識資本的充備下，或可針對各項不同選民，提出契合其需求的政見，反映其立場的政治主張，創設其冀盼的政策願景，以擴大支持的

利基，扭轉原本打算轉台的選民，開拓原本政治疏離的選民，與感化原本對己持有敵意的選民。換言之，黨內原本競爭關係的主角，在選舉疏洪道的和解下，原本非代表政黨參選者的支持者，就是《藍海策略》一書所指的三層「非顧客」一般（Kim & Mauborgne, 2005），或可加以「政治歸化」，增強當選的利基，開創無人競爭的選舉市場，並使黨際之間的競爭成為無關緊要。

## 五、增強政黨形象

政黨形象的被肯定與被信任，亦是引領選民投票取向的影響因素之一，是以主事者每要以實際的績效、未來的願景、當前問題的調研，進行包裝及行銷的工作，以為選戰時奠定穩固的支持基礎。不過，政黨內部的分裂，黨員之間的競爭衝突，就失去具推銷力的政治產品。蓋一個政黨無力或欠缺機制，從事衝突防止或管理的工程，原本的支持者或表示失望、疏離，或打算用腳投票，即將成為政治棄選的選民，甚至轉而支持凝聚力堅強的政黨，所以任何政黨均要有排難解紛的機制，並於內部化解外界至為反胃的分裂現象。

選舉疏洪道本有職位分工的物質主義思維，也有體認政黨的政治未來而休止內爭的大我展現，展露人人為黨的政治情懷。不過，二者均具有解毒政黨分裂之藥效，但視政黨資源之有無，黨員視大體、看未來及顧全局的想念。何況，任何政黨均沒有分裂的本錢，破壞自身形象的利基，只有協力尋找藍海策略可用的政治轄區，讓政黨受到選民正面的認識及建設性的議論，進而強化與他黨競爭的實力。

黨員的政治判斷，分析政黨所面對的內外在情勢，認清其艱難困境及政治優勢；或者與選舉知識擁有者諮商，分析政治轄區的選民分布狀況，勉強投入選戰的衝擊，政治大災難的連漪效應，或可理出一條疏洪之道，進而優質政黨內部紛爭處理的能力，行銷政黨的形象，留下廣大的支持群眾。

## 六、開啓治理機會

在黨內及支持團體協力完成選舉的競爭，取得治理政治轄區的機會，並由治理的績效鞏固往後己黨選戰競爭的力量。與此同時，治理者亦可運用權力分享的策略，築構更多的民間團體，擴散更大的政治地理，積累眾多的關係資本，培植跨界連結的人力資本。是以，平時政黨就針對各政治轄區的潛在參選衝突，進行選舉疏洪道的安排，防止任何衝突的升高，避免治理機會因嚴重的黨內參選衝突而付諸東流，事先管理因衝突而生的任何政治風險，不要等待發生之後才來處理，而承擔昂貴的政治代價，以及難以逆轉的政治困境（Dana, 2001）。

再者，政治轄區的治理機會，一旦透由合法的過程而取得，就有正當性來分配政治轄區內所擁有的政經社文資源，進而合產轄區所需要的公共財，提高區內人民對政策的滿足感，減少政黨持續治理的政治障礙。否則，在黨內分裂而競逐治理權之際，極可能因票源的分散而無法集中，而造成雙輸的結局，失去權威性分配轄區公共價值的權利，也無法運用治理機會，結合相關利害關係人共同創造公共價值，爭取更多的政策支持者。

須知，政黨一旦取得轄區的治理機會，其負責擔綱者就可運用各個公共領域的資源，建立協力夥伴關係，開拓選舉動員所需要的代理人，迅速擴散政治訊息，一則消毒不利選舉的政治傳言，二則傳遞凝聚支持者的活動，以營造可觀的動員能量，打造致贏的氣勢。換言之，選舉本身是零和競賽的遊戲，絕無法容忍黨內分裂而造成失去資源的配置權，加速流失已有的支持群。

選舉疏洪道不論是由政黨主動於適當時機合法使用，抑或由擬參選人，從政黨的全局發展而非個人的政治利害考量並展現團隊精神的節操，主動退出恐造成分裂的競爭，不爲關心政黨發展者認同的政治較勁，進而加入協力的陣營，共同策劃艱困的黨際競爭。凡此二者均會產生正面的政黨效益，以及取得治理權之後，政治版圖重劃、支持公民結構重組與政治聲望提升的效應。

參選者一面要對付他黨參選者的滲透威脅，又要面對原本黨內同志瓜分票源的危機，本是一項荊棘的選舉挑戰。這種威脅和危機的突圍，或可由政黨以內控的管道來解決，亦可由政治菁英自主的理性盤算，進行較為長遠的選擇，以免毀損自身、加害同志及不利政黨的情勢產生。因之，在講究政治協力的時代，個人的政治英雄主義或本位主義的政治視框，可能與環境無法鑲嵌，或可與更多人的政治諮商，作成疏洪選舉的理性決定。

# 第三節　代　價

在黨員自省及政黨於合宜期間，運用選舉疏洪道的安排，對二者均可能產生前述不同程度的效益，但如果運用不當，抑或受到適法性的挑戰質疑，最後受到法院的判決，相關職司恐要承擔選罷法或公務人員行政中立法的制裁。是以，冀圖以疏洪道來疏解黨內參選密度，構設勝選的基本前提者，就要在現行法律的範限內，並做好時間管理工程，俾能順利達成選舉疏洪道的效益。至於，不當或不法運用選舉疏洪道的作為，恐要負擔不少的代價。

## 一、鼓勵同志參戰

本來黨員參與黨內的提名，乃至為合理正當的政治行為，但如若政治動機不夠純正，潛存其他政治意圖，就背反政治參與的本質。何況，政黨又於此時刻意安排疏洪道，不必承擔提名失敗的風險，恐會間接助長黨員投機的風氣，製造高密度的黨內提名競爭，藉此分配政治利益。

其實，參與黨內或黨際的選戰，本是一項備極艱辛的政治旅程，參與之前的政治商議，思深慮遠的前景衡酌，抑或透由他人的視野，洞察政治的現實，才決定是否加入競爭，抑或找到配合自己條件的永續發展生涯。

畢竟，政治志業是一項他賴程度甚高的政治工程。是以，事前與他人的深度對話，尋求不同而穩固的生涯發展，或可在言談及傾聽的過程找到可行的發展「航向」。

政黨的領航作為，縮短注意赤字的落差，隨時關照黨員的適格發展，不必擠入政治的窄門，本是責無旁貸的擔當。是以，政黨在進入初選提名的過程，方進行勸退或疏洪的舉措，諒是遲延的作為，還是回歸做為時間的主人，建設性的馴服時間，使其得能於最佳時機、成本代價最低時，就做好參選衝突的管理，不致在時間不許可下，推出疏洪道的安排。

## 二、專業用人不立

為了減少黨內參選的密度，以及增加初選提名的簡單化，避免參選人之間因過度競爭，出現不理性的攻擊，埋下往後不合作或分裂的因子，以致初選失敗者在黨際激烈較勁時，並未盡全力動員，抑或只是靜觀選舉動員的發展，不願發揮自己以往已建構的關係資本，進行極大化連結的工程，用以極大化候選人得以支配的競選時間，可以借用的才華，和提供說服選民的策略，以在高度競爭的選舉過程中，創造可觀的政治價值（Rosen, 2007），乃運用政黨所擁有的資源，構築選舉的疏洪道，以利剩餘的選舉期程順時順勢運營。

這種因應選舉而進行的人力資源安排，在知識經濟的時代，能否備足應付多元不同的新挑戰，扮演人力資本培植、生產或助長解決嶄新問題的知識，在全球化時代迅速築造關係及快速部署延攬人才的角色（Lengnick-Hall & Lengnick-Hall , 2003），每每受到質疑與批評，甚至憂慮因所用人選由於在專業上的不足，而無法領航組織的發展，建構擁有能力以策略性因應外在快速環境變遷的任務編組，產出令人肯認的績效，維繫永續生存的空間。是以，以選舉疏洪道所晉用的人力資源，恐不易強化任職組織的競爭優勢，甚至引發內部逐步弱化協力的文化，蓋因人力結構的轉型，導致信任基因的非良性質變（Lawler 111, 2008; Rosen, 2007）。

## 三、提名威信難立

初選提名的制度，之所以得能樹立權威，一定要經由實際執行的檢驗，理出不受認同的制度因子，再加以對應的變革，得到參賽者的支持，以爲選出最具代表政黨參選的人，而參賽落敗者就要服膺民主的精神，加入助選的行列，協助贏取選戰最終的勝利。這樣的制度才能達及制度化的水平，不必隨意變更，確立威信且馴服參與選舉遊戲的人，完全成爲適者生存的機制。

不過，政黨但顧初選過程可能引發的政治裂痕，而要以選舉疏洪道來解危，不讓制度成爲抉擇代表參選的硬道理，哪能建構威信充備的初選淘汰制度。非但如此，由於積極的表態參選，可以引發政黨主事者的關注，並想盡辦法來排除，就會發生前述參選爆炸的情勢，希望借助參選取得政治利益。是以，政黨爲了鞏固制度的威信，一定要投資於民主的工程，社會化黨員共同協力形構彼此共遵信守的提名制度，培塑願賭服輸、吸取經驗再投入選戰的精神，俾致制度的權威得以樹立。

## 四、滋生虛假競爭

初選制度的設立，旨在進行公平地抉擇代表政黨參選者，如果政黨一直以一隻看不見的手掌控提名的結果，並且安排具競爭力的參選人的出路於不當的歷史時刻，非但引起外界的物議，更會虛擬化競爭性的提名過程，讓民主化的實質受到挑戰，也使代表政黨參選者的正當性不易受到認同。

既然，政黨要以民主化來標榜自己的提名制度，何妨提供有志者均在平等的地位，以自己的關係資本、人力資本及知識資本，來建構勝選的多數聯盟，不得任意批評制度本身的基因安排。何況，人治的介入，總會降低法治的約束力，使其始終停留於用與不用的階段，距離制度化的目標遙遠。

再者，任何虛假的競爭，可能不易折服有志於參選的黨員，甚至也有非黨員的政治不滿，或能影響最終的選情，反而要負擔沉重的政治代價。是以，政黨永續精進的標的，乃是盡可能以制度決定人選的標尺，並要求滑鐵盧者誠願加入助選團隊，竭盡自己的才華，獻替能贏的策略，保持自己深具政治生產力，營造自己未來發展的稟賦，形塑可資合夥成事的夥伴，千萬不可在落敗之後，扮演自我疏離的角色，表露消極被動的作為，進而毀損未來生涯的路徑。

政黨所要經營的是：創造一個健全的制度環境，讓參與初選遊戲者，各憑實力從事公平合理的競爭，大家協力合作促使提名機制的制度化。尤為甚者，政黨更要注意政治事業可能失靈的戒律之一，即放棄冒險的機會，事先假定初選的推動，會帶來分裂的危機，而為了加以防範將機制備而不行。不過，這樣的風險規避行為，始終無法確立提名制度的權威，一直不能擺脫人治的干擾，而讓提名事宜複雜化，衍生不少難理的問題。

## 五、毀損形象管理

政黨的優資形象，本會吸引蝴蝶選民的來歸，更是一般選民衡酌投票取向的定素之一，是以永續經營的政黨莫不做好形象管理的工程，一則應用機會取得更好的形象；二則固守政黨政治運作的倫理，以維護原本已擁有的正面形象；三則一旦發現形象有所毀損之際，適時做出解釋，抑或另以行動修復受到毀損的形象。

時機不當地啓動選舉疏洪道機制，進而中止初選的進行，不易取得政治系統成員的諒解，政黨的成員也不見得支持。何況，在社會輿論的論斷批評下，也有可能功虧一簣，而得不到被疏解者及其支持者的支持，並於正式黨際較勁時，全力投入動員的社群。因之，政黨或可不必畏懼初選的進行，並且堅持以初選機制公平決定代表政黨的參選者，以建立提名的權威，馴服每個黨員的信守，增強政黨的形象，不要再因節外生枝，反帶來政黨的困境。

　　政黨的重大任務乃要花費時間思考：面對內外環境的巨幅變遷，究竟要採取如何因應的作為，以防止政治系統的失靈，引發不少人士的不滿，而逐步腐蝕競爭的利基。是以，政黨要排定處事的優先議程，而讓提名制度平順地運行，依自然的方式產生代表參選者。因為，一旦介入機制的運行，難以倖免不良後遺症的面對。

## 六、恐違相關法制

　　政黨於初選期間運用選舉疏洪道，試圖化解黨內的參選衝突，已非理所當然之事。蓋「公職人員選舉罷免法」已有規定：「辦理黨內提名，對於候選人有第97條第1項（行賄）、第2項（受賄）之行為者，依第97條處三年以上十年以下的刑罰，並得併罰二百萬至二千萬的罰金」，而且對預備犯或意圖漁利包攬的賄客，也要受到一定程度的處罰。換言之，不論搓者被搓者與賄客，已遂或預備犯均要受到處罰。其情況之嚴重，政黨形象受到毀損更是連帶而來的後果。

　　尤有甚者，「公務人員行政中立法」亦規範：「公務人員不得利用職務上之權力、機會或方法，使他人加入或不加入政黨或其他政治團體，或要求他人參加或不參加相關選舉治動。」這顯然使得選舉疏洪道的運用，亦有背反行政中立法之虞，恐連累從政黨員為勸退所進行的職務安排行為，而受到法定的約束。是以，相關法律業已範限「搓圓仔湯」的行為，茲為防止相關人員受到牽連，還是讓提名機制正常上路，乃是政治上最為廉潔便捷的路徑。

　　選舉疏洪道在制度環境丕變之際，政黨如若不當運用時，就要承擔六項不同的政治或法律代價，主事者有責任體察這些代價的輕重，而讓提名機制的適時運轉，經由多次的適用與學習，致使黨員習慣機制，願意信守機制的提名結果，轉而扮演機制決定的參選或輔選角色。

　　初選導致的分裂風險或許有之，但恐限於極少數選區，政黨應勇於承擔這項風險，以利提名機制的權威建立，不要畫蛇足再介入提名的過程，

以免複雜化選舉的動態，毀損機制的永續可用性，進而致使機制的約束力達及不可輕易逆轉的地位，以供參與初選遊戲者保持政治生產力，制度本身成爲解決參選競爭的有利資產。

# 第四節　轉　型

選舉疏洪道在過往相關法制未進行連結及規定之前，或主事者於非選戰期間，因注意的周全，事先擘劃化解潛在的參選衝突，略皆可發生排難解紛的效驗，但處今可用之法制縫隙已不存在，政黨及擬以政治爲志業者，在政治取向及倫理信守上，或許要有一些轉型。

## 一、鞏固提名制度

各黨既已安排合法的提名制度，絕對不能讓它虛擬化，因爲爲了政治考量而不擬以初選來決定代表參選者，每每社會化參選者扭曲思維的習慣，進而導致他或她失去控制決定的風險，無能在不同情境下做出相對較爲合理的抉擇（Howard & Korver, 2008），而在有意或無意的情況下，明示或暗示政治要求。

各個擬參與競選者，政黨本可先試行協調，論述什麼樣的情形最有利於政黨的未來發展，引領利害關係人的認同而推出參選代表。不過，政黨論述的健全度、合理度及證據度不足，無法說服任何一造，唯一政黨可爲的行動，就是以既定的提名制度來做篩選的工程，並要求落選者信服機制篩選的結果，不再有任何藉口的紛爭，而使制度得能鞏固。

## 二、嚴格厲行黨紀

政黨為維持良善的管理，每設有黨紀，以約束黨員的行為。既然，初期的協調不能達成共識，參與提名者就按黨紀規範來界定初選的行為，政黨亦以程序及實質正義的講究，讓代表參選者順利產生，以謀籌未來黨際競爭的事宜。

而在初選受挫者，要以強健的態度對待之，將自己未能勝出的原因，歸咎於自己的努力不足，有待未來更加強化準備，不能心懷不滿而咎責於對手或其他因素，甚至參選到底。斯時，參選者已不符政治倫理的要求，黨紀的施用方足以顯出它的威信，並因個案的累積而鞏固。

## 三、養塑民主精神

黨員之對於所屬政黨的利益具有貢獻，在於信守合理提名制度，讓它真正產生危機或衝突管理的功效，不在初選之後成為政黨的麻煩製造者，增加政黨擴大政治版圖的窘境，毀損政黨的形象。

在當代民主社會裡，參與政黨者就要養塑策略性的決定技巧，能於各項情境下，理出全局思維的做法，採取符應民主規範的行為，接受初選所決定的不同角色扮演，勝出者代表政黨迎戰其他的參選者，落敗者承擔輔選的角色，各自有所職司，為達共同目標而協力。

## 四、論賞選舉協力

選舉遊戲既是全方位的部署與動員，更是發揮協力優勢的工程，於是由初選定位為輔選者，就要全心全意地扮演協力的角色，以自己所累積的社會資本，進行各種不同結構孔道的連結作為，成就選舉的終極目標。

而政黨對協力勝出的人士，本要有所回饋，分享各項權利，以增強其往後扮演稱職角色的意願與動機。誠然，政黨或擔任公職者也可提供他

人貢獻才華的機會，做好才華管理的職能，致使政黨一直維持競爭力，以免流失組織至為需要的人才，進而失去壯大的政黨機會。因之，適時的獎賞，指派適才適所的職務，不論對政黨或公部門皆會受益。

## 五、鼓勵平時經營

從事政治行業者，絕無孤立自己的權利，本應走入人群，與各類人士互動，進行有建設的互動管理，培塑信任的質素，養成分享的風氣，構思創新的作為，設定追求的目標，面對當今的環境，隨意的意見交換，對話不同的觀點，溝通互異的想法，形塑共同的利益與創造最高的價值。

一時的政治衝突，抑或臨時地加入戰局，恐皆無法快速締結多數聯盟的支持，是以擬以政治做為終身志業者，平日對與其互動往來的人士，不能表示漠不關心，規避任何接觸的機會，甚至滋生敵意，展露輕視疏離的行為，而導致廣結善緣的功效，無由而生、無徑可成。是以，他或她要展現建立積極關係的互動行為，組構共同奮鬥的政治團隊，致力尋求雙贏之道，設立成果導向的行動議程。

## 六、抑制投機作為

任何黨員如有動機利用參與初選的機會，冀求任何的政治利益，本不是當責的行為，政黨不應有不當的鼓舞作為，而要以可觀的機制做為代表參選的篩選標尺，全以黨員的競爭力為挑選的依據，消弭以初選的參與做為分配政經利益的想望。

黨員的自律與競爭力的耕耘，才是追求政治前程的當責行為，更是展現政治風格、廉潔正直的典範，並以政治志業做為追求的目標，安排各項足以擴廣人脈，擊倒黨際對手的創造工程。與此同時，黨員如果發覺借助初選的參與，本是一項方向不對的行為，卻猶不願停止這項不當行為，可能不是明智之舉，也會妨害自己影響力的增加，反而窄縮經營政治志業的

空間。何況，黨員本負有維護提名機制權威的責任，有必要盡力爲政黨的勢力範圍，支持機制的順利運作。

　　如何增進初選制的管理績效，政黨的參選者均有責任進行合理心態的轉型。蓋相關法制業已範限選舉疏洪道的使用空間，唯有上該二者同心協力鞏固篩選的機制，才能合理解決毀損利基的衝突。任何利害關係人的不合作，均非當責的行爲，也是製造權利範圍縮小的舉措。何況，提名制度的民主化，消除人治色彩的制度，本是民主社會的主流，可由制度的實質正義改進，建立被信守的權威著手，再配合黨員的維護加以促成。

# 結　論

　　黨員投入提名的爭取，乃政治民主的常態。而主事者擔心過熱的投入，可能蘊藏分裂的基因，爲防範這項分裂的危機就預備多元不同的說服板機（triggers），選舉疏洪道本基於互惠的道理，在各有所得與所讓的情況下，完成代表參選的說服工程。這項說服具有解決燃眉之急的功效，但其也要主事者承擔代價，並非只是白吃的午餐。於是，在制度環境徹底有異的情況下，政黨有必要進行對應環境的作爲轉型，以構築黨際競爭的能量。經由前述四個面向的論述，或可引出六項知識啓蒙：

## 一、過往影響當今

　　選舉疏洪道本是過往政黨常用的政治斡旋工具，並發覺其有立即化解衝突的果效，乃影響政黨的紓解作爲，更是有些參選人以參選做爲議價的籌碼。是以，無論時代如何演化，這種一致性的思維或動機，總不易爲利害關係人所或忘，一直影響其政治動向。

## 二、一事向含兩刃

任何政治決定，向無法只勝出效益，而阻止成本的負擔。選舉疏洪道的運用，亦難脫離這項束縛。畢竟，全然物質主義的做法，難免會感染政府環境，也能化解參選的密度，增加致勝的利基。不過，這種經由政經誘因的鼓舞，恐在往後增加更多的參選密度，並在資源相對稀少的情況下，給政黨更大的壓力。

## 三、協力才是機會

黨內的嚴重衝突，乃提供競爭政黨掌握疆界擴大的機會，本是一種雙輸的舉動，更是競爭者最期待的情況。是以，有志於政治事業者，或可設定積極正面的議程，經由協力而策略性地爭取到價值的權威性分配權，再一同分享這項轄區的治理工程。何況，任何民選的行政公職類皆有任期的限制，或可依賴績效找到機會。

## 四、協力文化待塑

政黨如於平時努力形塑協力的文化，或極大化可資運用的時間資源，培植可以應戰的人才，設計富於排難解紛的工具，俾能在黨際政治競爭時代，創造可供分享的價值。是以，當代政黨首要的職能為建設性地養塑協力文化，無形中減輕或防止衝突的升高，破壞需要團隊才能成事的政治競爭。

## 五、制度環境會變

制度透過執行的檢驗，就會出現機制的落差，影響到政治競爭的公平性，嚴重影響選舉結果。主事者為了因應這個問題，乃會設定標的，研擬

機制加以控制。選舉疏洪道在選罷法的興革，以及行政中立法的創設，顯已欠缺運用的空間，從政同志的選舉疏洪操作，亦有背反法律之疑。

## 六、提名機制樹立

提名機制的確實落實，並無出現異例的情勢，乃能樹立權威，用以做為黨員共同信守的標尺，就會產生典範的功能。反之，一曝十寒似地斷續執行，就讓黨員認為有機可乘，打算以參選之路徑，試圖爭取到些許政治利益。因之，斷絕紙老虎式的制度執行，並以制度的執行樹立權威，同時做為政治說服的工具。

潛存死穴的機制，每有制度終結的時刻。選舉疏洪道這項化解初選衝突的機制，在面對民主深化的衝擊，如時機運用不得宜，諒已失去存在的空間，並由相關的法制興革工程，扮演機制終結的推手。政黨在往後的選舉職司，或許要推出權威性的提名制度，並以無縫隙的情況將其付諸執行。這種實質正義的講求，執行程序正義的遵守，乃是構築提名說服力量的源泉。

# 參考書目

## 一、中文部分

林水波，2002。棄保政治學，臺北：元照。

林水波，2007。「蝴蝶選民與心誠選民」，國會月刊，第35卷，第12期，頁
23-35。

## 二、英文部分

Abrahamson, E.2004. *Change Without Pain*. Boston, MA:Harvard Business School
Press.

Bakes, W.2000 *Achieving Success Through Social Capital*. San Francisco: Jossey-Bass.

Bolman, L.G. & T.E.Deal. 2008 *Reframing Organization*. San Francisco: Jorsey-Bass.

Bovard J. 2005 *Attention Deficit Democracy*. NY: Palgrave.

Bryson, J. M. 1995 *Strategic Planning for Public and Nonprofit Organizations*. San
Francisco: Jossey-Bass.

Campbell, J.E.2008. *The American Campaign* .College Station: Texas A&M Univ. Press.

Chirslip, D. D. & C. E. Larson 1994. *Collaborative Leadership*. San Francisco: Jossey-
Bass.

Covey, S. R. 2004. *The 8th Habit*. NY: Free Press.

Dana, D. 2001. *Conflict Resolution*. NY: McGraw-Hill.

Friedman, A. L. & S. Miles 2006. *Stakeholders: Theory and Practice*. NY: Oxford Uuiv.
Press.

Hillygus, D. S. & T. G. Shields 2008. *The Persuadable Voter*. Princeton: Princeton Univ.
Press.

Howard, R. A. & C. D. Korver 2008. *Ethics for the Real World*. Boston, MA.: Harvard Business School Press.

Kim, W.C. &R. Mauborgne. 2005. *Blue Ocean Strategy*. Boston, MA.: Harvard Business School Press.

Lank, E, 2006.*Collaborative Advantage*. NY: Palgrave.

Lawler 111, E.E. 2008.*Talent:Making People Your Competitive Advantage*. San Francisco: Jossey-Bass.

Lengnick-Hall, M.L. & C. A. Lengnick-Hall 2003. *Human Resource Management in the Knowledge Economy*. San Francisco :Berett-Koehler.

Mancini, M. 2003. *Time Management*. NY: McGraw-Hill.

Rosen, E. 2007. *The Culture of Collaboration*. Sam Francisco: Red Ape.

Shaw, C. 2004. *The Campaign Manager*. Boulder, Co: Westview.

# 第六章　反省與馴服政黨提名制度

　　北高兩市市長候選人的出現，國民兩黨依照著黨定的提名辦法，舉辦相互競爭的競選活動。不過，過程中國民黨的北市參選人，相繼以黨務中立不足的理由，選擇於不同時段退出競逐。反觀，民進黨又以特殊的方式，造成北市無人登記或登記不成的局面；而高市雖勉強有二人登記，但均未被看好，雖擬以另類方式勝出較具黨際競爭力的黨籍參選人，但因顧慮制度業已啟動，為維護制度的威信，乃持續走完初選的歷程，只是途中一人對外宣布退出，因欠缺制度挽救，形式上由二人進行提名遊戲。這種異於昔日的政治運作，有人雖以放遠未來總統大選的布局，來解釋原本初選制的暫停適用現象，抑或與正軌運營偏離的情勢。然而，本文擬由初選制度本身來反省與評估，進而判讀出該制原本蘊存的盲點，續階提出績效提名制度的構想，冀望在相對上導正原本初選制的缺陷，兼顧勝選考量及黨內民主的理想。不過，在進行反省與馴服初選制之前，有必要對該制進行原型式的解析，然後才可對照制度執行的狀況，發現制度經由人為及政黨組織的運作後所出現的問題。

## 第一節　初選制的真諦

　　公職候選人的提名，本是任何政黨在民主政治運作過程上的一項重要活動，關係政黨的成敗，權力的享有及理念的落實（Katz, 2001）。是以，為使提名制度一則兼顧黨內民主與擴大政治參與，二則鞏固選舉立基，出現當選機會相對較高的候選人。在各主要政黨，歷經一段嘗試錯誤的學習，以及民主化的浸淫，乃建立了初選制度，一方面由所屬黨員直接投票，另一方面為了擴大支持層面，啟用民意調查，再由兩者不同的權

重，確定代表政黨參選公職的人選。這項制度，若由工具觀來透視，可以得出六項特質。

## 一、樹立制度權威的工具

參與競逐公職的黨員，如立志要以政治做為終身的事業，擬參與各項公職人員的選舉，就必須順服黨內的參選規範，使其發揮威信的作用，俾讓參選的秩序得以維持，得以作為或不能作為的行為可以明確，進而產出代表政黨參選的人選，不受質疑，不被挑戰。而且，初選落敗者願成為代表參選人競選團隊的一員，願意採取行動促成參選人最終的當選。

## 二、激勵參選上進的工具

黨內優秀的成員，在公平的提名制度鼓勵下，願意應用參選的機會，找到為社會、國家及政黨獻替的舞台，進而養塑高度的權能感，深信以公職的平台，可以施展自己的政策抱負、構想及願景，推動順應主流趨勢的改革，設計優質的規範體系，鞏固國家的總體競爭力。不過，有欲參選公職者，就要於各種場域，展現為人認同的表現，流露不自見、不自是、不自伐及不自矜的行事風格，才較有機會於競爭的場域中贏得多數的支持。

## 三、養塑競爭能力的工具

初選制要求候選人不但要得到所屬選舉區黨員的支持，更要得到多數民意的認同，所以有志於公職者就要廣搜資訊，研擬各種不同的情境，規劃對應不同情況的策略；參與各項聚會，築造豐碩的社會資本，藉以連結分散各地的結構孔道，以獲致黨員的認識、結盟，推銷自己的知名度；參與各項訓練、練就議題設定、活動動員的能力及爭取媒體曝光的機會。而這些能力的充備與機會的爭取，均有助於正式代表政黨，參與黨際競爭，

登頂公職的利器。因之,藉著初選的暖身與黨內競爭的政治遊戲,抓準選舉勝出的訣竅,乃是初選先行的基本用意。

## 四、象徵黨內一致的工具

黨內在一項選舉中,若有一位以上的人士參選,造成嚴重的同室操戈現象,要在選戰中爭取孫山指數,相對上就較爲不利,並在選票切割下,棄保效應難以啓動之際,造成他黨參選人獲致漁翁得利之效。因之,各黨爲了提名最具參選實力,在選戰中最能應用團隊所締結的結構孔道,營造選舉所需的多數聯盟,乃設定了初選的提名機制,希以制度的約束力,拘束各參選人對初選結果的尊重,達成一致接受的象徵,要求初選落在孫山之外者,加入選戰經營的團隊,共同爲權力打拚,不容初選落敗者再加入選戰,以破壞選舉秩序。因之,每位以政治爲志業者要有民主的理念及價值取向,決定與選舉有關的行爲,洞悉初選落敗,再投入正式的公職選戰,是一項未具正當性,也欠缺正義的行爲。也唯有尊重初選的制度及結果,才能建立它的權威性,進而彰顯制度運作產出的拘束力,象徵全黨一致支持勝出的參選人,使其沒有後顧之憂,而專注於政治轄區的馴服,結構孔道的連結,及社會資本的築造。

## 五、說服弱者退選的工具

初選制亦是說服時下猶居於競爭力弱勢的政治想望者,得能盱衡當下的情勢,進行自行約束的行爲,一則打下下次勝出的利基,二則扮演眞實的協力者,協力爭取代表政黨參選者勝出公職,以鞏固分配政經資源的權力結構,厚植更多的無形資產,以爲黨際激烈競爭之用。換言之,初選制的建立,乃冀圖應用公平競爭的機制,試圖改變參選而落選者的政治認知,既然已在初選過程中落敗,就要接受這樣的結果,而將關注的焦點放在自我反省及再度裝備,徐圖未來的發展。一方面如自認自己的人格特

質，不易適應政治志業的運營，乃選擇最適自己內在需求的行業發展；另一方面如省知出自己的政治罩門，則於選舉週期內，利用各種場域展露自己的才華，建立翔實的政治地理資訊系統，進行選區的分析，發現死忠支持者、強烈反對者及可資轉變者的分布所在，再設定針對性的策略，集結下次勝出的多數聯盟（Shaw, 2004）。蓋適時的知所進退，不僅簡單化黨內的選舉遊戲，而且增強選戰勝出的機會，所以參選者均要有正當的認知，重視政黨文化所界定的無形價值，而於初選結果產出後，不再與自己、政黨及對手為難，讓制度的威信建立起來，俾讓每一人均受制度之益。

## 六、學習應對未來的工具

初選制旨在合法化誰代表政黨參選的機制，誰在多數聯盟建立過程上落敗，而要扮演催生及策劃未來的角色。換言之，初選制對政黨而言，是界定參選及輔選與準備的角色。前者，不可在選戰期間棄選，而致政黨處在無法補救之境；後者則要盡快加入競選團隊，協力一切的選舉動員工作，千萬不可成為心不甘情不願的選戰合夥人，妨礙合超效應的順勢產出。換言之，黨員在面對未來政治工程的運營，究竟要擔當哪一種妥適的角色，初選制或可稱職地扮演界定及分工的角色，以免角色的錯亂，而影響政黨擴展政治版圖。而在黨員不能確知自己該在選舉過程中所要扮演的合適角色時，或可藉由初選制來明確界定。

從上述自工具觀的論述，初選制是樹立制度權威、激勵參選上進、養塑競爭能力、象徵黨內一致、說服弱者退選及學習應對未來的工具。不過，制度價值或效能的發揮，完全有賴於執行者及參選者的正直推動，不得有任何扭曲或背反的行為，以免引起反彈，進而產生分裂的基因，導致政黨的立基寬度無法擴大。因之，任何黨員應服膺初選的核心精神，真誠對待它，讓其威信滋生，效能發揮，致讓各項問題得能倚賴它獲致解決。

而初選落敗者更應展現情緒韌性，眞誠表示對制度的信守，認清自我的弱勢，自我掌控可能產生的不當政治行爲，謙虛傾聽別人的評價，以充備未來的政治工程（Bossidy, Charan & Burk, 2002）。

這項理想型的制度安排，在不同時機、不同類別的公職選舉，及不同參選人的參與後，互異執行人員的運營下，究竟會出現哪些狀況，原本的制度設計目標是否實現，有無因執行轉化的不夠周全而形成複雜荊棘的問題，眞正確保提名人選產生的正當性，使得落敗者再怎麼挑剔，也無法將其失敗歸咎於黨務幹部，只能射準自身，發現失誤之處。凡此，均需要透過評估的過程，才能知悉制度與情境系絡碰撞之後的情形。

# 第二節　初選制的評估

國民兩黨的初選制度均在強調：先以溝通協調方式產生提名人選，如若擬參選人之間，無法達成協議時，則由所屬黨部辦理提名初選，進而依據「黨員投票」（占30%）與民意調查（占70%）的結果，決定提名名單，參與黨際之間的公職競爭。這項制度實施多年之後，正可對之加以合理的評估，用以理出制度變遷的理由，轉型的層面與標的。至於評估的標準，則借用W. N. Dunn（2004）的架構，用以聚焦評估焦點，認定出制度本身的問題所在。

## 一、效能

初選制度的核心旨趣在於：透過民主的程序，解決有欲參選黨員間的紛爭，並期待於代表參選人出現後，降低黨內的參選密度，防杜同室操戈的場景，避免兄弟鬩牆的效應，進而得能達及孫山的門檻，掌握公職所能配制的資源，鞏固所屬政黨的政治生存空間。不過，初選制的運行，每因臺灣民調的公信力不高，再加上滲入競爭政黨黨員的意見，屢受質疑，而

滋生不服初選結果的決定，毅然加入參選的行列，破壞原本所屬陣營的勝出立基。

## 二、效率

推展初選制之期待在於節約競選經費，致使優質人士，得以運用民主的機制，以自己的特殊政治商品，進行政治市場的區隔，再以對味的行銷策略，構築優質黨內參選的所有權。不過，在自費初選制的約束下，參選提名者在初選期間，甚或更早的準備階段，就必須投入多元不同的政治動員經費，再加上正式選舉期間，由於加大動員的標的範圍，不斷要因應情勢的變化，處理複雜多變的選戰危機，因而所需的競選經費不貲。換言之，在添加初選制之後，參選人由於要參加黨內及黨際的競逐，乃擴增競選經費的門檻，但是參選的效能——當選如一，所以在效率指標的衡量上，乃因努力及經費的增加而遞減。何況，在選舉文化未臻優質之際，憑以動員選民要賴有形或無形物質的情況依舊之時，投入初選所需的經費，諒必是一項參選人不輕的負擔。

## 三、充分

初選制特別倚賴民調的分量，斯時參選者知名度的高低，就成為民調受訪者表示意見的依憑，這恐會忽略最終當選所需的條件，諸如過往問政的績效，與選民經由多元管道的服務而累積的社會資本。這樣一來，就會鼓舞政治人物，積極與媒體建立關係，盡以作秀的方式進行職務的履踐，並以浮面行為部署選舉之局。這種考量並不能達到充分的境界，一則致使最終黨際競爭力不強的人，代表所屬政黨參選；二則促發不公平的反彈，增強初選敗選人介入參選的機率，強化競爭而單一候選人政黨的勝出機會。因之，過度依憑民調的結果，就顯得最終參選人，所要具備的多元特質、秉賦及能力的單薄性，無法充分反映他或她的完整特質。

## 四、衡平

在初選制的運作之下，由於黨員與一般公民在身分上，有所重疊之處，所以就會出現重疊決定的不公平性。再者，臺灣地區的民調，準確度向來受到強烈的質疑，而以不太準確的民調，做為參選掄才的工具，恐亦有不公的情勢。何況，黨員投票之際，如所屬政黨負責辦理初選者，展露黨務不中立的痕跡，抑或懷有目標人選，盡黨的全力動員支持某特定的候選人，均會引發其他參選者的不平之鳴，深以為有被背叛之感，致至黨際廝殺之際，將自己定位為紙老虎的協力動員者，無法開創出合超效應。

尤有甚者，黨政高層若執守於老舊的選舉邏輯，深信泛藍會重蹈1994年北市長選舉的覆轍，將由兩組強有力的人馬參與角逐，民進黨只要喬得出強棒，就有致勝的機會。於是，在這項權力的迷惑下，高層對北高市長的主導意志就展現得相當堅強，這樣一來，參與初選的公平性就會受到忽視，流露出勸退及阻擾登記的互動不正義現象。反觀，國民黨的初選，主事者為圖更大的政治版圖，在不同階段的初選歷程，亦有鎖定支持人選之痕跡，只是這種作為並未達到彰明較著的地步。

## 五、回應

初選結果的人選，在道理上應回應多元不同的民意歸趨，以建立支持者認同的效應，願挺身參與千頭萬緒的選舉工程，協助代表參選的人登上權力之頂。不過，由上而下的「喬」出人選，由於欠缺選民的回應力，那種心甘情願挺到底的情懷，就比較難以發揚。

再者，透過民調的方式，抉擇代表政黨的參選人，由於過程中，滲入敵對政黨支持選民的意見，導致可能產出一位好打敗的候選人，並於正式選舉之際，初選支持者又回到原來所認同政黨推出的候選人，以奠定高度勝選的空間。何況，參與初選的人，為了提升民調方面的支持率，對外就扮演政治鴿派的角色，冀想討好敵對陣營的民意支持；然為了提高黨內的

得票率，乃轉而扮演政治鷹派的角色，這實在是兩面做人，怎能反映出整體民意的歸趨。

尤有甚者，受訪者在考量候選人時，其心境、對應態度及關注焦點，諒受當時社會隨機的影響，慎重度顯有不足。而在進行黨員投票時，選民若深具公民意識，知悉投票的重要性、後果性及義務性，在歷經這些較為宏觀的考量而決定參選人，恐與經由民調勝出的人選存有極大差異。不過，以兩種不同屬性選民的意見，整合為最終的提名依據，是怪異回應的制度，是加總兩種推估不同母體意向而定何人勝出的制度（林水波，1999）。

## 六、妥當

初選制之所以在臺灣適用，乃透由移植工程來完成。不過這項制度移植，乃奠定在情境系絡相似、民主化的強化、不當競選之抑止及候選人素質的提升等四項基本假定上（林水波，1999）。不過，這四項假定，距離妥當性的境界，猶有一段不少的落差。蓋臺美之間的政治水土差異甚大，只就制度本身的移植，而未能塑造支撐制度的文化及執行結構，終會產生政治排斥的現象。而初選制所要成就的民主功能：競爭性及代表性，根據前面的評估，亦業已出現脫臼的現象。何況，由政治人物代繳黨費的人頭黨員現象，誘因式的參與動員，在參選文化未能徹底有效翻轉之歷史時刻，抑止不當的動員方式，似乎有點勉強制度之難。而在參選人的知名度主宰出現的機會時，冀望候選人之素質藉制度獲得提升，本非一件易事。

基於上述六個向度的評估，吾人或可洞穿現行兩大政黨的候選人提名制度，業已完全暴露出政治挫折。即該制度本身潛藏黨員或派系之間分裂的危機，甚難營造黨員之間的同感性及凝聚力，不易產生黨員在政治動員上的乘數效應。何況，政治雙面人的扮演，在兼顧民調及黨員投票的壓力下，候選人已無法逃避；尤有甚者，在人頭、金錢及特殊族群的宰制下提名制度，讓參選者失去公平競爭的基礎與平等當選的機會，有足向背反民

主路徑的風險。因之，當今的政黨提名制度，在劣勢及威脅已現的時刻，在有競爭力政黨密度不低的政治情境，恐已到改弦更張的時機。

# 第三節　初選制的問題

初選制乃自美國移植到臺灣，當初主事者決定移植的假定乃：臺美兩國的政治系絡具有雷同性，移植之時並不會產生嚴重的排斥現象。不過這項假定有點天真，因長期以來，臺灣政黨的提名傾向中央集權化，而將提名權迅速移轉到黨員及民調上，利害關係人在心態及學習上，一時猶未能完全調適過來，再加上參與初選者時常質疑該制最具象徵性的價值：公平，在職司機關及民調作業機構的運營下，不易受到應有的肯認，亦達不到權威的境界，以致在完成政黨最適參選規模的目標，時有牴觸之窘境。在歷經前節的評估，此處將制度在執行轉化工程之後，其所出現的問題，加以整全性的建構，以為制度馴服的對象。

## 一、投票意願低落

黨員參與初選的投票率向來不高，每每由少部分的參與者決定代表政黨的參選人。尤有甚者，如這些參與投票者是由特殊黨部積極動員而來，更容易造成少數壟斷黨最終的提名人選，甚至因而圍堵其他黨部的隸屬成員，參與初選競逐的動機，導致公職的組構，在整體的代表性有所傾斜，甚至滋生過度代表的窘境。這個現象與歐洲及以色列的發展情形至為類似（Pennings & Hazan, 2001）。

## 二、鎖定標的人選

初選制雖將公職候選人的決定由黨員投票及民調聯合來安排,但各級黨部有時會出現支持的標的人選,以達政黨長遠追求的目標。因之,在初選進行過程中,黨的相關人士總會以無形的方式,表示對某位參選人的偏好,甚至以雄厚的關係資本、人力資本及知識資本,資助目標人選,從事選民聚焦的工作,引起其他參選人的不滿,甚或退出競逐,牽引選民重組的情勢。嚴重的話,對黨的凝聚力多少帶來傷害,有時亦因參選者不滿黨務幹部的偏袒,高度質疑初選制的宗旨:公平,而不願順服初選的決定,宣布退黨而加入正式公職選舉的行列,帶走自己死忠的支持者,波及初選勝出者的當選機會,以及當選後的資源配置權。這種惡化黨內衝突的現象,以色列在民主化候選人的抉擇時,就得到經驗的印證(Rahat & Hazan, 2001)。

## 三、機會平等受礙

初選制之能得到支持及信服,在於象徵機會平等的提供。不過,實際運作之後,現任者由於知名度的提高,易得到較高的民調支持,導致挑戰者的競爭力不易與之匹敵,因其未能運用公職的權力,以經營或累積參選所需的社會資本。再者,財力雄厚而能經營媒體行銷者,恐在民調上較占優勢,而輕易地擊敗其他的參選人。前述受到黨務幹部及利害關係人青睞者,較能享受或運用黨部資源的奧援,而引起其他參選人的抗議。何況,凡是受到主流媒體力挺的參選人,在媒體的精心策劃下,可迅速將其主要訴求及形象,擴散到相關選民,引起其關注,以及扮演連結結構孔道的關鍵人士。由是觀之,初選制的運行,在機會平等的要求上,恐不易達及,而有圍堵挑戰者或新人出線的機會,對公職結構的更新較為遲緩,對黨的向心力有所影響,對政治平等的民主精義恐有所損傷(Beetham, 2005)。

## 四、他黨介入初選

　　初選的結果，民調占的權重很高，到幾乎可以決定勝選的門檻。不過，這樣一來，全體的公民乃成為民調抽樣的母體，以致非本黨的黨員就可成為被民調的對象，如被訪者是他黨的死忠黨員，其可故意讓較無黨際競爭力者出現，以助自己所推出參選者得能於公職選舉中勝出。再者，民調之際，由於「死亡人口」不少，即調查之時不在，抑或拒絕回答訪談者的任何問題，以致接受民調者，更喪失貼近母體的代表性。何況，進行民調的機構，有時亦擁有特定的政治立場，抑或屬意的標的人選，每於民調期間，釋出民意傾向，試圖影響初選的結果。

## 五、弱化政黨影響

　　政黨的提名如若全由初選制來擔綱，則各自的黨員，及整體選民，才能透由多數聯盟來擇定代表政黨的參選人，政黨本身的權力結構就只能扮演背書的角色。如若透由這種方式產出的候選人，深具競爭力，則正式的選戰就較容易對付，反之如因他黨之介入而產生不易輔選的參選人，則政黨的利基就受到衝擊。尤有甚者，參與初選者，為了顧及廣泛的民意，爭取不同政黨者及非屬任何政黨的選民青睞，有時會採取與政黨不同的主張及訴求，擴大支持的群眾。因之，在適格選任候選人的範圍擴大之後，由於政黨無法掌控最終的出線者，其在提名的影響力就式微了。

　　這種政黨影響力式微的現象，如所推出的候選人猶具堅強的競爭力，則輔選還算容易。不過，一旦黨員的支持度平平，全仰賴民調的大幅領先而勝出，則在正式選戰開啓之後，由於基層網絡的鬆動，進行接連的孔道不足，就會影響選舉動員的效應，甚至衝擊到勝出的門檻。何況，透由初選方式參選而當選的政治人物，在公職的運轉上恐較為獨立自主，茲為了照顧更廣泛的支持者，就無法推出完全對應政黨理念形象的政策，凡此亦是反映政黨影響力的式微。

## 六、選擇資訊不足

　　參選人為了爭取一般選民的民調支持，如財力許可，就可透過多元媒體的行銷，增強給予選民的印象，進而爭取其在民調上的支持。不過，財力不夠充裕，未能利用媒體來擴散未來作為的訴求，增強選民選擇的資訊，極可能無法自民調的管道勝出，造成前述政治不平等的情勢，引發對初選結果的正當性質疑，不願意於正式公職選舉之際，加入助選的團隊，協力完成勝選的重大任務。

　　這些問題雖在吳重禮（2002）的論文，多少提出經驗的駁斥，但該文僅進行一次一類選舉的驗證，又在先天性無法進行初選落選者，最後是否能在正式選舉中勝出，所以猶不能充分進行民調應用於提名制度的爭議之解決。何況，通過初選的檢驗，不能代表最終選戰的勝出，猶要展現候選人的優質形象，競選策略的穿透，未定型選區的動員及策反，應用參選結構的優勢，鋪陳勝出的管道。

　　因之，初選制所衍生的問題依舊存在，為使初選的公正形象得能鞏固，有必要針對其陰暗面提出進一步馴服之策，俾能兼顧提名民主化及競爭力提升的雙重目標。當然，初選結果的權威化，杜絕落敗者的任意歸咎，防止參選密度的提高，黨內力量的分散，而幫助他黨單純候選人的較易當選，進而擴大掌控權利及資源配置的政治版圖。凡此乃是，初選制所最冀望追求的目標。

## 第四節　邁向嶄新制度

　　既然原本的政黨提名制度，在北高市長選舉暴露出至為難理的問題，無法妥適融合勝選考量及黨內民主的雙重價值，再加上黨員結構若無法反映社會結構的演化，則欲求提名制度勝出令人感到公平的境界，就非易舉，甚至只具符號的象徵。因此，政黨提名參選人的制度，已到該大轉型

的時刻，以因應時境的演展。至於，此項制度轉型的方向，或可邁向以績效做為主導的提名制度。這項制度根據八個訊息做為政黨提名的準據，一則防止黨內的分裂，形塑一致對外的力量，鞏固政黨於選戰期間的競爭力；二則排除想要參選的人，為了獲得提名，一再批評所屬政黨，用以取得相關媒體的青睞，藉機提高知名度，爭取一般社會人士的民調支持，彌補黨內黨員投票的落差，至於能否打敗對立陣營的對手，則非參選人關注的核心焦點。至於，八個訊息的指涉為何？則有必要對之說清楚講明白：

## 一、貢獻度

　　政黨形成與發展過程中，何人對黨的建全化、制度化及鞏固化頗具貢獻者，恐在黨員的心目中較有認同感及向心力，願在其合法勝出之後，以政治動員中人的身分，連結分散各處的結構孔道，共同組構協力團隊，發揮滲透的功效。尤有甚者，在政治變遷過程上，比如政黨輪替的催生，抑或民主的鞏固上，扮演具關鍵性角色者，由於本身擁有風動草偃的態勢，亦是可以考量徵召參選的對象。蓋這種以貢獻度做為提名的考量，可以避免在政治上敢於出面的人士，永遠占上風的尷尬，進而有效平衡派系的權力。

## 二、勝選度

　　政黨存在的目的在於爭取政治性公職的勝出，藉以掌握價值的權威性分配之所有權，促進公共利益的追求。因之，推之強棒參選，用以增強黨際之間的競爭力，競相以優質的政見，主權者福祉的關照，爭取選民的青睞，俾以展露出有意義的政治參與。因為，如兩大政黨的參選人，實力有了明顯的落差，選民的熱衷參與就會隨勢澆息，無力表現主權者的角色，將會有崩毀民主終極價值之虞。何況，在多元合一的公職選戰上，核心公職的參選人，本負擔母雞帶小雞的責任，職司帶動其他公職人員的選情，

所以乃要有強有力的參選人，才能堪擔大任，不能仰賴只具知名度而無法發揮帶動效應的人士。

## 三、對比度

民意的調查不能只就黨內有意參選的人士作比較，而應加入主對手的可能候選人，從中得出黨內人士，誰較具競爭力。蓋選戰本是至為殘酷的比較，不具比較力的參選者，對政黨政治版圖的擴大無助，也對引發黨員熱心協力動員無力，更對連動效力無功，將不益於政黨的發展及成長。因之，政黨之民調在加入他黨的目標參選人，從而比較出黨內有意參選者，誰在未來選戰中較具競爭力，再傾全黨之力，與之輔選，使其登上公職之顛。

## 四、參與度

有志於政治志業者，不僅要建設性的參與公共事務的治理，更要積極參與自己所屬政黨的興革研議，俾使其進行無痛性的變遷（Abrahamson, 2004），適時發動對應時境演展的變革，避免犯上忽視環境的謬誤，管理組織與內外在環境脫臼的風險。尤有甚者，一旦政黨遭受危機之際，適時挺身而出，為政黨獻策，協助控管危機對組織的損害，致使危機的有效化解，並將政黨形象的毀損，減至最低點。這類參與心強、投入情高、權能感厚及責任識深的政治志業者，應鼓舞其參與公職的競爭，找到絕佳貢獻的平台，讓主權者分享其服務公職所勝出的優質治理。換言之，以政治為志業者，不能只攻媒體的參與，講究知名度的提升，而要要求考量其議事積極度、問政用心度，抑或黨內興革熱衷度，參與政黨危機處理度。

## 五、資本額

公職人員選舉最終的勝選,雖說由諸多因素相互作用而定,但參選人平日所累積的關係資本是最為底盤的因素。蓋這項資本額是候選人用以穿透團體勢力界限防守,連結結構孔道的因子,締結多數聯盟不能或缺的動力。因之,如一位想要登公職之頂的人,平日與他人的關係不佳,種種作為不被信任,其雖深得媒體的青睞,亦有機會在民調上占上風,但在正式選舉的重要時刻,原本民調的支持者,又因階段性的任務業已完成,乃回歸支持認同政黨所推出的候選人。因之,以民調主導勝出的提名制度,兩大政黨最後出現的候選人,均滲入對方的支持者,以產生好打敗或好K的候選人,這就不是一項較佳的提名制度。

## 六、配合度

臺灣的政黨光譜,現今雖有泛藍與泛綠之分,惟各大陣營之中,均有兩黨進行合縱連橫的政治遊戲,是以兩大政黨所推出的參選人,如台聯或親民黨的人士能夠認同,就會配合政治動員,減少兄弟鬩牆或同室排擠所造成的結果。蓋選舉的最終結果若決定在前述效應的制約幅度,這樣的結果實非實質正義的展現。因之,為了爭取友黨的配合,協力贏得選舉,大黨在推出候選人之際,如何推出友黨之間深具共識的人選,就攸關勝選至為重要的關鍵。

## 七、服務度

關係資本的額度,既然決定動員的底盤結構,更是邁向公職登頂的前哨戰,所以對於參選人的關係資本額,就要列為參考的標的之一。不過,參選人關係資本的累積,相當程度取決於他或她平日選民服務,或社會服務的品質或勤快而定。如有參選人只偏重所任職務的打拚,而輕忽選民服

務的講究，恐有底盤結構至為脆弱的風險。蓋關係資本的累積及優質，有賴平日提供必要的選民服務，從中感動選民而轉化出來，是以有意登頂重要公職者，平日就要透由服務的強化，做好脆弱底盤結構的風險管理，以產出最大規模的動員資本，連結結構孔道的關係資本。

## 八、認同度

在媒體上至為出名的人，不見得贏得各方人士的認同，而成為黨際競爭之際的有力人士，進而在動員容易，關係資本雄厚的協助下，擊敗對手而登公職之頂。蓋一個擁有草偃風從能力的政治志業者，光有媒體的名度是不夠的，因為他或她可能疏於平日服務的經營，欠缺感動選民的作為，哪能凝聚高額度的關係資本，進行穿透結構孔道的阻隔，以蔚為龐大陣營的選舉經營團隊，發掘有待補強的選區，腦力激盪出克敵致勝的策略，掌握創新議題的主導權，引領選民的最終認同。因此，認清目前提名制度的盲點所在，進而破除一些虛擬假象，俾讓真正具有競爭力者，代表政黨參選，以免因提名結果，未受黨員同志的認同，導致正式選舉時，演變成極為勉強的協力伙伴，影響到政治動員的力道。

原本30%黨員投票及70%民調的初選制度，未必能出現深富競爭力的參選人，但其潛存黨員分裂的風險，因而分散競爭力量，反而提供對手有機可乘的空間。是以，政治利害關係人有必要對之深度反省而提出取代的制度，績效提名制度或可成為審慎思慮的對象，從中集思廣益而設計出雖不甚滿意，但猶可接受的制度。

八項事關績效提名制的訊息或指標，尚待設計出較為客觀具體的測量工具，以贏得政治志業者的信服。黨內民主及勝選的考量，雖看似存有價值衝突之僵局，而在兩者不可偏廢的情勢下，對價值衝突進行有效管理，乃是負責政黨無可避免的任務。姑不論現制或新制的循環應用，測出何制較受認同，抑或對政黨的政治版圖較為有利，才做出制度的定型；再者，當新舊二制出現劣勢之際，政黨設有防火牆，以為劣勢的圍堵，進而防止

劣勢對選舉結果產生不良的衝擊；最後，政黨之主事者如對新舊制有所偏好，就要提出合理的證成或辯護，以說服選民對制度的支持。

# 第五節　初選制的馴服

初選制在實施之後，原本的眞諦並未完全顯現，以致衍生一些後遺症，嚴重的話則影響到政黨在選區的凝聚力弱化，引起相互毀滅的情勢，輕易讓出該選區的權力影響、資源配置及社會資本築造的優勢，進而波及到全國政權的鞏固或輪替。因之，針對問題之所在，參酌績效指標，而對初選制進行馴服，至於具體的作爲爲：

## 一、平衡權重的比例

鑑於民調無法防止他黨介入決定政黨的提名人選，於是其權重不可居於完全取決的門檻，刺激有意投入政治工程者兼顧雙方面的經營，而非只專注於知名度的打拚、政治事件的衝撞、政論節目的參與。因之，黨員投票及民調所占的提名比例，或可各以50%計之。

## 二、增加民調的樣本

由於民調之際，受訪者無具體反應者的比例夠高，抑或樣本的死亡率不低，導致樣本的特性無法對稱母體特性所持的分配，而使代表性受到攻擊，民調的正當性備受質疑，所以提高有效的樣本數，杜絕各方的挑戰，使其成爲有價值的提名準據之一。

## 三、進行對比的民調

如原本只進行黨內民調的方式，因無法測出黨際的競爭力，或可加入主要競爭政黨的主力候選人，進行配對性的比較，而衡量出黨內人士，哪一位人士較具黨際競爭力，得能於正式代表政黨正式參與公職角逐之後，連結多元不同的動員力量，一舉擊敗競爭政黨的對手。

## 四、增加民調的家數

目前主要政黨的民調，均由三家分別進行，但因恐舉辦民調的機構，事先已有偏好的人選，而對民調進行操弄的政治遊戲，妨礙到最後提名的公正性，或可增加到五家，藉以沖淡偏差的影響。當然，從事民調機構的自律，盡以為社會選才的角度從事真誠可靠的民調任務，方能根本性解決民調的信任問題。

## 五、增加民調的次數

一次民調就決定提名的歸屬，或有過於武斷的情勢，何況「民意如流水，東飄西浮無常軌」；「民意像月亮，初一十五不一樣」，所以增加另一波段的民調，取二者的平均值，或可強化民調的可靠性，不再以單次定點民調決定參選人的命運。

## 六、強化黨際的協調

在理念較為同質的政黨，如能事先協調選區的分配，參選人在同質政黨之間的共識，以凝聚支持的方式共推比較有勝選希望的候選人，才能擊敗主要對手。蓋同質政黨之間，如各自推出參選人，則極易因力量的分散，資源的不能集中，而讓主力對手輕易享受漁翁之利。這種政黨自我打

敗的行為，應盡量避免，俾讓主要參選人藉憑自己及所屬政黨的動員力，分出終局的勝負，職司法定任期的公職運營權。

## 七、黨員投票的篩選

假如黨內準備參選的人數不少，先由黨員投票進行篩選的工作，從中決定兩名參與民調，再由兩類的支持度總合，決定由哪位代表政黨參選。由於立委選制的變更，加上席次的減半，引發各選區的參與爆炸現象，非賴更公平的提名制度，無法激勵參與者對最終提名的順服，進而甘願加入輔選團隊，協力打拚勝選的利基。換言之，政黨已無在各選區造成分裂的本錢，而損及政黨的總體影響力。

## 八、公民會議的舉辦

在黨員進行提名投票之前，要求參選人與黨員進行互動式的對話，讓選民事先取得有關參選人的多元資訊，知悉其所關懷的議題，是否與選民的一致；洞悉其過往在各個職司所貢獻的作為；察覺其言談舉止引起眾人共鳴的程度；以免因資訊的不足，而無能做出知情的認同。換言之，黨內選民務必擁有評比參與競爭者的資訊，並以高度的公民意識，進行客觀的優勢比較，所以制度化兩造互動的機制，使其達及商議互惠的境界（James, 2004），而充備人選抉擇的基礎。

既然政黨所屬黨員及民調的主事者與參與者，為初選制產生病態的所在，所以馴服該制的焦點就落在其上，從中思索馴服的對策。本文提出由黨員投票中篩選出兩位較具競爭力者參與民調的角逐，而在投票之前，提供黨員與參與者互動的場域與機會，以達及商議互惠的境界，再由公民黨員擇優參加民調。

茲為使民調更具公信力及準確性，建議增加民調的樣本數、家數及次數，以防堵任何偏誤的產生。尤有甚者，在競爭主要政黨有了標的參選

人,就進行對比式的民調,以測出黨內哪位較具競爭力,再加以正式的提名,增強勝選的機會。

同質政黨之間,如若走上對抗之途,很可能造成由參選結構決定最終勝出的人選,而非真正具競爭力者,以其自身的條件,鞏固多元的結構孔道,進而締結勝出的多數聯盟,凡此就有違背選舉的正義。因之,在單一選區的競爭裡,同質政黨之間的協力合作,方能強固權力場域的優勢運作。

# 結　論

初選制在移植進來之後,為了增加其適應臺灣的政經社文環境,雖歷經多次的更迭,惟該制猶出現一些人為的困境,而於2006年北高市長的兩黨初選,竟出現極端尷尬的現象。在民進黨內出現有意參選人,卻無法展現超強的凝聚力,俾能共同對外迎戰國民黨的參選人;而在國民黨方面,則出現黨務中立的受到質疑,導致最終提名者,恐無法得到落選者的真心相挺,更不易組構強而有力的策略夥伴關係,共營執政權的爭奪,以及勝選後的權力資源分享。嗣經本文對上該五個方面的分析,所得的啟示是:

## 一、舊制已出現疲軟

現行的初選提名制度,在歷經多次適用之後,已出現不少的罩門,其中經由民調管道,而由他黨宰制對立政黨的提名,而於正式選戰開打之後,原本民調支持的選民,又回歸支持自己認同政黨所提名的候選人,導致實質正義不強的選舉競爭,這乃是最受詬病的焦點。因之,在兼顧民主價值之餘,或許也要對制度的嚴重罩門加以診治,以優質或深化為人認同的提名制度。

## 二、新制需要關注

舊制另一層面的風險，乃是最終勉強出現的人，無法取得派系或黨內重量級人士的誠心相挺，雖仍可能以「含淚輔選」，但在積極性輔選的熱情難免會打折扣，且不易取得友黨的配合，就在相當程度上影響勝選的空間。在這種窘境至為明顯之際，研擬新制正是時候，以杜絕往後重大選舉猶陷入舊制的困境。因之，績效提名制度需要受到應有的關注，從八個訊息中，各政黨去提煉出化解價值衝突的制度因子之組合，盡可能減輕外力干擾提名的結果；進而增強政黨內部的凝聚力，克服內耗、分裂的掣肘；同時回應關心政情人士的期待。

## 三、民調滋生問題

由於民調是決定由誰代表政黨參選的關鍵因素，所以其優質化乃成為馴服初選制最得關注的焦點，樣本代表的強化，對比式民調的安排，舉辦頻率的增加，舉辦機構的多元化及二階段的設計，均是可以考量調整的標的。

## 四、排除黨際排擠

同質政黨之間的選舉合作，以及公職場域的權力分享，本是黨際治理的理想境界。是以，這類政黨在不同選區，如何進行妥善的提名安排，而以最具競爭力者出現，恐較有機會登頂公職。

## 五、瞭解制度真諦

初選制之設立，旨在解決黨內人士參選公職的紛爭，俾能在團結的氛圍下，迎戰競爭對手，獲致履行公職的所有權。因之，在制度上出現了瑕

疵，就要對之診治調整；在執行上有了偏差，就要由實際經驗中，學習改革的方向，務使制度真正主宰決定提名的事宜。

## 六、權變馴服制度

初選制或可依據八項指標，權變調整各項標的。不過，制度的馴服不必一次全盤為之，或可以漸進的方式進行，畢竟其成效未必事先可知，也許深具高度的測不準性，所以以學習的態度對應改革事態的演變，漸進地將制度推向周全化的目標。

制度的定期評估，從中進行省、知、習的作為，即反省制度運作的經緯，知道制度歷經執行所反映出的問題所在，然後學習針對性的問題解決之道，才能致使制度邁向優質化的願景，相關利害關係人願意加以信守，以之做為解決紛爭的準據，催促政黨在權力版圖上的擴廣。因之，初選制是一項極佳的反省與馴服標的，希冀以之完成黨內的民主化及政黨權力的擴大化工程。

# 參考書目

## 一、中文部分

吳重禮，2002。民意調查應用於提名制度的爭議：以1998年第四屆立法委員選舉民主進步黨初選民調為例，選舉研究，9(1)：81-111。

林水波，1999。選舉與公投，臺北：智勝。

## 二、英文部分

Abrahamson, E. 2004. *Change Without Pain.* Boston, MA.: Harvard Business School Press.

Beetham, 2005. *Democracy: A Beginner's Guide.* Oxford: Oneworld.

Bossidy, L., R. Charan & C. Burlk 2003. *Execution: The Discipline of Getting Things Done.* NY: Crown Publisher.

Dunn, W. N.2004..*Public Policy Analysis: An Introduction.* NJ: Prentice Hall.

James, M. R. 2004. *Deliberative Democracy and the Plural Polity.* Lawrence, KA.: Univ. Press of Kansas.

Katz, R. S. 2001. "The Problem of Candidate Selection and Models of Party Democracy," *Party Politics*, 7(3):277-26.

Pennings, P. & R.Y. Hazan 2001. "Democratizing Candidate Selection," *Party Politics*, 7(3):267-275.

Rahat, G. & R.Y. Hazan 2001. "Candidate Selection Methods: An Analytical Framework," *Party Politics*, 7(3):297-322.

Shaw, C. 2004. *The Campaign Manager.* Boulder, Co.:Westview.

# 第參篇

## 制度反省

# 第七章　政黨的政治職責：形塑黨際治理互賴

　　臺灣自2000年政黨輪替以來，由於歷經治理模式的巨幅轉型，兩大政黨所扮演的政治角色徹底對調，但因傳統慣性作為的掣肘，以致新的執政黨猶在扮演在野黨的角色，而下野的政黨卻始終維繫國會的多數優勢，掌握政策合法化的大權，主導整體或全局政治系統的運營。這種角色混亂的窘境，一直未能透由選舉的過程有效地加以扭轉，俾以進入正常化的系統運作，繳交亮麗的施政績效，鞏固政黨治理國事的正當性。

　　臺灣在早熟的政黨輪替制約下（林水波，2006），兩極對抗抑或藍綠對決的思考模式主導了一切政治的運作，民生法案被犧牲，國家預算受到杯葛及凍結，選舉的輸贏為各政黨列為最優先的考量，競相大打統獨、族群戰爭，致讓社會日趨兩極化，無法推動群策群力的作為，產出兩大力量合轄的合超效應，引發國家競爭力的逐步滑落，社會罅隙的加大，社會資本的流失，主權者對未來的無力感或茫然感。這種兩極化的惡性發展，實已到達需要關注的門檻，更是人民無法再忍受的極限，相關職司的政黨，為了修復已失的正當性，有必要進行正當性的管理工程。

　　而在經營正當性的管理工程之際，兩大主要政黨應該認清：身為民主國家的政黨，要擔負哪些攸關國家發展的職責，並以當仁不讓的情懷加以實踐，鋪設成果勝出的路徑；瞭解：當前建構治理互賴的需求性，誠願兩黨協力加以完成，而開創系統勝出成果的關係結構；體認：有效的治理互賴結構，究竟具備哪些支援運營的特性，而為政黨政治學習的標竿，以符應催促治理績效勝出的前提；形塑：黨際治理互賴關係的具體作法，以為政黨致力的重點任務，完成政黨治理正當性的管理工程，為往後政黨的合理作為列下可資依循的路徑，不再陷入黨際衝突或惡鬥的窘境。凡此四項議題，乃為本文設想要探討的標的。

# 第一節　認清職責的指涉

　　政黨是政治系統的一個關鍵性支系統，身負其永續發展的重責大任，更要以一定期間內的績效，爭取主權者進行執政與否的轉移，並讓整體社會邁向穩健的更迭，是以它並無多大的自由裁量權，操作背反主流民意的政治遊戲。蓋任何政黨的組構，無不以擴大權力的極大化爲職志，與其他政黨展現競爭優勢，從事權力的競爭。因之，政黨有其根本的政治職責，並透由職責的履現，運營優質形象的管理，用以爭取主權者在情感上的認同。至於當代民主國家的政黨，其主要的政治職責有六：

## 一、自願合作

　　各合法成立的政黨，並無相互惡鬥的權力，以永續衝突的態勢面對政治系統的運作，蓋政黨是支持者的代理人，要爲他或她謀求福祉及權益，並與其他政黨的主張調合求進，昇華各政黨間的對立，而爲整體政治系統的遠景而努力。因之，在公共政策的訂定過程上，如遭遇追求價值的衝突情勢，各個政黨本要透過溝通協調的過程，或以證據或資訊爲基礎，做爲最終抉擇的依據；或以權威的專業知識，拋棄各自主觀的判斷，俾讓攸關體系發展的決策適時達成，避免政策的脫節，面對問題的處置眞空，導致原本問題情境的惡化（Wilson, 2006）。

　　《菜根譚》曾明示吾人這樣的政治道理：「處事讓一步爲高，退步即進步的張本；待人寬一分是福，利人實利己的根基。」因之，各政黨在操盤各項決策的政治遊戲時，定要深諳政治本是妥協的藝術，唯獨體會妥協的精義，方不至於演變成破壞性衝突的窘境，任令國事的一籌莫展，進而改變議事的氣氛或系絡，促成無痛變遷的機會，推行進步演化的旅程（Abrahamson, 2004; Cloke & Godsmith, 2005）。

## 二、遵守定位

　　政黨之所以成爲執政黨或在野黨，乃是主權者透由選舉遊戲來決定的，而於選舉過程中勝出的標的就取得執政的地位，擁有權力運籌帷幄系統的運轉，一則提出執政期間的政策承諾；二則兼聽吸納在野黨的優質見解，敦促政策套案的更加周全（Sulkin, 2005）；三則與在野黨形構策略性夥伴關係，共同發揮堅強的執行力。而在野黨則扮演忠誠反對的角色，一則監督政府的施政績效，並定期知會主權者，使其認定執政黨的績效水準；二則舉發執政者的施政弊端，以免政府浪費稀少性資源；三則構思符應主權者想望的政策願景，以吸引選民的青睞，祈能於選戰過程中達及獲勝的門檻，締造執政的空間，開啓施展政治抱負的旅程（Manin, Przeworski & Stokes, 1999）。

　　執政黨與在野黨在主權者法定授權時間，有義務要信守主權者對政黨的定位，而政黨本身亦不應超越分際，造成政黨職責的混亂，引發人民不易對政黨進行回顧性的判斷，而於下次選舉之際，投下正當的選舉抉擇。尤有甚者，在野黨若擁有國會的多數優勢，形成學理上的分治政府，其亦要以公共利益爲立法定制的指針，非能全以己身政黨的利益爲立法行爲的最高指導原則，蓋其無時無刻要對主權者述職，接受主權者的政治檢驗，如過度偏離政治常軌，則要改變政黨的政治地位就非易舉。

## 三、適時回應

　　政黨既是主權者的代表或政治代理人，當被代表者或代理人有所需求，抑或主流民意顯示出某種偏好的政策取向，政黨就有責任透過正當的法律程序，形塑出深富回應性的政策抉擇，以爭取主權者的認同。蓋一個政黨，在政策取向上如若與主流民意存有巨幅落差，未能在合法化的政治場域屬行代言的角色，設計各方接軌配套完整的解決方案，則有失政治代表的適格性。

　　而正當人民提出迫切需求時，如政黨之間對斯項需求有不同意見，或在認知上持有不同的解讀時，則有必要應用參與管理的策略，將各方匯集進行建設性的對話，理出共同可接受的見解，再對之擬斷對應的解決方案。總之，深具民意回應性的政黨，總要比自見自是的政黨，更能得到民心的順服，更能取得人民的政治支持。是以，政黨在政策合法化的過程上，於決定政策方案的取捨時，要質問斯項方案在實際上能否反映：特殊標的團體的需求、偏好與價值。如答案是正面的，抉擇之後甚易得到標的團體的政策參與、應用、順服及合產，而產出卓越的政策效應；反之如答案是負面的，政黨猶要選擇，則執行力會因標的團體的政策缺席而大打折扣，政策績效的水平當然受到影響。

## 四、排除空轉

　　政治系統所要經營的公共事務經緯萬端，複雜多變，所以無暇停止將系統的投入轉換成產出的工程。蓋一旦轉換工程受制於政黨的極端角力，進行焦土策略，而致諸議程全面停擺，當然無法履行前述政治系統適時回應的職責，更讓時境迫切需要的政策或制度無由而出，也使支撐政治系統卓越運作的資源匱乏，無法邁向最佳化的境界，甚至因而造成過度的政策或制度延遲，阻礙國家競爭力的提升，產業秩序的維護及政治清明的範限。

　　政黨之間的政治角力，是臺灣自政黨輪替以來，常出現的政治戲碼，更是背反民主運作的原則，放棄衝突管理的作為，導致政治系統全面受損的情況。事實上，有許多政黨之間的政治衝突是可以避免的；彼此之間的見解亦可相互吸納的；朝野政黨也可各讓一步而使政事向前運轉，甚至抱持學習的態度，兼聽兼賞各方意見與觀念，大家協力把政事妥善處置。政黨之間最忌諱陷入零和的政治遊戲，忽視民主的金科玉律——妥協。何況，主權者在選舉之際並未授權政黨於選後從事永無止境的政治爭鬥，持續的政治爭鬥作為根本沒有正當性，是以，參與政治爭鬥的政黨先要內省

與後顧，再思前瞻性的作爲，不得養成促使政治空轉的惰性。

## 五、建構議題

　　每個政治系統，由於所處的內外在環境殊異，每會演化出不同而亟待處理的議題，經由系統設定優先順序的議程，結構對應問題的解決方案，一舉將其攻克。而這項議題建構的角色扮演，向由政黨來承擔與統合，並透由政治系統的轉換過程，產出對應的政策取向，進而影響議題的所涉層面。

　　政黨在爭取執政的機會時，所建構議題的殺傷力、震撼度，以及與選民的切身程度或引起的共鳴度，每會在多數聯盟的締結上產生一定的左右力。不過，政黨在建構議題上最忌諱被同質化，比如第四屆北高市長選戰，藍方以國務機要費案攻伐民進黨，而民進黨又以馬市長特別費案打擊國民黨，以致雙方無法以單一議題主宰整個選舉的議程，各自須另闢戰場，並以危機處理的得當與適時否，取決最終的選舉結果。

## 六、增強信任

　　政黨既要擔任施政的任務，又要監督施政者在施政遊戲上走向正軌，做政治系統認爲正確的事，以便向被代理人有所交代，競相爭取選民的信任，冀盼另一個政治週期，執政與在野的地位得能互換，並因掌握權威性的資源分配權，足以進一步擴大政黨的空間。

　　如今，在臺灣的政黨，由於政黨輪替的政治大轉型，形成極端嚴重的政治不連續現象，非但各政黨未能習慣於大轉型之後的運作規範，更因對大轉型的提早到來，在準備度未夠，社經的發展條件尚未對應之前，乃產生非常態的政治遊戲，致讓政治系統運轉之輪，在向前推動上滋生一些尷尬之事，比如在立法院的場域，政黨以法案互綁的議事策略，引起議程的全面焦土化。這樣一來，立法院及政黨的形象受損，政治系統順暢運作

受害，整體的國家競爭力受到衝擊。尤有甚者，這種情勢的演展，業已引發主權者的高度不信任，進而波及政黨維持生存空間的不易性，逐步走向組織式微或衰退的情景。因之，政黨及由政黨所屬黨員所組構而成的立法院，已經到了非重獲信任不可的地步，也唯有信任的修復，才能發揮二者的正常功能。蓋政黨及立法院所經營的是高度信任敏感的產業，稍一有所脫軌，政治支持就會消失。

政黨在民主政治的運營上，有其不可卸除的政治職責，而這項職責的履現與否，乃關鍵主權者對之的認同度及支持度，所以各個政黨必須以嚴肅的態度對待之，並在相關的政治領域內參與重大政治意志的形成，扮演忠誠代理人的角色，信守被代理人的政治付託，而於政治產業的運營上，繳出回饋的績效，贏得支持者的有利政治定位。

黨際之間本無權力形成兩極對立關係，蓋單一政黨難以遍知全局的公共事務，也不能獨斷整體的公共事務，於是國會殿堂上無法擺脫共治國事的格局，因爲強渡關山的多數決，並不能代表國會做出正確的決定，少數的議事杯葛亦是違反國會運作的政治倫理。正如政治系統對行政人員要求要負起一切執行的任務，且要在執行之際不得背反常態的行政倫理（Cooper, 2006），同理，政治系統亦對由政黨所屬黨員組成的國會，在推動政策形成及制度合法化之際，要服膺相當的政治倫理，不能從事爲反對而反對的行爲。

## 第二節　當前建構的必要

從民主國家政黨所肩負的六大政治職責，吾人或可推論出：在徹底實踐職責之際，當然政黨的自省或內省，進而調整引發黨際衝突的思考傾向，有其一定的政治效能。不過，政治系統的治理，本是黨際共治的情況，而且爲了克盡政黨的政治職責，善盡代理人的任務，勝出合超效應的

果效，除了強調各自政黨視框進行合理性的反省外，協商建立黨際之間的治理互賴關係（governed interdependence），共同協商政策形成的配套方案，設計制度之間的結構接軌，以免因罅隙的存在，而讓被規範的對象或產業體，得以利用蒙利的空間，不致因黨際之間的價值衝突，而讓必要的規範無由而出，重大議事造成空轉的政治失靈或失能現象。這項治理互賴關係或結構，在臺灣面臨國際政經殘酷挑戰的今日，已無機會或空間再加以滯延或蹉跎（Weiss, 1989）。其核心的必要可由六方面加以論述之：

## 一、政策僵局等待突破

　　臺灣針對內外在環境的快速演化，已出現諸多攸關臺灣政經發展的政策課題，等待構思完備的政策布局來加以因應。不過，主要的政策合法化場域——國會，卻陷入政黨極端對立的窘境之下，已無任何建制可在政策套案形成之前，有效進行價值衝突的管理事宜，以致往往因一案之未決，停擺後續諸多重大的議案，根本不顧限期立法的要求，政治系統常態運作所要立基的前提，以及相關法制未備所可能帶來的負面衝擊，抑或相當負面的後遺症。

　　這種政策僵局如一直無法突破，則因政策空窗所帶來的政治滯延現象，如合理的防衛性軍購預算始終無法通過國會的關卡，則臺美外交關係有可能走向低盪的困境；選區劃分如遲未能定案，則政黨的妥適部署就受到衝擊，無法安排富競爭力者提早耕耘累積社會資本的結構孔道，致使政黨的生存空間有可能被邊緣化的情勢；監委的產生一直擱置在國會之內，以致因委員的虛懸，致使監察院這個憲法機關無法順時順勢組構而成，進而防堵政治貪瀆情勢的發生，毀損國家的正當形象。因此，在臺灣急須運用政策能力以動員必要的資源，用以做成明智的集體抉擇，和設定策略方向以資分配稀少資源而達成公共目標之際（Painter & Pierre, 2004），國會的政黨實已無適格性再進行不甚合理的政治杯葛，而造成雙輸的結局，有必要想方設法形構政策衝突的處理之道。

## 二、人民需求想望回應

人民透過選舉遊戲指定執政及在野政黨的角色分配，預期其各自積極回應用以滿足身為主權者的想望，並由他或她於一定的政治週期結束後，對各個政黨進行全局性的評估，再度進行執政或在野的政黨定位，賦予對應定位的權力，以履行不同的政治職責。

臺灣的主權者懷有諸多不同的想望，有的期待轉型正義得以彰揚，威權時代政黨取得的不合理黨產，可以對之進行正當的處理；有的盼望中央政府的組織改造得能順勢展開，而對同質事權加以整併，以提升辦事的經濟效率，減少不必要的交易成本；有人殷切立法院要自我救贖，必須儘速充實相關的陽光法案，俾讓政治獻金、政黨作為、立法遊說、財產申報、利益與案件迴避、強化排黑與賄選處罰等相關議題有了合理的規範，以免規範的不夠周全，滋生不義的情事，抑或造成政治弊端。

人民的想望一旦未能獲得適時適刻的回應，本已違背公民導向的新公共服務原則（Denhardt & Denhardt, 2003），當然會流失對政治系統或相關政治人物的支持，甚至推動公民監督政治系統的運動，督促相關職司的積極作為，按照人民想望的優先順序加以政策或制度的回應。如若政治系統或政治人物在行動上依然慣性如昔，則會激發人民更激烈的運動，類如韓國對國會議員發起「落選運動」一般，針對候選人的財產申報背景，進行合理的審查比對，如出現與財團掛勾或申報不實、牽涉利益或案件不迴避的情事，則列出名單，要求選民抵制，以制裁參選人。

## 三、政黨形象需要管理

臺灣的主要政黨，由於受制於各自政治意理的牽制，在過往的議事互動上，向來難以達及主權者所盼望的理想境界，因之在選民的評判上，在形象的肯定上，均有一段待努力的空間。如兩大主流政黨未能形塑改革者的形象，試圖想要促成政治和解，廣植盟友，並以合理的相互妥協，建

構出共識，解開政策僵局，猶要各自扮演革命者的角色，堅持各自的政策主張，不接受政策企業家的折衝尊俎，以致造成政策主張的分裂，各趨極端，獨讓深受政策問題影響的標的團體，得不到對應政策的奧援，而被社會化成政治犬儒主義者，乃不利於政治體系的強健發展，更因人民的政治疏離，而波及國家政策能力遭到嚴酷的挑戰。

　　身爲改革者的政黨，要秉持解決問題的職志，講究由小而大，由近及遠的政策風格，還要思之深慮之遠，愼防操之過急而引起巨幅反彈，甚至引發社會的動盪不安，這樣才能培塑政黨的正面形象，贏得主權者的政治青睞。尤有甚者，政黨在進行政治系統的變革時，要擺脫創造性破壞的迷思，避免深刻的抵制痛楚，深陷一籌莫展的泥淖，而改弦更張屬行創造性的重新組合，達及無痛變遷的境界，堅固政黨得以作爲的形象，以擴大支持群，抑或引領原本支持者的回歸。

　　政黨的形象如在主權者主觀認定上一直是負面的，則政黨生存的利基寬度，就無法趁機擴大，而於各項選舉中處在優勢的地位，進而掌控各級政府的決策大權，各級議會的議事過程。因之，政黨要如何持續以改革者的形象，運行各項政治參與，爲當前政黨所要思量的。

## 四、現況落差亟待填補

　　臺灣不論在諸多政策領域上，抑或規範良善憲政秩序，致使政治系統有效運轉的制度安排上，仍存太多的眞空地帶，以及距離典範太遠的制度罅隙。而這項艱難政治使命之成就，單靠單一政黨的力量，就常出現力有未逮的情勢，有時甚至將這些消除落差的議題，停滯於立院的程序委員會上，深受議程阻絕的圍堵，無法順利進入合法化的過程。

　　比如，臺灣各界人士均深知：中央政府的體制如不能確切釐清，並在雙元民主的制約下，總統府、行政院及立法院之間的三角關係，要呈現建設性、良善性的互動關係，消弭破壞性的政治衝突就有如挾泰山以超北海之難。尤有甚者，在雙元民主的運作下，分治型的政府極易出現，在國會

擁有多數席次的政黨，在立法定制上每抱持與行政部門的思維模式互異，雙方又缺乏互信，政治空轉就反而成為常態，本須由主要政黨的協力，促成平順運行的制度選擇與安排。

再如，臺灣在各個政策領域上，也時常出現民間行動超前，而政府政策落後的現象，形成不義的畸形現象，促使守法的民間企業，在開拓中國市場上，因為自身行動的滯延，而要面臨資源稀少的負擔、市場利基緊縮的困境，以及遭受嚴酷的競爭排擠檢驗。因之，有司當局有必要射準政策落後及滯延所衍生的企業生存困境，在國家安全及企業擴展之間取得平衡，進而在政黨之間形成政策共識，產出對應時境演變的政策，防止持續政策落後，或脫節事實情境的失靈窘境。

## 五、非零年代急切把握

政黨之間政治遊戲，在本質上本非零和的作為，沒有道理要演變成兩極完全對立，極端政治衝突的情勢，終至促成國會運作的空轉，主權者望治的規範無由而出，這是無法對主權者述職的運作，更是負面的形象管理，對政黨的生存並沒有具體的助益。

政黨要深切地體悟，在民主政治的運作下，並沒有永續的執政黨或在野黨，而在角色互換之際，成為執政的政黨，為了施政的順暢，對主權者繳交亮麗的績效成績單，也要依賴在野黨的共同協力。是以，政黨雙方一定知道雙贏的道理，營造各有所得的決策安排，信賴證據為基礎，合理論證為支持的理由，從力量的較勁轉型為道理的競爭，方能為主權者找到願意順服、應用及合產的決策安排。

## 六、政治未來急切釐清

臺灣的未來政治走向，急切需要適當的釐清，不可一直在渾沌之中而無所作為，蓋上層的政治走向或願望如若未明，則下層的安排就毫無方針

可言，每以臨時抱佛腳的方式行之，未能部署明確的路徑以供主權者可資依循，更無法以協力夥伴的方式來耕耘成就目標。

當然，中央體制的多元解讀、不同執政黨的詮釋，以及實際履踐的經驗，一直未能理出共同認定的體制，以致在體制的鞏固上，無法奠定強健的底盤結構。再加上對抗性的藍綠兩黨體制，在各自維護政黨的利益主導下，在內外政策及國會審議上不易形成共同的見解，任令議案的虛懸，導致諸多業已出現的嚴重問題，未能即刻加以處理，致使問題情境日加惡化。

而在解決現行體制持續引發朝野政黨對抗，動輒形成行政與立法機關的僵局，更使得展現系統產出的公共政策，每為無謂的政治分歧所誤導，充足的證據、他國的經驗，以及支撐的資訊，均不能化解黨際之間的衝突。是以，兩黨如不能認清治理互賴的時代需要性，體悟先進民主國家公私部門之間，屬行治理互賴所築造出的社會資本，以及運用該資本所造就的果效，而一再搬演兩黨對立的戲碼，則政治系統的遠景恐受強烈衝擊。

民主國家所組成的政黨，本要負擔不輕的政治職責，無權利及無理由永續處在衝突對抗中，不理會主權者的反應，而猶能增強各自的生存空間，是以擁有政治智慧及情緒智商的政黨，有必要建立突破政策僵局的機制；填補現況與理想境界間的落差；回應人民有所想望的需求；有效管理政黨的形象，使其贏得多數主權者的認同，進而取得配置有限資源的權力；急切釐清臺灣政治的未來，使其得能從體制的戈登難結中釋放出來。

臺灣的兩大政黨有必要針對時局的演變，反省過往有所偏差的政治視框，努力建構為主權者推動公共服務的治理互賴關係，致使三贏的果效得到軌道運行，一舉擺脫各自本位的思維，全以選舉考量、政黨利益為主軸的決定原則。蓋政治系統的公共事務，本需要政黨共治，因為單獨政黨難以遍知天下之事，也不能獨斷天下之務。

# 第三節　治理互賴的特性

　　政黨既負擔重大的政治職責,加之履現才能維繫政治代理人的角色,亦是持續取得主權者支持的有利工具。然而,在政黨走向兩極化發展的今日,不管臺灣或美國,類皆出現政府系統和政策過程,不易完成對應時局所必要的政策變遷,似乎有導致維持現狀及法案大塞車的系統趨勢(Sinclair, 2006),更有出現左右、紅藍、藍綠政治隔閡的情勢,時常在政策主張上展現極為奇異的落差,而造成至為嚴重的政策遲延或政策真空的僵局(McCarthy, Poole & Rosenthal, 2006)。美國的相關當局或關心政局發展之士,已在想方設法加以克服這個因選舉而形成的政治難關。臺灣實在更沒有資本或優勢,一直延續這種兩極對抗的賽局,也到了該設法解圍的歷史時刻。臺灣的主要政黨應認識:負責政治系統的領航者,有必要引導它的向前發展,妥適面對內外在環境的挑戰。而這項重大的政治使命,單一政黨的作為,抑或自我本位的行動,對政治發展的助益並未加分,反可能是減分。於是,當今更重要的歷史課題,乃是兩大政黨要體悟到:主權者的政治容忍度已到了最高門檻,為了維繫各自基本的生存空間,站在公共利益追求的角度,彼此進行諮商對話,確實履踐或展現同理情懷,引出共識,促成合作,以利現狀的突破,排除政策合法化的難關,才能對主權者盡到述職的任務。換言之,兩大政黨有必要建立治理互賴的結構,彼此交換資訊,以利政策取向的趨同,共同參與政策領域的決策形成,動員兩黨的力量進行協力的作為,俾能有效推動政治系統的政策發展。這種政治情勢的正面發展,乃類似Weiss(1998)在公私兩部門所倡導的協商關係,透過治理互賴的運作,造成雙贏的效能。這項治理互賴的特性,可由六個面向加以認清之:

## 一、協調性

　　為了立法院的組織績效，也為了優質政黨的形象，在花費鉅額的成本之後，應有對等或對價的成果回饋給主權者，才有正當性維護憲法機關的存在。是以，凡遇到制度安排，抑或政策內容有了不同的見解，就應進行有效的溝通與協調，藉機化解彼此的歧見，並以真誠之心以對，將各項抵制的難結解開，排除單局思維或單眼觀察，而往全局的部署邁進。

## 二、諮詢性

　　政治系統為了因應內外在環境的演化，每須對現行政策或制度進行必要的轉型，以免遭受其他政治系統的競爭，失去自己已享有的生存利基。然而，其之所以能擁有較具威力的國家競爭力，乃在於轉型工程運轉之際，不為片面思維所完全宰制，而能應用各項平台，於職司轉型的國會政治場域，各參與政黨彼此相互諮詢，務必思及新制度與現存制度接軌或連結之後，所可能碰撞的正反衝擊，而影響新制度原本可能成就的目標。

　　政黨之間由於成立的歷史背景，過往黨內決策標準，以及試圖完成的政治使命，與完成使命所標定的工具，本就有不同，而為了向主權者的述職，遠離議事的僵局，誠摯的相互諮詢，彼此消除各的盲點，以免在單黨堅持自己政治主張下所形成的決策，在執行階段滋生事前因未築造防火牆，而發生代價不低的後遺症。

## 三、審議性

　　政黨本是民主治理工程的肩負者，更是政治系統的共治夥伴，單一政黨但憑多數聯盟的掌控，而完成相關法律或政策，未必能引起系統成員的共鳴，而使執行增加了不少的難度，也可能陷入紙老虎式的執行，損害政策或制度的威信。而在國會居於少數的弱勢政黨，也無法一直以議事妨礙

的手段阻擋最終決策的作成。

　　依循建設性治理互賴關係的政黨，在議事面臨嚴重政治主張歧異之際，若快速以多數通過慮之未深、思之未遠的決策，政黨可能在社會上取得負面的形象，加諸媒體的廣泛而密集的報導，對未來政黨政治版圖的擴展定有所阻礙。因之，政黨之間應透過治理互賴關係的建制，減慢立法過程，提供充分再思的機會，而在各方情緒較為冷靜之下，進行審慎討論，商議出較能行之久遠，又符合公益的結構安排。換言之，政黨之間對列入議程的議題，無權以強渡關山的途徑將之合法化，而要履行共治的遊戲，將提出的各項疑義加以澄清，並安排合理機制對應之後，再安排合法化的過程。

## 四、參與性

　　任何重大決策的作成，由於涉及未來測不準性的困境，更不易掌握執行階段可能滋生各組織聯合行動所可能產生的複雜性（Starling, 2005），所以在決策形成之前定要集思廣益，用以吸納各方的合理見解，以組構關照全局的方案，設計各道防火牆，事先防止後遺症與決策的如影隨形。何況，各政黨的政策參與，本是權力再分配的展現，以免單獨政黨霸權的出現。

　　治理互賴之所以講究各政黨的決策參與，旨在透由參與來增進：政府治理的正當性，政府回應主權者需求的作為，公民對政府的信任（Cooper, Bryer & Meek, 2006）。因之，民主國家的政黨，不應排除其他政黨的參與，因其亦是部分主權者的政治代理人，有它的參與正可協助前述三大政治目標的達成。

　　在國會占多數席次的政黨，並非理所當然就掌控所有的議事主宰權，蓋整體主權者每會關注議事的道理，如多數黨未能循道理的路徑議事，非但無法引起主權者的順服，而且會衍生少數黨利用各項議事障礙，阻撓多數黨所意圖要合法化的法案，致至各政黨及國會因一事無成，而為主權者

否定的三輸局面。是以，國會的每個政黨應深悉：獨木難撐大廈，唯有政黨共同參與，並站在公道、常態及適法的角度，才能取得主權者的信任。

## 五、前瞻性

政黨在爭取稀少的權力資源時，每有輸贏或得失的情勢，更有執政或等待執政的地位之分，這完全是主權者在選舉遊戲上所做的選擇，所有的政黨均沒有不服從的抵抗權。而政黨所要負起的職責，現在等待執政的政黨，爲了贏回下回的執政權，定要在法定期間做出引起主權者政治共鳴的舉措，以一個共治的夥伴，共同治理那個彼此所屬的政治系統，使其基礎建設強固，金融管理健全，憲政體制得能改善行政與立法的對抗，兩岸關係可以平穩發展。

這些前瞻性的思維，才能挽回再度執政的機會，而治理互賴的建制，乃在強調各政黨以正義與衡平的理念，做爲立法決策的指針，不爲汲汲於數人頭的勝負，而以凝聚共識爲要務，防止因每一次的表決而造成社會不斷的分裂與對立。何況，多數總不能凌越一切，少數人的意見和權利，同樣必須受到尊重與保障，所以在眾趨民意未顯之前，留下再思的空間、再對話的餘裕、再討論的場合，用以出現嶄新的情況理解，更具創意及妥當的套案，一舉消除無謂的政治衝突。是以，在治理互賴的想望下，政黨要體認對話的魔術力（Yankelovich, 1999），以前瞻性的視野，來營造政治版圖的開創。

## 六、能力性

政黨之間，若能共同體認身負主權者的政治代理人的責任，有必要進行創造性或建設性轉化工程，並以對應投入的產出，以及因產出而締造的佳績，讓主權者感受到滿足，以維護治理的正當性。而這項正當性的維持，要由治理互賴關係的凝聚，堅固做事的權力結構，展現處理問題的能

力，依序化解大小衝突。

　　而在永續擔當執政黨的時代，已不可能再出現的當下，政黨之間的持續對立，不讓政治系統的能力滋生，解決政策眞空、制度罅隙的問題，一旦執政、在野政黨的定位互換之時，極可能淪入衝突的惡性循環，失去公民導向的運作指針。是以，治理互賴結構的築造，形塑政黨協力的合作關係，才能展現治理能力，得到人民授權治理的正當性。因爲，政黨若能兼聽才能明白安排法案的合理配套，偏信則會爲自己的視框盲點所限，未能識破原本構想一旦付諸行動後，其所帶來的負面衝擊。是以，任何政黨均無偏採自身制度安排的權利，而須經由對話，進行同理性的傾聽，調整思維的面向，而建構出合理又具實踐力的套案。

　　治理互賴機制是健全政黨政治須行之路，無論哪一個政黨受到人民的付託，爲了產出讓人民肯認的施政績效，定要以誠摯的情懷，與其他政黨形塑出治理互賴的關係，並透過建設性的機制有效運行，成爲政治系統顯現能力的泉源，足以治理內在調適及外在因應的問題。

　　治理互賴要展現出黨際之間的協調、諮詢，以化解相互的歧見；要在合法化過程上，審愼商議政策或制度的安排，致使子要素之間具有邏輯的關聯性，又能在實際系絡上有效運轉；要認清共治的道理，容納他黨的參與，提出公民支持及順服的理由，以克服執行之際所可能產生的不順服行爲；要排除過往不良經驗的枷鎖，向前思索政治系統應行的路徑，以協力爲主調，以勝出系統績效爲標竿，以避免衝突爲準則，務必在政治競技場上促成適時適刻的決策產出；要展現治理能力，建立政黨之間的決策共識，突破合法化的僵局，產出黨際的合超效應。蓋政黨之間如不能形塑治理互賴，則政治系統的績效自然會衰退，外在的機會也可能會流失，更浪費有限的資源。

# 第四節　形塑具體的做法

2000年臺灣政黨輪替以來，由於採取一黨主治的運作模式，但這一種單方面的努力，用以解決公共問題的嘗試，似乎已呈現出運轉失靈的情勢，有必要在運作模式上進行大幅度的轉型，以免政治空窗、朝野僵局的延續，致使政治系統無法交出成果，提升主權者的福祉。這種思維的演展，或可由政策推動的實際經驗得到啓示。蓋在政策形成初階，主事者向以單一政策部門，投入解決公共問題的布局，而在疲態出現之際，證明已到失靈的地步，再試圖運用協力的構想，由跨部門共同承擔問題突破的責任，用以創造公共價值（Bryson, Crosby & Stone, 2006）。

在這重大的歷史時刻，國會這個政治競技場，由於是政治運轉的中心，更是國內外注目的焦點，恐要事先從事轉型的演化任務，體認治理互賴結構的關鍵性，而採取具體的行動，且在資訊、資源、活動及能力上，於適度的範圍內進行連結或分享的舉措，共同創造單一力量無法成就的事功。至於治理互賴的具體施爲爲：

## 一、放棄主導的思維

各主要政黨鑑於單黨主治的明顯失靈，無法承擔系統的全局發展，乃有必要在政黨的主導價值上進行調適，主動放棄主導的思維，蓋國家事務的成就，本非各黨派的群策群力不可，何況吾人本生活在一個權力分享的世界，而在這個世界裡，諸多團體及組織自然涉入其中，受到各項運轉的影響，更對公共挑戰的克服或面對擁有部分的責任，無法從中逃避。再者，各政黨向來均有死忠的支持者，他或她本仰賴政治系統的轉化工程，以及對應投入的產出，滿足他們的需求。這樣一來，系統一旦陷入運轉的僵局，乃未能盡到對死忠支持者的當責，有可能變成蝴蝶式的選民，恃選舉氛圍及候選人條件，才鎖定支持的對象。

　　思維的轉變至為重要，因為新的思維乃解開行動情結的能量，改變行為取向的催生利器。政黨要深刻體認，世界各個政治體系，均在面對各自內外的情境，想方設法加以克服，臺灣總不能在極大動態演化的世界體系中停滯不前，無端喪失競爭力，逐步萎縮生存的空間。因之，所有政黨不應陷入焦土的對抗之中，而要感知治理互賴的時代使命，轉變與時代有所落差的對立思維。

## 二、溝通平台的建立

　　政黨之間既承擔治理互賴之職責，深具民主智慧的選民，亦會細思進而認定引發政治系統空轉的責任，並非在野黨就能逃避政府失靈的責任。因之，政黨之間在平日就不能沒有溝通對話的平台，甚至不相往來，每須藉由溝通的管道，事先化解彼此之間在制度安排或政策設計的歧見，才能在政策合法化的競技場域，以高度的效率、交易成本極小化的方式完成一切必要的程序，以填補當前政治系統欠缺的規範。

　　而在黨際對話之際，各方以誠摯心態，真心想解決歧見而互動，並將雙方的立場、觀點或利益納入考量，同情與關照雙方的立論，展現長期信守彼此的承諾；其次，各方專注溝通的主題，研擬情境化解之道，而不牽扯其他與情境無關的政治言談，以免複雜化專注的問題，擴大爭議的層面，增加協調的困難性；第三，政策或制度的合法化，有賴各方的貢獻、眾人的智慧，無法以專斷的方式形構之；最後，新制度的產生需要相關決策者的投入與關注，隨時綜合各方意見，部署配套的安排，預防不利插曲事件的產生，以免妨礙議事的進行。

## 三、單純議題的先行

　　國會議事的議題，有些並未觸碰意識形態的變遷，也不毀損政黨所抱持的政治立場，單純為了回應主權者的想望，針對民意脈動的作為，如若

政黨特意的反對，抑或以優先順序來綁架其他方案的合法化，政黨可能未蒙其利，反而引起被代理人的怨惡，無法擴展政治版圖。因之，為了維護憲法機關的形象，兼顧政黨的各自利益，在處理單純的民生議題之際，以協和式民主的方式予以通關，再尋找時間處理涉及意理的問題。如果，現行的處置模式，猶能因應時境的變化，則加以規避，以免再引發惡性的爭執，不必將其列入討論的議程。

## 四、規避作為的講究

如若討論中的議題未達及重大性、必要性及迫切性的門檻；如因黨際衝突所衍生的損害大於效益；如黨際雙方需要冷卻一段時間，並藉機減低緊張對立，或重獲沉著，以正視議題的合理解決時；如政黨各方需要時間來沉澱，並藉機蒐集更完整的資訊，以免在資訊不足之下，做出倉促草率的決定，非但未能解決問題，反而衍生新的問題情境時；以及如問題只是出現一些表象徵候而已，而真正的議題猶未明顯之際，規避可能是政黨處理議題的較佳策略（Cloke & Goldsmith, 2005）。因之，政黨實不必過早碰觸尚未成熟、解決的配套猶未周全的議題，以免過早的處理，引發黨際之間無謂的衝突。

## 五、政策斡旋的運用

在政策形成過程中，每會形成兩組倡導團體，利用各項平台提出支持主張的多元論證，試圖說服對方的肯認，共同協力完成合法化的工程。不過，政策合法化有時會出現衝突的情勢，倡導團體的雙方如未能即時找到共識的協議，此時若有雙方信任的政策斡旋者，出面協調歧異的所在，審慎運用交易的策略，弭止雙方的攻防，順時順勢完成合法化的耕耘。

原初政策的形成，順應時境的政策變遷，政策企業家的斡旋或穿梭，協調出各方可接受的套案，本是突破主導政黨間的衝突完成合法化工程的

良善作爲。只是，這種「異人」在兩黨極端對立的情況下，已經成了稀少人物，尚待由民間社會積極養塑。

## 六、民間監督的啓動

　　國會的自我控制，避免對立妨礙合法化的運轉，如未能生效，恐就有必要成立民間監督國會的機制，透過公民的選舉權或創制權制裁在國會未盡職的成員，使其未能享用現任的優勢，順利蟬連議員的職位。蓋主權者如未在投票之後，就放任議員在國會的議事行爲，而積極地記錄他們的議事績效，做爲再度投票付託的標準，或可發揮一定的監督作用，以議員的連任與否做爲威脅，強力誘引他或她對主權者的當責。

　　公投如能容易化及習慣化，減低成案的門檻，放寬提案的主體，釋放公投審議委員會的實質審議權，而且主權者擁有高度意願，願意承擔立法機關議事的空窗，改變過往履踐直接民主的惰性，扭轉已被社會化的外控性格，積極參與公投的成案，以實力顯示推動公投的威脅，嚇阻立法機關如再不作爲，則權力就會旁落，無法全權扮演政治代理的角色。

　　國會既然是民主政治有效運營的中心，其必須有能力：設定解決諸多衝突需求的優先順序，有效配置資源以對應內外在的問題，更新業已出現失靈的老舊政策，協調整合相互衝突的追求目的，代表廣泛且未組織的利益團體，督促職司機關有效執行已定的政策，確保政策的穩定性使其擁有足夠時間來運行，維持國家對國際的承諾，管理政治分歧以確保社會的和諧（Weaver & Rockman, 1993）。而這十大能力的養塑，則有賴於組織成國會的政黨，體悟自己職責的所在，確實安排治理互賴的機制，將國會的能力充分地展現出來，盡可能減少議事否決的關卡，並由具體的做法實現治理互賴的績效。

# 結　論

　　政黨因意理的鴻溝而造成黨際之間的對立，雖是民主社會常見的事，不過過於凶猛而劇烈的黨爭，因而影響政治過程的平順及國家政策的形成，進而衝擊政治系統無能面對全球化的發展趨勢、全球暖化的氣候變遷，以及產業利基的擴展，本不易得到主權者的信任，更造成他或她的政治疏離，對國家政策能力每會有負面的影響，一則無法匯集必要的資源，作成充滿智慧的抉擇，快速化解主權者所面對的問題，二則為社會設定策略性的發展方向，再配置國家所擁有的稀少資源，發揮極大化的效應，以完成系統成員所渴望的公共目標。是以，國會的多數黨似乎不能一直以程序卡特爾的手段，集體地壟斷議程設定的權力，進而引發其他政黨的對抗，而致國會的空轉（Cox & McCubbins, 2005）。蓋政黨是有政治職責的，要對授權者擔負治理的責任。經由前述四部分的分析，吾人或可得六項知識的啟蒙：

## 一、政黨是有職責的

　　政黨的所作所為不能完全受制於自己獨特的意理，而排除其他與意理不搭調的政策主張，而任令政策的空隙存在，進而滋生荊棘難理的問題，甚至因空隙的持續存在，而將問題演變成慢性化，需要長久加以處置，浪費有限的國家資源，排擠對其他問題的處置資源，而使各項問題未能受到充足的處理。

## 二、互賴是有必要的

　　每一個政黨並非萬能，完全可以單獨應付內在調適或外在適應的問題，亦無法永續扮演國會議事掣肘的角色，因這樣的作為對一個政黨的

形象管理，並未能產生完全正面的效應，威脅中間主權者的支持退卻。因之，政黨凡事要站在較高的政治格局，與其他政黨形構協力夥伴關係，形塑跨越界限藩籬的能力，以因應主權者的懇切需求，反而更有利於政黨政治版圖的擴張。

## 三、反驕是有道理的

任何政黨不能僅憑自己的所見行事，無法自以為是，不可自矜有功，更不能自高自大。蓋政黨只有有了這樣的體認，才能視野分明，是非分明，而在國會的政治競技場，也才能理出議案的審議優先順序，認定出重大性、必要性及急迫性的議題，國會各黨責無旁貸要盡量協調，突破一切瓶頸加以合法化，才能回饋主權者的權力付託。

## 四、信任是有力量的

政黨努力的標竿是築造他黨的信任及主權者的信任，也唯有這樣的努力，臺灣的政黨之間才能創造大和解的局面，突破「囚犯所面對的難局」。蓋在雙方均能信任對方不會出賣自己，才有機會做出雙贏的選擇；尤有甚者，雙方如若相信達成的抉擇均對雙方各有所得，進退兩難的情況亦較易消失，有助於不合作情境的大轉型。

## 五、公民是有責任的

公民既然是主權者，為了自身的福祉，更為了整體系統的發展，有責任突破國會受制於程序卡特爾的掣肘，運用法定的合理路徑，填補系統所需的政策空窗，無權任令對立情勢的持續，而要健全以公民為核心的公共事務治理，隨時上陣應付國會運作的拒絕情勢，一則提升公民的能力，二則增進公民的功效意識，三則消除外控或宿命的觀點。

## 六、斡旋是有空間的

黨際衝突所爭的焦點，有時並非實質性，亦非完全不可化解，除了公民的施加壓力，以及訴諸取而代之的威脅，以鬆綁國會的對立外，政策的斡旋者在化解衝突上應有其空間，只是這類人資望的養塑、專業的形成、社會資本的築造，才能勝任彌補黨際裂隙，克服政黨思維的障礙之任務。

政黨本無將政治系統治理成空洞化的權力（Peterson, 2004），而爲了兼顧自身的利基，以及呼應主權者的需求，展現政治系統的政策能力，營造跨域協力的成果，實要承擔組構治理互賴關係的責任，適時完成國會的重大議程，避免政黨及國家的雙重破產。是以，臺灣的各個政黨要進行徹底的視框反省工作，盡力避免未來可能崩潰的議事行爲。

# 參考書目

## 一、中文部分

林水波，2006年。政黨與選舉，臺北：五南。

## 二、英文部分

Abrahamson, E. 2004. *Change Without Pain*. Boston, MA: Harvard Business School Press.

Bryson, J. M., B. C. Crosby & M. M. Stone 2006. "The Design and Implementation of Cross-Sector Collaborations: Propositions from the Literature," *Public Administration Review*, Special Issue: 44-55.

Cloke, K. & J. Goldsmith 2005. *Resolving Conflicts at Work*. San Francisco: Jossey-Bass.

Cooper, T. L. 2006. *The Responsible Administrator*. San Francisco: Jossey-Bass.

Cooper, T. L., T. A. Bryer & J. W. Meek 2006. "Citizen-Centered Collaborative Public Management," *Public Administration Review*, Special Issue: 76-88

Cox, G. W. & M. D. McCubbins 2005. *Setting the Agenda*. Cambridge: Cambridge Univ. Press.

Denhardt, J. V. & R. B. Denhardt 2003. *The New Public Service*. Armonk, NY: M. E. Sharpe.

Manin, B., A. Przeworski & S. C. Stokes 1999 "Elections and Representation," in A. Przeworski, S. C. Stokes & B. Manin (eds.) *Democracy, Accountability and Representation*. Cambridge: Cambridge Univ. Press: 29-54.

McCarthy, N. K. T. Poole & H. Rosenthal 2006. *Polarized America*. Cambridge, MA:

The MIT Press.

Painter, M. & J. Pierre 2005. "Unpacking Policy Capacity: Issues and Themes," in M. Painter & J. Pierre (eds.) *Challenges to State Policy Capacity.* NY: Palgarave: 1-18.

Peterson, P. G. 2004 *Running on Empty.* NY: Farrar, Straus and Giroux.

Starling, G. 2005. *Managing the Public Sector.* Belmont, CA.: Thomson Wadsworth.

Sulkin, T. 2005. *Issue Politics in Congress.* Cambridge: Cambridge Univ. Press.

Weaver, R. K.& B. A. Rockman 1993. *Do Institutions Matter?* Washington, D.C.: Brookings Institution.

Weiss, L. 1998. *The Myth of the Powerless State.* Ithaca, NY: Cornell Univ. Press.

Wilson, C. A. 2006. *Public Policy.* Boston: McGraw Hill.

Yankelovich, D. 1999 *The Magic of Dialogue: Transforming Conflict into Cooperation.* NY: Simon & Schuster.

# 第八章 政治弔詭及其管理：以發展第三勢力為例

　　美國選民並不滿意民主及共和兩黨的政治表現，並高度擔心兩黨的政策作為，在不當神話的依據下，掏空且破壞子孫未來的發展（Peterson, 2004），乃有部分選民希望在政治上發展出第三個選項，用以制衡兩大黨的偏差走向，扭轉政治疏離的選民，展現政治功效意識感，願意貢獻自己的能力，提升政治體系的治理改革，增強政府的統治正當性。這項第三黨的推展運動，在不同階段的歷史發展，均出現一陣熱潮，但因無法突破政經方面的限制，挫折倡導者的政治意志，無法透由希臘三角環結：預營、動員及行動的過程（Godet, 2006），改變兩黨政治宰制的不健全生態，甚至造或社會的紅藍對立，政治意識形態分歧，無法產出社會的協力優勢（Billy & Maizel, 2003; Mellow, 2008）。這正是所謂的政治弔詭現象，主權者擁有高度的政治期許，社會亦出現一定的支持環境，但在有政治理想者領航推動之際，又無法衝破各項政經網羅，歷經一陣政治波動後，又回歸同樣態勢的政治運作，似乎沒有第三類政黨的利基。

　　臺灣民眾對當今藍綠政黨俱感失望，無力的局面，第三勢力似乎有存在之必要與空間，並在不同的政治時段，不同的政治環境的驅使下，以不同的面貌及成員出現類如美國的第三類政黨──社會黨（1912）、改革黨（1996）及綠黨（2004），但勉強支撐一段時日，在兩大政黨的制約及排擠下，加上各自政黨內部的問題，黨員對政治未來的暗淡感，就快速的式微，或則重回原本所屬政黨的陣營，依附其政治奧援而延續政治生命；或者流入民間社會，過著政治隱形人的生活。

　　2008年12月20日兩位政治人物李登輝、施明德的密會長談，試圖發現臺灣的新政治力量，用以擺脫藍綠鬥爭的破壞性，修復社會的正常運作，重建社會的核心價值。這項政治大動作又燃起國人對第三勢力的討論，難

道在民眾表態「不支持任何政黨」的比率，已超過六成之多的歷史時刻，還是沒有第三勢力的空間？這是一個頗值得探究的議題，本文沿著政治弔詭的理念，分析第三勢力發展的必要，以及發展的限制，而在這兩個對立的政治情勢下，第三勢力未來的發展，要如何進行策略管理，致使兩黨政治趨向較為良性的競爭。

# 第一節　發展的必要

臺灣的政治發展，在不同的階段，不同政治氣候的演變，同一政黨內力量的分化，均出現第三類政黨的情勢，抑或有人發聲呼求成立第三勢力，以爭取那麼多並無政黨認同的公眾支持，得能在權力平台代表他們合理配置公共資源，俾讓政治體系邁向「無痛性變遷」，擺脫顏色政治的糾葛。究竟催生或倡導的關鍵因素為何？被人認為確有必要發展的立論理由又如何？吾人或可由六個向度加以剖析。

## 一、選擇彈性太小

每次重要選舉，如皆為兩個政黨掌控競選的過程，選民可資選擇的選項太少，而有強迫選民從中擇一的尷尬，失去完全的政治自主性。選民如不願在被迫的情況下投票，就只好選擇用腳投票，或為政治棄選的選民。這樣一來，政黨以參選結構逼迫人民放棄政治參與，似乎不合民主運作的常理，失去真正代議民主的價值。

尤有甚者，如果兩大政黨所推出的假造人，完全不能說服選民從中加以選擇，則政治的競爭就陷入比爛的遊戲，並非民主政治運作的典範，蓋正常的政治市場，本要求供給與需求的較適化境界。然而，當今臺灣的政治市場，在兩黨的宰制下，卻常出現供需嚴重失衡的情勢，人民無法滿足

選賢與能的強烈政治需求，但現行的政黨結構或密度卻沒有提出相對的供給，以致選民可以選擇的彈性大小，無法運用選舉的機制，挑選出優質的治理人才。

西方民主國家在選舉出現失靈之際，不但備有人選回收的罷免制度，用以重新選出主權者認可的治理菁英；有時又能以直接民主來制衡間接民主的不良運轉，俾讓回應民需的政策有出台的路徑。不過，臺灣在主權者參與選舉之後，選民再也無法有效運用上兩項機制扭轉選出人員的不適任，抑或輸出政策欠缺回應的情形。蓋這兩項機制的殺出，要通過實際上不太可能的門檻檢驗本非易事，是以欠缺補救的機制下，選民恐要忍受法定的期限，才有機會改變代表人民議事的結構。如此一來，選民又面臨另一項選擇強性太小的制約，即制衡機制的運用失靈。

## 二、催化政策變遷

臺灣的兩個擁有執政潛力的政黨，各自形塑出一套慣性的政治意識形態，政策的制定深受其影響或左右。不過，這種以意識形態供為政策篩選工具，其最終的政策抉擇，可能無法照顧到眾多非政黨認同的主權者，回應他或她的需求。在這種情勢之下，如有第三勢力的出現，推出不同取向的政策主張，進行立論理由優質與否的較勁，政策結構兼顧周全性的對比，支持力量多少的比較，或可勝出不同的政策，改變過往的政策走向，以免陷入風險不小的政治未來。

影響或衝擊臺灣政治生存空間的政策，最具關鍵的莫過於大陸政策，過度的大躍進，抑或過度的政策遲延，恐都對臺灣的政治未來帶來不利的影響。過度的大躍進，可能忽略政治風險的評估與管理，而陷臺灣主權逐步流失的趨勢；過度的政策遲延，可能失去發展大陸市場的機遇，而無法與早先占住利基的對手競爭。是以，上該兩項政策恐並非主權者想要的取向，也無法完全回應他們的需求，但在欠缺足夠力量的第三勢力批判下，但憑政黨自身的反省及自我修復政策的走向，恐有挾泰山超北海之難。是

以，呼求第三勢力的組構及應勢而出，確能反映出諸多人的心聲，並盼望具政治魅力、胸懷政治遠景者出來領航，他或她願意擔當划槳的角色。

　　經濟過度依賴中國究竟是好是壞，本是具有爭議的議題，亦不能以過往臺灣十分依賴美國市場做爲例證，來支持經濟依賴中國並非壞事，因這兩個依賴在本質上、在政經意義上是不同的。對美的依賴，臺灣的經濟順利成長，但並不必考慮主權喪失的風險；對中的依賴，臺灣的自主性及自由度可能受到窄縮，尤其在中國經濟狀況惡化之際，臺灣所受的損失也會不少。是以，政策的合適調整是當前臺灣的重大而緊要的課題，也引來關心臺灣政治未來者思索能否以第三勢力的出現來制約大陸政策的進程。蓋新政黨的出現，透過政策倡導的差異性，扮演一項特別重要的貢獻或角色，引導公民控制政府的政策運營。

## 三、擴大利益代表

　　政治體系本由多元不同的公眾所構或，而每一類公眾在任何政治場域應有代表爲其政治利益發聲，政黨既然是連結一般大眾與政府的組織，又是公民與政府之間的橋樑或媒介者（Bibby & Maisel, 2008; Rosen stone, Behr & Lazarus, 1996），應負起代爲發聲，提出回應政策倡導的角色。

　　現今臺灣的民眾有六成以上的人表態，不支持現存任何政黨，即在暗示現行政黨的政策作爲，業已脫節他或她的政策期待，如若有人凝聚這股中間力量組成政黨，善處中間角色，堅守選民代言人的職責，推展穩健的大陸政策，不時接受權力委行者的問責，諒必取得一定程度的支持空間。蓋臺灣迫切有需要走出當前兩黨不正常走向的陰影，並由第三勢力的出現，帶動兩大政黨的轉型，並以優質的政見，允諾來說服選民，做爲他們的代言人，在各個政策轄區制定回應性的政策（Hillygus & Shields, 2008）。不過，選民也要改變全然政治死忠的個性，成爲等待被說服的選民，勇於承接競選的訊息，指出政見深具回應性的理由，再抉擇投票的標的，致讓民主價值的實現。

選民的消極被動員，而非積極參與政治運作過程，每造成代議之士與選民之間的失聯情勢，並與代議之士的政策取向決定最終的政策制定，這表示民主的代議機制已出現了問題，人民居於主權者的地位受到毀損。是以，選民的政治覺醒，強化自身的問責角色，才不會導致政黨的政治惰性作為，無法適時偵測內外政治環境的演化，調理出回應性的政策。因之，選民的妥當角色扮演，才有機會擴大政治利益的代表性。

## 四、表達政治不滿

第三勢力的集結或呼召，乃發出對主流政黨深度不滿的警訊，要求政治社會進行重大變革，並刺激主流政黨的行動回應，一則不在政策上有所遲延，而帶來更荊棘難理的政策議題，影響相關企業危機的擴大；二則不在未成熟的政策氣候，超前推出與時境不符的政策，引發政治體系遭受不少的風險，浪費有限的資源，排擠其他更為迫切的政策所能配置到的資源，導致執行的赤字或失靈，無法成就原本設定的政策目標（Hill & Hupe, 2009; Rapoport & Stone, 2008）。

臺灣現行的兩個政黨，一個陷於貪腐形象的困境，另一個陷入解決問題，缺乏翔實政策設計的能力，無法有效對應全球經濟風暴所引發的嚴重失業問題，再加上經濟上過度依賴高度不確定的中國，並以舉債的方式振興經濟，刺激景氣，可能衍生債留子孫的問題。在這樣政黨未能達到值得信任的地步，選民仍期待第三勢力的出現，藉以表示對兩個政黨政經運作的不滿，提醒其進行必要的改革，切實扮演人民與政府之間中介角色，務使政府推出的政策，得能回應主權者的想望。

## 五、產生政治防腐

當主流政黨的政治運作品質逐漸退化，無法進入選民可接受的門檻；所擬推出的政策主張，未能反映選民關注的政策焦點，甚至與其所預期的

背道而馳；對經濟的繁榮、政治的穩定無法提供一定的水平；違背與民有約的政策承諾，可能正是組構第三勢力的時機，更是主權者最後可能使用的政治手段（Rosenstone, Behr & Lazarus, 1996）。

尤有甚者，第三勢力的加入政治市場，由於改變了競爭結構，增強競爭的激烈度，強化監督的政治空間，更有機會樹立公平競爭的選舉，防止選舉被政治操控的現象，奠定民主政府的基石（Alvarez, Hall & Hyde, 2008）。何況，第三勢力有時可以左右兩大黨的勝選率，讓其用心注意另類選民的政策偏好及政治主張，用心規劃較為穩當、風險較低的政策，減低有限資源的消耗，經濟自主性的流失。蓋政黨的善治，除了本身的自傳外，更賴其他機制的發揮，以他律的方式來扭轉政黨的風險走向。

## 六、動員政治參與

在兩大政黨的政治表現令人失望之際，政治疏離的情形日益嚴重，政府的治理能力亦因欠缺不同而優質的政策聲音注入，甚至由單一政黨的政策視框主導整個決策的作成，沒有不同政策視框的見解，可做為反省、再思的依據，致至政策盲點未能覺察，政策罩門無法發現，就將其付諸執行，以致原本所期待的政策成果，與實際出現的成果，二者之間存有偌大的落差。茲為了防止政策失靈的情勢，第三勢力趁勢而生，代表疏離選民對政治體系表述意見，制衡大黨的政策所有權，終止政策壟斷的場域，回歸多元意見交流的民主常態。

臺灣在總統與立法院全由一黨主治的歷史時刻，政策多元聲音的注入，受到極大的限制，再加上最大在野黨的勢力式微情形嚴重，產生不少的政治疏離者，失去參與的公民意識，乃引發對未來憂慮的政治人士，萌生籌組第三勢力的想望，試圖動員一群對政治疏離的公民，再度關懷政治的演展，扮演風險政策的煞車角色，再應用時間詳細商議政策的大幅變化，提出數據及例證做為支持或駁斥擬議中的政策倡導。畢竟，臺灣的腹地縱深不夠，政策的推展還是要比較謹慎為要。

人民總希望政治體系的運作更佳民主化，在兩黨政治出現疲軟，抑或運作出現困境之際，就有力量挑戰其持續運轉的正當性，試圖集結第三勢力，扭轉傳統的兩黨政治，回復較為正常的運作。基於前述六大面向的舉述，第三勢力確有發展的必要，蓋政治社會絕無法以二分法的方式，將人群分成二個不同的團體，因為有不少的人民對現行的兩大政治勢力缺乏認同，如若有政治領導者得能提出引起共鳴政策的呼召，回應他們所偏好的政策議題，縮短與人民之間的政策思維落差，當會引領出不少的支持者，依據一定的政治空間。

不過，臺灣第三勢力的發展，雖有其必要性的政經背景，但是否會發生與美國第三類政黨（third parties）同樣的命運，正如蜜蜂一般只螫痛主流政黨一下就失去活動力（Rapoport & Stone, 2008），無法維持永續的政治角色，而由主流政黨代之訴求，以吸納原本支持第三類政黨的選民。是以，第三類政黨先天恐有其發展的限制，因而構成嚴重的政治弔詭現象。至於類似美國第三類政黨的臺灣第三勢力，其在發展上究竟會遭到哪些限制呢？

## 第二節　發展的限制

第三勢力雖擁有成立的時代背景，也有人想運用這個政治氣候，抑或「熱帶氣旋」成立這個反映民需的政治組織，進而制衡兩大黨的政策走向，穩定臺灣主權永續存在的空間，然而第三勢力一旦成立，其要面對各方迎面而來的挑戰，衝破各項制度的牢籠，挺住政治生態的衝擊，擴廣有力的支持群，非但路途遙遠，而且至為艱辛。現將第三勢力所要面對的脆弱加以解析，以為倡導推動者設法克服的標的，研擬圖存策略的對象。

## 一、密度遲延的脆弱

　　兩大政黨在臺灣的政治版圖已經經營許久，且利用中人接軌不同的結構孔道，使其關係資本得以築造，進而連結到更多元不同的政經團體，壯大其集體動員的深度及廣大，引出從事競選活動所仰賴的資源，建立共生結構，即在政治上支持某一個政黨，而政黨在政策抉擇上再加以一定程度的回饋。

　　新興第三勢力由於支持的政治中人，不但尚待延攬，而且又因誘因動力的不足，無法在最短暫的時刻內，動員到一定程度的規模，足以催促更多人的參與投入。尤有有甚者，在支持政黨已定的政治版圖下，第三勢力往往找不到缺乏或結構孔道可資切入或連結，無法建構龐大的支持網絡，每會挫折發動者的意志及動力。

　　而在政治前景被評定為暗淡時，公眾的參與心及投入情就受到嚴重的打擊，更加困難擴大組織規模。如又於成立之際，由力量無法相容的領導者合作推動組構第三勢力的運作，可能造成力量抵消，抑或無法產生乘數效應，反而造成比原本個人所能凝聚的群眾或影響力還小的情勢。是以第三勢力如要衝破密度遲延的考驗，就要有類似歐巴馬的領袖魅力，提出與民眾得能共鳴的政策願景，迅速找到對團隊的運營有所貢獻的成員，願意以並肩協力的作為，追求共同的目標。換言之，初使推動第三勢力者要具有特殊性、清新性、魅力性及服眾性，否則難逃密度遲延的制約，無法或不易開創出第三勢力。

## 二、議題枯竭的脆弱

　　政黨之能創造聲勢，引領能對組織貢獻的人士參與，議題設定本居於不可搖撼的地位。如第三勢力能提出一項政策議題，其解決與否影響到廣大群眾的政經利益，其問題情境傷害民主價值甚深，對分配正義造成不公的衝擊，對應作為又有崩毀臺灣主權之虞，窄縮臺灣生存空間之害，或許

可以號召不少人士的投入，再奠定永續生存的規模，持續吸引更多力量的進入。

臺灣在民進黨衝出政治禁忌的過程中，大抵已使用過現行制度背離民主運營的憲政議題，並歷經政治折衝的階段，大抵獲致雖不滿意，但猶可接受的解決。因之，當代政治從業者，如還要借助制度不公的力量，組構反對勢力，試圖更新政治建築及治理結構（MacIntyre, 2003），已欠缺政治火花。換言之，臺灣的制度結構問題已難成為選舉攻堅、締結多數聯盟的議題，第三勢力在缺乏這項議題的佐助下，試圖衝破兩黨政治制約的網羅就非易事。

當今臺灣人民最為關切的議題，恐是對手國依賴的問題。不過，這項議題不但有媒體運用其承載力量加以針砭，致使推動的腳步不會太快，又有在野黨的政策反駁、實際例證的制衡，再加上民主選舉的檢驗，斯項政策已有煞車或前進的機制，第三勢力所能扮演的角色並非不可替代性，要引發利害關係人的關注，恐就有所困難。何況，制定政策者握有壟斷權，擁有議題處置的所有權，隨時因應內外在環境的演化，由職司的政策轄區負責政策的變遷，並限制其他團體或組織加入政策過程的機會；而且職司者亦會藉機提出支持政策走向的理念，提出論述解釋他人對政策的質疑（Baumgartner & Jones, 1993）。因之，議題一旦落入政策層次。主事者有隨勢調整的機會，要成為選戰攻伐的議題就至為困難了。

## 三、制度掣肘的脆弱

第三勢力一旦成立，其要接受選舉的嚴峻考驗，不僅推出與其他政黨競爭的候選人，更要想方設法擊退對手，代表選民提出政策主張，積極締結多數聯盟，以合法化自己提出的政策倡導，為選民盡到政策回應的責任，接受選民問責的挑戰。

不過，第三勢力的脆弱性，從制度層面而言，莫過於造制的衝擊。在單一選區及5%的政黨得票限制下，要在國會議員的選舉出線，成為第

三勢力支持者的主力代表，每在主流政黨的政治動員擠壓下，無法達孫
山指數，或者5%的門檻檢驗而分配到席次。蓋第三勢力的政治經營期間
不長，可支配資源極為困乏，不易動員到勝出的票數，而又困所推出的人
選，通常是政壇上的新人，社會資本築造並不豐碩，可以連結的結構孔道
又不夠緊密，欲勝出實在不容易。除非主流政黨分裂，出現黨內競爭的對
手，或許有出現的機遇。

　　過往類如新黨、親民黨及台聯黨，得能在中央選舉勝出一定規模的代
議士，在國會上也能扮演一定的立法角色，乃因選制為複數選舉區制。如
今選制已巨幅變遷，就連民進黨也受到嚴重的打擊，只能在區域選出十三
席立法委員而已。是以，單一選區選制，對基層組織綿密、動員力道強
勁、可配置資源雄厚、現任委員多的政黨，至為有幫助，甚至可藉由選制
提高不比例代表指數，製造出多數的席次，掌控國會的運作。當然，在單
一選區的行政首長公職，第三勢力只能扮演旁觀的角色，絲毫無法在選戰
過程中使出任何力量。

## 四、選民自選的脆弱

　　在選舉激烈展開的過程中，選民如若發現自己第二選擇或偏好的政
黨候選人，處在落選的風險範圍內，為了不讓自己最怨惡政黨的參選人當
選，在西方的社會，選民就會出現策略性投票的行為，放棄原本支持的第
三勢力參選人，不願意協助自己最憎恨的參選人，因自己的選票投給第三
黨人士，面危及第二偏好者的當選機會。蓋選民自己會盤算，反正第三勢
力的參選者，如要出線猶須一段漫長時間要經營與努力，所以先在第三勢
力未成政治氣候之際，進行策略性投票，再想到第三勢力的未來政治前途
（Sifry, 2003）。

　　臺灣在過往政治選舉史上，也出現類似策略性投票的情勢，但其較
為精準的說法為棄保效應的選舉操控。蓋原本有不少的選民，大力支持心
儀的第三勢力候選人，但在選戰過程中，諸多選戰訊息警示，在第三勢力

的聲勢竄起之際，乃影響到第二選擇候選人的機會，基於省籍的雷同而行棄甲保乙的選舉行動，以致壓縮到第三勢力的政治生存空間。不過，選民這項政治退卻的行為，導致第三勢力失去「熱帶氣旋」的支持，再加上四年的政治空窗期，選舉氣氛的冷卻，新興焦點事件的發生，社會關注的轉移，選民對第三勢力的關注赤字，以及未來參選結構的變化，在在均影響到第三勢力的政治勢頭。

## 五、社會結構的脆弱

　　政黨的成立、發展與壯大，社會結構的呼應及動員本至關緊要，而且更有賴於社會結構中的人力資本，用來組構經營效率的政黨組織，動員選民的活動及選舉參與，募得充足的經費因應各項政治開銷。第三勢力的成長及政治版圖的擴廣，每需要動員現無政黨認同的選民，或對主流政黨不滿的政治顧客，才較有競爭力，鼓動參與的熱潮。

　　不過，政治疏離指數比較高的社會結構，恐隸屬較低收入的一群，或是女性選民（Sifry, 2003）。而鼓吹第三勢力的積極主義者，向來的階級屬性大都是中產階級，且領導者率為男性，所以其訴求政治支持的議題、建構的動員組織、使用的人力資本，恐與政治疏離者的社會結構不能相符，未能提出充分回應其需求的政策見解，進而引發或刺激他們的政治參與，以及投入各項支援行動，並感受到權能感，深信可以影響政治組織的作為。是以，在社會結構無法凝聚為支持的底盤結構時，要致使第三勢力快速成長，並不是一件容易的事。而不滿主流政黨運作的人士，為了創造積極性的組織，勢必要認清社會運營的過程，引進是以代表社會屬性的領導階層，建構較能兼顧的政治訴求，而非只反映出自產階級或性別屬性所在意的政策主張（MacDonald, Burk & Stewart, 2006）。

　　一個政治人物或關心政治社會演展者，為了阻止社會的兩極發展，表示對主政政黨所推政策的非議，批評在野黨的內鬥且提不出反制執政黨的作為，想要連結政治疏離、政治功效意識感低落的群眾，抓住社會的脈

動，理解他們在意的政策走向，引進他們進入政治動員的行列，不可全由自己的政治思維、政策視框所左右，而忽視可以動員群眾的冀求。是以，第三勢力的提議者要以社會構做為政治部署的警戒訊號，小心因應不同社會結構的不同追求。

## 六、失敗先例的脆弱

在古今中外的政治史上，第三勢力成功的例子雖有，但失敗的情形可說是接近常態，於是有人就會有這樣的悲觀或致命的想法，既然政治的運營，包括第三勢力的催生，均未能享有期待的結果，何必再自找政治麻煩，創辦一個政治空間拓展困難的新政黨。

首先，兩個主流政黨為了鞏固各自的政治版圖，不容任何第三勢力的入侵，乃一致地採取必要的行動封殺第三勢力這個政治選項，嚴禁所屬成員的加入，改變重大的選制，分化倡導的權力階層。

再者，新創的組織，由於自身的正當性不夠穩固；信任資本未能創造；召喚蝴蝶選民的青睞，又因缺乏顯著的誘引力量，使其願意加入政治動員的行列；忠誠選民又有固守及認同的政黨，任何政治號召均難以撼動，其對政黨的執著，所以確有志難伸的窘境。

何況，第三勢力的組織規模，初始類皆無法達到運營的經濟規模，又無法快速回報支持者的動機，也缺乏競爭力抗衡兩大黨的政治擠壓，當然復因政治遠景的不確定性，欲想外界大量資源的注入，以擴大組織的作為，均非政治易舉。而在缺乏資源的奧援下，已加入的成員恐又回歸到自我政治疏離的淵藪。

歸結言之，主流政黨不但無欲幫助第三勢力的擴展，更想盡辦法圍堵它的入侵；新成立或發展的政黨，由於生命週期夠短，與社會連結不夠深入，得到支持網絡的綿密度太低，以致組織的正當性並不穩固，何況，在小規模的運轉下，難逃大組織的擠壓，無法吸引大量資源的注入，極可能陷入失靈的窘境。

　　第三勢力的發展，由前面的分析讓吾人可知：在各項脆弱單獨或同時出現的情勢下，其要掌控一定規模的利基確實不易。雖然在初始階段，趁一時的政治氛圍，或許在選舉上或政策制定上有某種程度的影響力，但因內部的權力分享逐漸出現問題，政治前景又有阻礙，部分成員乃回歸原本所屬的政團，而致組織不斷式微。

　　兩大黨有形或無形的力量，採取不同的措施試圖封閉第三勢力，使得這項政治選項的脫困不易，何況大黨可能提供政治機會誘引他或她的來歸。再加上，選民深怕自己選票不能發生作用而變成所謂的浪費票，又從原本對第三勢力的支持團隊退出，改投有當選希望的第二偏好選擇，更使其只有政治火花，但無明顯的政治成果。而在勢力無法擴張之際，一連串的支持退卻就衍生骨牌效應，造成第三勢力的名存實亡。因之，第三勢力欲突破發展的障礙，可能要講究速度，更要進行策略管理。

## 第三節　弔詭的管理

　　第三勢力既然有發展的必要，以扭轉大黨偏離的政治走向，避免權力過於集中某一政黨的掌控，產出政治風險潛存的政策。可是，其發展及茁壯又面臨不少的脆弱性，要擺脫其網羅與限制，亦非易事。在這政治弔詭的歷史時刻，利害關係人或對民主發展關切的人，要如何對政治弔詭進行有效的管理，使其不致造成過多的政治疏離者，抑或變成用腳投票的選民，扮演意識移民的角色，俾以維持政治體系一定的政策能力，足以應付全球化所帶來的挑戰，有能力動員或匯集到必要的資源，做出睿智的集體性抉擇，設定策略性方向用以配置稀少性資源，完成公共追求的目的（Painter & Pierre, 2005）。

## 一、政黨輪替執政

　　選民既然擔心自己的選票成為無用或浪費的票，在最後投票的關鍵時刻，又退回到兩大黨間的選擇，斯時中間選民就要扮演負責選民的角色，以政黨的施政績效之良窳，做為投票抉擇的基礎，不致使績效不彰，抑或無能解決政策問題的政黨持續執政，壟斷權威性的價值分配，一直鞏固治理的根基，連接各類不同的結構孔道，增強下次選戰的競爭力。

　　為了順利政黨輪替執政，經濟選民就要關切執政黨在位期間，其所推出因應經濟情勢變化的方案，是否解決所產生的問題，不致衍生嚴重的失業問題，連帶引發相關的社會問題。另一方面也要不能有注意赤字的現象，盡力關注在野黨在精緻經濟方案所投入的貢獻，協助建構相對上較佳的套案，致使經濟風暴得以順勢平息，而非只是靜觀執政黨的政策遊戲，甚至藉故延宕政策的作成，再抉擇自己最終選項的歸屬。

　　注重廉能及強調反貪腐的選民，於選舉期間就要鎖定各政黨在這方面的成績單，以設定投票對象的依歸。如若甲黨過往在這方面的形象，受到非常不好的評價，且所推出候選人的前瞻性政策使命，也無法引起共鳴，可能就不易吸引蝴蝶選民的來歸，鬆動忠誠選民的意向。是以，有機會執政的政黨，其平日的作為必須重視主權者所心儀的廉能價值，將稀少性資源運用到開創價值的領域上。

　　選民的理性選舉行為，決定執政權的歸屬，不致一黨的政策壟斷太久，而滋生各種弊端，漸進達致善治的境界，或可彌補第三勢力不易生存的政治缺憾，而由選民本身扮演直接問責的角色，不再假手於其他代表機關，當更能展現主權在民的民主意義。

## 二、健全直接民主

　　當今主權者直接行使的權利，恐只剩下選舉一權，可在一定的期限內循環行使，但一旦選出代表的公職之後，就任憑代議者的良心意志處理公

共事務，蓋罷免、創制與複決三權的行使，已因限制的門檻過高，無法再用來有效問責代議者。而在第三勢力因受政經社交因素影響，生存空間不易擴展的當下，為了多一層保障民主政治的運行，適時問責公職的作為，降低三權的限制門檻，使主權者真正能使用衛護民主的裝備，以解救民主的危殆。

而在網際網路發達的時代，民主發展的推動者，或藉用這項訊息流通的工具，注入代議政府的新運作模式，授權灌能給公民，使其得能隨時接軌其與政治菁英所存的意見鴻溝，不致在政策形成及行政運作過程中，單獨由政治菁英主導，而未能充分回應主權者的想望（O'Leary, 2006）。換言之，借助於資訊科技的發展，或可組成虛擬的「國民大會」，透由政策意見的交流，或可得到三項的政治效益：

1. 公眾聲音的表明：透由網路的資訊輸送，公民可以注入意見於遠處的權力中心，推動商議式的討論，致使政策的回應度提高；
2. 抑制特殊的利益：在公民聲音得以注入的政治場域，就有機會抑制特殊利益團體的過度影響，強化作成的決策，可更廣泛地照顧到公共福利，不再只狹隘的反映少數團體的主張；
3. 解開立法的僵局：有時國會的兩黨在政策形成上出現了嚴重的僵局，並在政治對峙下，政府的運轉連帶受到影響。這時藉由公民意見的加入，開啟僵局之門，以理性表達的方式，並非以粗野的力量作成最終的決定，方可展現民主的核心本質（Binder, 2003; O'Leary, 2006）。

總之，直接民主的健全及強化，或可沖銷間接民主的一些政治流弊，減少政黨惡鬥的空間，一黨獨大的政策霸權現象。尤有甚者，在資訊科技發達的時代，空間阻隔公民參與的情勢得以化解，如善加應用電子治理的工具，或可提升公民的主權地位。

## 三、勢力內部整合

　　既然第三勢力的存活困難，縱然依時空背景成立，但因政治情勢變遷極大，選舉殘酷的考驗，現今幾乎已到名存實亡的地步，最好的去處還是依各自政治取向的貼近度，回歸到兩黨的架構內，一則增強每一政黨的人力資本，抑或在黨內扮演政策導正的角色，使黨推出的政策結構更加周全全觀；二則在黨內打拚、改革、團結，形成有實力、有作為的政黨，與另一個政黨進行政權的爭奪戰，爭取為主權者服務的機會。

　　一個僅能停留在小規模的政黨，在先天上的資源限制、前途未明及擴大困難的情況下，要兩大黨競爭，在選民自我選擇投票取向的權變因應選舉情勢下，要殺出重圍談何容易，與其浪費在政治言談階段，不如盡速進行政治整合，理出共同決策的平台，經營共生政治，符應協力時代的要求。換言之，在講究協力領導的歷史時刻，政治理念大致雷同者，似乎沒有正當性再進行政治分化的遊戲，持續弱化現行政黨的能力。

　　第三勢力的成立，如在弱化原本政治取向較為雷同政黨的競爭力，恐缺乏成立的正當性，當然要爭取到一定的支持力量就非易舉。因之，較理想的作為諒必：呼求原本已存政黨的更加民主化，吸納倡導第三勢力者的加入，共同為政治理想打拚，恐是較為正途的發展走向。

## 四、築構防火機制

　　政黨最怕制度的不健全，抑或威力不足，不能防止分裂的基因，導致集體能力的式微，黨際競爭力的衰退。因之，在各方勢力整合之後，為了維持政黨內部的團結，迎戰競爭的對手，一定借助於民主化的制度，建立有效運作的規範，界定領導產生的過程，各級參選人勝出的程序，以及政黨權威運用的方略，務使可能發生衝突的情勢，得賴建築的制度來化解。

　　尤有甚者，有欲締造政黨成就顛峰的人士，也要培養高度的政治容忍力，吸納各方的建設性見解，並一致對外面對各種紛至沓來的政治難題。

而且，如若對政黨的行動有所批評，抑或有不同的看法，應循黨內管道加以解決，不得成爲競爭對手利用的機會而傷及所屬政黨的立基。蓋政黨的領導與有效的運轉，以及爭取政治權力空間，本是一項吾人不可忽視的共同責任，絕對不能允准人性的黑暗面在陽光下顯露（Kellerman, 2004）。

第三勢力雖在兩黨的表現不受多數人認同之際，有其想像的空間存在，但主事者在面對殘酷事實的檢驗，就會發現其艱難的程度，而在一陣的蹉跎之下，可能還在政治言談階段。因之，有政治眼光的人士，應該視破這項不太可能的政治任務，而改弦更張由現行政黨的改革做起，再加上再接民主制度的昇華，促使政黨有效的輪替執政，藉機檢證各黨政策主張的被接受度，不致一黨執政太久，無法更替其蘊含政治風險的政策走向。

# 結　論

選民在兩黨主宰或一黨獨大的政治治理下，對權力的行使恐會失去興趣，希望政治明星號召一群人組構第三勢力，以提高選擇彈性，增進政治參與的熱度，展現人民爲主的政治運作。不過，第三勢力不論在臺灣或在美國均無法發展到永續存在的境況，而在苦撐一段時間後，又走到生命週期的盡頭，有待另一波「熱帶氣旋」帶動新興第三勢力的運營。之所以會有這樣的政治演展，兩黨業已占據大半的政治生存空間，更掌控專屬的議題，致讓第三勢力可以拓展的政治版圖有限，入侵他黨的勢力範圍，又因堅強的防火牆圍堵有限力量的滲透，造成進展的不易，消弭主事者的持續意志。嗣經前述三個角度的分析，吾人或可歸納出六項知識：

## 一、必要並不等同可行

臺灣與美國的政治發展，均讓關切政治走向者認爲：有必要經營第三勢力，發現社會的新力量，解救兩極對立的政治窘境，但一著手執行之

際，就面臨各方浮起的障礙，致讓主事者失去信心，推遲組構的行動。不過，這一推遲有可能造成力量的流失，更加阻礙成立的動力。

## 二、政治系絡制約形成

第三勢力無法在政治真空管內自由築造，它要強烈面對兩黨的擠壓，如無法擺脫兩黨的政經魔力，其生存空間就受到窄縮。何況，兩黨在接到組構的訊息後，就採取諸多「步數」設法封閉第三勢力，這個政治選項，修正選舉制度堵塞第三勢力的勝出，本是最常見的政治因應。

## 三、時間落後利基難拓

第三勢力發動的時間，總在兩黨運作一段時間之後，已構築各自一定的死忠選民，難以撼動他或她的轉向。而蝴蝶選民又因議題的枯竭，而不易誘引他們的來歸。在這樣的情況下，哪能創造令人期待的政治未來。是以，第三勢力深受密度遲延之害，總無法超前兩大政黨，建構快速成長的空間。

## 四、選民走向關係前途

策略投票或棄保效應，如選民不能脫離其左右，則發動時高支持民調的盛況，恐在進入投票所後，再度的政治思維，就會回到原本支持的政黨取向。是以，選民的自我選擇，本是第三勢力厲害的殺手，選票在轉折之後，它的勢頭就大幅滑落，根本無法抵擋選民第二偏好抉擇的致命傷。

## 五、政黨輪替控制政黨

在第三勢力的發展有其困難之際，控制政黨的角色乃落在選民身上，

由其決定哪一個政黨取得執政，乃是政治防腐的利器。不過，選民要讓績效投票取向發揮到極致，才能控制政黨的穩健走向，邁入回應型政府的軌道。

## 六、力量分散形成獨大

　　政治理念較為雷同的政治派閥，如分裂成不同團體，會使政黨的力量萎縮，形成未分裂政黨一黨獨大宰制政策霸權的情勢，是以理念雷同勢力的整合，利用健全的制度消弭衝突的因子，或可凝聚較大的政治力量，與另一個政治勢力周旋，使其政策走向不致有了偏差，風險承擔亦可降低。

　　政治矛盾或弔詭的管理，在優勢上每每高於第三勢力的組構，因其生根成長有賴於時間的滋潤，更須克服層層障礙，打通政經任督二脈，所以絕非易舉，還是回歸到兩黨較勁的路徑，主權者不僅比較習慣，更可顯現威力，具體決定何黨有權執政，何黨等待執政。

# 參考書目

Alvarez, R.M., T. E. Hall & S. D. Hyde (eds.) 2008. *Election Fraud: Detecting and Deterring Electoral Manipulation* Washington, D.C.: Brookings Institution Press

Baumgartner, F. R. & B. D. Tones 1993. *Agendas and Instability in American Politics* Chicago: The Univ. of Chicago Press.

Bibby, J. F. & L. S. Maizel 2003. *Two Parties —or More?* Boulder, Co: Westview.

Binder, S. A. 2003. *Stalemate.* Washington, D.C.: Brookings Institution Press.

Godet, M. 2006. *Creating Futures.* London: Economica.

Hill, M. & P. Hupe 2009. *Implementing Public Policy.* Los Angeles: Sage.

Hillygus, D. S. & T. G. Shields 2008. *The Persuadable Voter.* Princeton : Princeton Univ. Press.

Kellerman, B. 2004. *Bad Leadership.* Boston, MA: Harvard Business School Press.

MacDonald, I., C. Burlee & K. Stewart 2006. *Systems Leadership* Burlington, VT: Gower Publishing Co.

MacIntyre, A. 2003. *The Power of Institutions* Ithaca: Cornell Univ. Press.

Mellow, N. 2008. *The State of Disunion: Regional Sources of Modern American Partisanship.* Baltimore, MD: The Johns Hopkins Univ. Press.

O'Leavy, K. 2006 *Saving Democracy.* Standard, CA: Standard Univ. Press (eds.)

Painter, M. & J. Pierre 2005. *Challenges to the Policy Capacity.* NY: Palgrave.

Peterson, P. G. 2004. *Running on Empty.* NY: Farrar, Straus and Giroux.

Rapoport, R. B. & W. J. Stone 2008. *Three's A Crowd.* Ann Arbor, MI: The Univ. of Michigan Univ. Press.

Rosenstone, S. J., R. L. Behr & E. H. Lazarus 1996. *Third Parties in America.* Princeton, NY: Princeton Univ. Press.

Sifry, M. L. 2003. *Spoiling for a Fight: Third-Party Politics in America.* NY: Routledge.

# 第九章　看見房間裡的大象：正視總統制的存在

　　2006年美國出版《房間裡的大象》（*The Elephant in the Room*）（Zerubavel, 2006）一書，討論一項長久以來，即在人類社會一直存在的現象：諸多不同的社會因素在在影響或左右人們對一個公開的事實，卻採取沉默與否認的態度，致讓該事實持續，未能劍及履及地加以正視，這恐會釀成重大後遺症。正確對應之道，本該既不對之迴避，又不對之敷衍，而以嚴肅的態度與作為來對待，務必想方設法地加以處置、對應及管理，使其不再滋生令人無法負荷的重擔，重回公共事務的運行正軌，遵循運作的合理規範。是以，常態的事實運作之道，乃既然「房間有一頭龐然大物存在，且房間裡的人又個個耳聰目明，絕對不能對之視而不見」，而要正視其存在且適時採取權變因應情況的策略，才是正道。

　　2008年，臺灣立委及總統大選的結果，由國民黨大獲全勝，一同主控行政權及立法權，而進入完全執政的境況。這個政治情勢的大幅轉型，權力結構的翻轉，致使臺灣的憲政體制，已千眞萬確地進入總統制的運作系絡，並已走出少數政府運作困難重重的陰霾，也不再陷入法國雙首長制的爭論，而要以總統制運作的基本原理，開創政治體系的績效，以回應選民對新執政黨的支持，如若發生任何施政的失靈，總統及其組構的施政團隊，均是被代理人所要課責的對象，不論誰站在公務推動的第一線或第二線，均要有責無旁貸的勇氣，承擔政治或法律責任。

　　新當選總統曾公開表示，在520就任之後，他要退居第二線，構築免於被課責的防火牆，抑或避免承擔責任的防禦機制。這種表示充分展露政黨第二次輪替之後，在雙權合一之情勢，臺灣已實質進入總統制的事實，猶未被相關權力人士體認，也隱而未見及這種政治情勢的演展。因之，本論述的主要旨趣在於提出指標，顯明總統制的運作，本是新政府在推行國

政時，一切公共事務的運作所要依據的原理；進而認定總統、行政院及立
法院在總統制的制約下，各自所要扮演的合適角色。蓋只有承認總統制已
在臺灣進入運行的歷史時刻，才有可能有效運轉斯項體制，回應主權者的
需求。換言之，吾人要在房間內，承認看到大象的存在，再針對其存在，
將其請出房間，回復原來房間的運作功能。

# 第一節　指標的提示

　　臺灣的憲政體制雖時有爭論，又有不同角度的詮釋，但九七修憲的取
經派典爲法國的行政權換軌制，雖法治的典則因受限於臺灣已有憲制的制
約，以及臺灣歷史及政治文化的影響，在法條上並未以對照式的全盤移植
過來，但法治的精神卻如影隨形般地左右制度之運行及論述，所以第二次
政黨輪替之後，業已呈現總統制的指標，並顯示這項體制會規範未來的政
治運行。茲舉出六項指標證明總統制的象徵。

## 一、兩權歸屬一黨

　　根據法國的體制，總統所屬的政黨，如在國會大選又掌握多數的席
次，則權力運作中心在總統，總理的各項施爲要顯示出總統根據眾趨民意
所凝聚而出的意志，並無全然的自主權。換言之，一個政黨必須同時掌控
總統及國會的多數席次，進而擁有雙元統治的正當性時，總統乃具有施政
的實權（周育仁，2001）。

　　臺灣在2008年，立委及總統的大選類皆由國民黨所推出的參選人獲
勝，全權掌握立院及總統府的運作，所以臺灣的政治時序已進入總統制的
時代，總統要有效運轉領導之輪的角色，展現嶄新的領導品牌，果決、平
衡、同理情懷與守原則地處理公共事務（Sidle, 2005），用以爭取選民再

度地權力託付。是以，總統不管站在政務推動的哪一線，均無推諉塞責的藉口。何況，國民黨在國會擁有四分之三的絕對多數席次，總統所設定的各項議程，均可順利取得合法化的門檻，經營付諸執行的前提，結集執行所需的預算，並由總統承擔最終的成敗。

## 二、聽取制度建立

總統年度對國會提出咨文，揭露各項政策議題的處理順序及作法，進而引領國會的立法使命，共同回應政經社文系絡的演變，以維二項公職的正當性，本是美國總統制的一項重大表徵。而臺灣在九七修憲時，雖明文規定：「立法院於每年集會時，得聽取總統國情報告」，但2000至2008年第一次政黨輪替執政，由於國會的席次多數掌控在國民黨及其友黨手中，斯項憲法規定，因立院職權行使法未將施行規定填補，致聽取國情報告的運作一直虛懸，一時之間這項聽取國情報告的制度，根本就無法落實。

第二次政黨輪替之後，國民黨絕對掌控的立院，迅速通過職權行使法的修正，將這項執行失聯的權力進行制度接軌的工程，闢建總統制國家，總統藉由報告國情咨文的管道，與國會協力完成當下內外環境最迫切要針對的議題，建構處置行動的方程式，展現高度的民主回應能力。是以，這項舉動之適時適刻完成，乃標舉著國會對總統的尊重，欲與總統建立社會資本，築造更多的政治影響力。尤有甚者，這項制度接軌的工程，更彰顯與呼應法國憲法第18條的規定：「共和國總統得向國會兩院提出咨文，此咨文以宣讀示之，不得辯論。」與此同時，制度又顯現單向溝通的本質，國會議員並沒有對咨文內容提出質詢的權力。不過，咨文內的政策號召，還是要透由立法過程來加以連結。

## 三、解散權力虛擬

屬行內閣制國家，化解兩權衝突的機制之一，乃「總統於諮詢總理

及國會兩院議長後，得宣告解散國民會議」（法國憲法第12條）。臺灣在九七修憲之際，並未賦予總統主動解散權，只在立院對行政院長提出不信任案，經表決通過後，再由院長呈請總統解散立法院。不過，立院的委員因不願冒政治自殺的風險，增加高昂的競選資本，不易輕言提出對行政院長的不信任案。這在分治型政府（即民進黨主政）的時代，就從未發生過，於今在一致型政府的運作下，更不可能對同黨的院長提出不信任案，所以這項反映內閣制國家，憲政機關之間政策爭議解決的機制，在臺灣乃在主客觀因素的不能配合而虛擬化，反而以總統制國家的制度來解決府際之間的爭議。

　　再者，臺灣憲法本質上解決行政與立法兩院之間議案爭議，雖兼稱內閣制及總統制的制度工具，惟內閣制的工具，始終在委員的政治計較之下，成為備而不用的狀態，所以與其讓斯項制度的尊嚴無法透由實踐來建立原本的威信，何妨效法美國的經驗，為了活化美憲的運作及建立更公平的國家，而提出二十三項的修憲建議，俾建構更完美的憲法架構（Sabate, 2007），再逐步完成法定的修憲程序。蓋制度之鞏固與優質，非賴實踐理性的養塑不為功，對一項未具實踐力的機制，恐要將其射準為修正的標的。

## 四、罷免制度具文

　　在民進黨主政的八年期間，國民黨委員對總統總共提出四次罷免案，但始終未能得到全體立委三分之二的同意贊成，再由選舉人的投票同意，完成罷免的合法化過程。由此足見罷免案的困難度，更因過度的政治化操作，不易引起選民的政治共鳴。何況，在高度政治化之下，引領提案及連署的委員，不易透由各自的關係網絡，所屬的任務團隊，以及在國會殿堂內，創造和維持共鳴的氛圍，經營不同政黨的委員，共同達及罷免第一階段所需的門檻條件，哪能再續階動員選民的認同及行動支持。

　　如今的國會，權力結構大幅翻轉，在野黨的委員連罷免案的提議權

就力有未逮，何能完成兩個階段的政治動員工程，即使再有共鳴力的領導者，亦會因結構的嚴重限制而放棄這項提議的思維。再者，擁有絕對多數的執政黨委員，諒必不會輕舉妄動，與國家領導人對立，造成政治的不穩定。因之，在現階段的罷免制度已達有名無實的狀況，而與總統制的國家在實質上並無不同，因其對總統的權力制衡，只有彈劾一途。

## 五、覆議制度活化

行政部門對國會議決之法律案、預算案、條約案，如認為有窒礙難行時，得經總統之核可，移請國會覆議，這本是總統制國家，化解機關之間權限爭議的核心機制。尤有甚者，行政部門猶可透過覆議的威脅，在國會對議案內容的決議之前放出覆議的決心，引領兩造之間的再協商、再妥協，有效力地完成政治社會所急須添補的政策真空，不致產生治理失靈的情勢。（Tsebelis, 2002）

臺灣在民進黨主持國政的時代，由於委員的席次不足，既不能事先以覆議做為政治威脅的力量，以變更議案的內容，更無法在正式提出覆議後，締結多數聯盟否決窒礙難行的國會決議，所以一直在執行國民黨委員的決議，落入立法政府的窘境，以致無法落實與主權者所立下的政策契約。如今，第七屆的國會已開始運作，權力結構由國民黨絕對掌控，縱使立法與行政有了議案見解的歧異，總有諸多管道可資疏解，如最終走上覆議的政治旅程，亦可支持行政部門的政策見解，不會重回民進黨主政時的困境，可以合法過程設計兩造共同承諾的法律，正如總統制化解議案衝突般的靈活。

## 六、虛位不切實際

總統既然由全民直接普選產生，其對主權者的代表性超越國家任何其他公職人員，何況又得到58%以上選民的權力委託，必須要以具體的績效

回饋支持選民的政經社文想望，虛位或退居第二線實難成就選民促成政權輪替的政治動機。而且這種取得統治正當性基礎的改變，致使憲法賦予總統之權力，均成為實質之權力，要充分地運用，方能產出令人稱許的施政成果。

再者，新任總統也明悉這項權力委付的政治意義，乃決定要設立統攝國政的機制，並親任召集人，針對重大政策、預算案、法律案，或者動見觀瞻、影響層面廣大的事件，就加以啓動以經營出對應的解方，解決重大問題的爭議，避免政經社會的動盪，而逐步腐蝕或流失統治的正當性。是以，在多數選民的權力委付下，治理國政之責本是當然的，其他的團隊成員均只是總統的代理人而已，而身為被代理人者乃要圖謀成事的大計，因應各項輿情的變化，同時認清總統是有權又有責的職位，並非內閣制國家的虛位元首可資比擬。

上述六項指標的提示，乃在提醒政治關係的當事人，權力結構的重大變遷，無形牽引政治體制走向換軌之途，而執政與在野的政治人物，應正視這項進入總統制的寧靜革命，不得像看不見房間裡的大象一般，而要循制來進行政府工程的運轉，總統、政院及立院必須扮演合宜總統制的角色，再也沒有政治退卻的空間，只有在政治的最前線，共同協力創造顧客導向的政績，以回饋選民的政治支持。

民進黨中樞主政的八年，由於未諳權力結構決定政治體制的道理，強推少數黨政府的運作，終至未能有效排除體制運轉的巨大障礙，一直受困於「有責無權」的窘境。因之，第二次政黨輪替的新政府，首要工作為承認總統制的事實，按照符應的規範來運轉，展現出「有權有責」的魄力，絕無切割或逃避責任的空間，總統要概括承受政治體系所有的責任。

# 第二節　總統的角色

　　第二次政黨輪替之後，由於配搭國會權力結構的重大改變，促使臺灣走向總統制的民主運作，而在這項體制的範限下，要達成「政治清廉、經濟開放，族群和諧、兩岸和平與迎向未來」的政治使命，身爲國家最高領導人所要扮演的角色，諒有六端：

## 一、授權灌能

　　新政府的治理成員，既經多元考量之後才任命的，就要信任他或她的才華，賦予各政策轄區內所擁有的權力，提供發揮績效的機會，激勵職司者表現績效的動機，進而引爆他們過往歷經經驗所積累的潛能，以展現爭取主權者持續支持的績效。

　　總統或可遵循結果導向的治理策略，只要設定年度所要追求的效標，要求職司機關及人員，安排人力、配置資源及擇用妥當的策略，盡力將任務於期限內完成（Osborne & Hutchinson, 2004; Osborne & Plastrik, 1997），總統可以不必過問其運作的過程，只要求具體成果的呈現。換言之，在當今財政資源日漸稀少的時代，身爲國家施政的中樞，要以最適的治理方略，進行各項施爲，而由主要任務承擔者統籌一切進展的過程，並以得到具體的成果，做爲行賞的依據，致使職司者擁有處置的所有權，並由處置的經驗養塑能力，認同組織的情感。

## 二、政策引領

　　總統大選期間已和選民簽下多元政策領域所要成就的標竿，總統應該充分運用可用的政治平台，審愼協商出在現行資源水平下，可以履現的政策承諾，逐步回饋支持選民的政治想望。至於限於內外在環境的制約，一

時之間尙無法有效攻堅突破的政策領域，也要有政治對話的平台，向主權者提出富有證據爲基礎的論述，爭取其諒解與容忍，才不致於形成民怨。

在多元不同的政策承諾下，有些領域立法院擁有參與決策權，非經其參與審議，就欠缺執行轉化的前提，斯時總統或可應用國情報告的平台，進行年度重大政策的提示，安排議題的優先順序，透由立法過程加以完成合法化的地位，以利有效執行的啓動。此外，總統亦可經由非正式的平台，訴說年度的國家重要事項，須由各協力機關努力完成。

政策承諾的跳票，本是總統在治理正當性的管理上有了瑕疵，非對之盡快修復不可。蓋中間選民的政治轉向，每取決大選的勝敗，而誘引這類選民的武器乃是以政策來滿足他們的政治期待。然而，在政黨取得執政權之後，如若無能塡補已存在的政策落差，又屢屢出現新的問題，每會嚇跑以政策績效爲投票取向的選民，再好的政策口號或倡議，皆可能無法鞏固中間選民的持續青睞。換言之，總統要擁有政策能力，動員所有必要的資源，作成明智的集體抉擇，進而設定策略的行動方向，一則配置稀少的財政資源，二則動員社會資本實現公共目的，創造公共價值，產出公共利益，以爭取選民的政治認同（Bozeman, 2007; Painter & Pierre, 2005）。

## 三、團隊領導

總統職司領導創造績效的團隊，所以要充分展現五C的才華：溝通（Communication），與任務負責者坦誠溝通勝出績效的重要性，俾以集中全力加以完成；協調（Coordination），不同政策領域均有連結的性質，政策參與者務必設定平台，協調出共識的執行方針，減少聯合行動的複雜性；合作（Cooperation），政策承諾的履現，最忌諱共同職司者之間出現本位主義的作風，彼此相互掣肘，茲爲了共同體認衝突風險的可懼性，共同的政策轄區主事者定要合作創造政策優質的形象及品牌；創造性突破（Creative break-through），由於內外在環境的巨幅演化，慣性的政策行爲往往會有與環境脫節的風險，無法達及目標實現的最佳化境界，所

以團隊領導者要以腦力激盪的方式，創造出突破性的舉措，一舉衝破慣性的網羅；持續性突破（Continuous break-through），政經情勢瞬息萬變，政策落伍的速度極快，所以主事者非要利用多元的環境偵測機制不可，適時做出對應環境演化的政策，以突破各項障礙，即時增加或修補治理正當性的幅度。

這些五C工程的運營，總統每居於領導的中心，統籌指揮跨部門的協調合作，適時化解部際之間的衝突，發展共同的責任感，凝聚一致的使命迫切感，追求互補並存的政策目標，發揮協力的合超效應，共同為實現政見允諾而效力，解決主權者期待解決的問題。

## 四、績效管理

後顧性的選民，每以政黨執政的績效做為投票的基礎，臺灣第二次政黨輪替的因素雖多元而紛歧，但過往主政者任期內所展現的施政績效，在主客觀的判定上，都認為未達及人民可以接受的水準。是以，總統在人民賦予執政權之後，為了執政的鞏固，乃要快速創造人民感受得到的績效，極大化各個不同政策領域的績效。

所謂績效管理乃建構一個有機的運作系統，從事設定現階段優先要追求的目標；追蹤內外在的情勢變遷及適時進行權變因應；感召或模造各政策領域的領航人，使其體認人民交付的重責大任，並在適當時機反映他或她的政策滿足感；激勵各個部門的職司，協助解決突破所遭遇的障礙；時時評估已現的績效，發覺尚有提升的空間，指出猶待強化的所在，甚至調整人事的布局，貫徹適才適所的原則；同時關注到成就績效者的生涯發展，使其對任職組織產生強烈的認同感（Harvard Business Essentials, 2006）。

## 五、問責政院

在總統制的運作下，行政院長是總統的代理人，隨時要對被代理人述職，使其完全掌握行政院在各項業務的推展。蓋在大選中人民檢驗、評斷的對象是代表政黨的總統參選人，對其支持或反對的評估，要由過往的績效來判定。是以，總統若想持續爭取選民再度的權力委任，一定要責成行政院，展現令人激賞的績效，有助於爭取支持的訴求。

總統與行政院之間存有組織距離，前者在未能主持行政院會議，第一線編擬預算的情況下，就要有活絡的平台，傳輸總統的政策想法，對當前政策推展的看法，未來所要推出的政策願景，俾以具體的績效鞏固治理的正當性。換言之，總統要有政治技巧部署能「當責不讓」、肯「交出成果」的政院領導人，由其督導行政團隊，產出卓越的施政績效。

總統與行政院要形塑命運共同體的意識，既要聚焦成果，更要激發創新的作為，接軌全球化的步調，避免政治系統受到國際政治的疏離，窄縮生存的空間。是以，兩造要築構建設性的夥伴關係，相互挹注承諾，以對方的視框做為自己視框的反省，以提煉出共識的時局對策，在服務經濟的時代，以安排富才華的團隊，妥當處置各項公共事務，交出卓越成果，取得人民的信任，願意再度對同黨授權授責，以免出現政治不連續的現象。

## 六、對民述職

對總統的憲定課責機制雖有罷免及彈劾，惟在兩權合一的情況，要在立法院達及二者所需的門檻，再交由選舉人通過罷免，抑或聲請司法院大法官審理，經由憲法法庭判決成立彈劾，雖非不可能，但絕非易舉，所剩下可訴追總統的方法，乃透由選舉人的投票決定原任總統能否繼續取得另四年的執政授權，如因施政績效未得到他們的認許，就有可能中斷授權。而原任總統如已屆八年任期，選舉人亦可針對同一政黨所推出的候選人，進行績效之檢定，而決定要不要授權同一黨的團隊繼續掌控國家機器。

　　換言之，有選舉權者會衡量各方因素而決定執政權的歸屬，其中政黨的施政績效恐是一項決定性的因素。是以，身為總統者應審慎謀劃績效勝出之道，以執政團隊做為經營績效的合夥人，不斷進行意見的交流，試圖建構出政策推動的焦點，組構建設性的組際關係，共同執行政策的內容，滿足政策所涉標的對象的期盼。

　　總統制底下的總統，是一位創造績效的靈魂人物，為主權者鎖定課責的主要對象，其絕無適格退居推動公共事務的第二線，而是要時刻領航施政團隊，不斷精緻政策的推動，解決系統所面對的問題，規劃預防性的危機處理制度，極小化已生危機所帶來的政經衝擊，以營造選民支持的政治氛圍，為自己所屬政黨爭取統治的機會。

　　總統制的總統必須隨時面對內外環境所出現的策略性挑戰，經由諮商的過程，擬斷有效的應付之策；更要妥善處理各項政治風險，捉住各種出現的機會，做出令人贊同的成果；快速處置自己所犯下的錯誤，修補因此流失的正當性；發覺國內外的政治陷阱，並對之進行有效的避免；追求得以排除危機的路徑與處方，降低其對治理的不利影響。凡此，總統均在以績效經營政治支持度，並克服雙元治理（由總統及政院分別統轄自己的政策轄區）所可能滋生的績效落差，所以所扮演的角色至為持重，有的要由自己直接統轄，有的則委由政院職司，自己只擔任督責的角色。

　　歸結言之，總統非具備多元的能力不可，一來擁有優質的人力、財力及專業的資源；二來要得到周遭社會成員所賦予的信任感及正當性；三來要講究廉潔，不能成為特殊利益團體的俘虜，以便做出公正獨立的判斷；四來要建置可靠的資訊網絡，以蒐集及處理與決策有關的資訊，適時做出因應問題的決策，俾能治理當今至為複雜的社會，得出爭取政治支持的成果（Pierre & Peters, 2005）。

# 第三節 政院的角色

　　體制換軌成總統制之後，行政院依憲雖形式上猶是國家最高的行政機關，但由於院長的任命無法間接注入直接民意的基礎，又因行政立法兩權歸屬於同一政黨，導致體制的轉型，所以其地位與角色有了巨幅的改變，職司者要正視這項跟隨權力結構的改變，對自身的身分衝擊，而扮演恰如其分的角色。

## 一、總統的代理人

　　行政院長「綜理院務，並監督所屬機關」，這是憲法及法律所分派的職責，惟在總統制的制約下，其已成為總統的代理人，代表總統來推動各項院屬的任務，視政見議題的輕重緩急，人民想望事務的優先順序，有節奏地、有策略地加以實現，履行總統於競選期間與選民正式簽下的政策契約。是以，其為總統鞏固治理正當性的根基。

　　行政院既然關係著總統的聲望與地位，院長及由其統領的團隊，就要將政院裝備成以策略為導向的組織，一則將競選的政見承諾，具體轉換成可採取行動的策略，再由職司者負起運作的事工；二則將各政策領域所要推動的策略，分別劃歸或連結到適當的轄區，使各項人民重視的策略有了落實的立基；三則詳細將每項策略所要完成的任務，指派到每位團隊成員的每日工作日程上，使其得能在設定的期限內完成，對權力託付者有所交代；四則基於選民的期望不斷，回饋的職責持續，所以各項策略的職司，就要不斷的興革，以達及服務顧客的滿意；五則透過強健而有效的領導，動員必要的行政改革，以提升效率、公平、效能的目標（Kaplan & Norton, 2001）。

## 二、府院的連結者

　　允諾政見的落實，強化總統的正面形象，積累再度連任，抑或政黨繼續主政的功能，諸多事項有賴機關協力來完成。這其中重大政策或法律案，要由立法院發揮立法效率，適時合法化推動允諾的前提，斯時行政院的所屬團隊，在院長的領導之下，迫切與立院進行協商，建構雙方對政策工具的選擇有所共識，進而付諸成功而有效的執行。

　　總統每有落實政見允諾的強大壓力，形構豐厚社會資本的期盼，但因體制的關係，無法與立院進行形成政策的互動，這項制度的缺口，就由政院這個結構孔道，試圖與立院進行各項立法的連結。如若行政院無法扮演溝通協調的任務，則各自的本位現象就會發生，追求不同甚或衝突的目標，長久以來會導致失去重大機遇的掌握，浪費稀少的資源，引起政策空轉的窘境。

　　行政院結構孔道角色扮演的成功與否，將關係著政黨在政權競爭上的力量。蓋行政院如若成功的影響立法院的議程設定，接近各項加速立法的孔道，快速締結合法化議案的多數聯盟，贏得委員的信任，建立立法協助的承諾，終究產出優質的立法績效，不致引起選民對執政者在能力上的質疑，漸進失去政治支持。

## 三、環境的探測者

　　在全球化的時代，國內外政經情勢的演變快速又巨幅，隨時會因漣漪效應的關係，在臺灣發生嚴重的社會問題，是以職司公共事務中樞的行政院，就要扮演環境守望的角色，抑或資訊的解析者，從中理出當前必須正視且要解決的議題，動員各項資源加以對付。環境的演化一旦探測失靈，政策與環境的脫臼就日趨嚴重，於是民怨四起，政府的形象受損，將危及治理的正當性。是以，政府要設計各項偵測的工具，用以蒐集各項資訊，從中解讀出各項問題的所在，再安排對應的影響工具，而將問題加以攻

克（Hood, 1986）。有時以溝通的方式，化解人民的誤解，傳輸要行的政策，取得標的對象的順服；有時以財政分配的方式，來解決需要財源支應的問題；有時以權威或強制性的法令來約束標的對象採行適法的行爲，以保障自己及社會的秩序；有時更以組織的設立，處置管轄的任務。

## 四、政策的推動者

　　總統根據自己的環境理解，以及各項個體及總體因素的評量，認爲必須即時推出對應之策，乃要透由政院，經由立院的參決，才能完成付諸政策行動的先前準備，再由政院結合各級政府將是項政策轉化成具體的作爲，一爲解釋政策本身的內涵，告知標的對象可享權益與要負的義務；二爲建構必要的組織體系，結合民間的力量，編擬共同協力的合夥人，試圖創造協力的優勢，產出優質的政策績效；三爲具體地應用到各個個案或對象，使其所遭遇的問題得到解決，自力更生的能力獲致養塑，擺脫對政府的依賴，恢復對人性尊嚴的信心。

　　政院在推動政策之際，亦可藉由委外經營的方式來提升績效，減輕影響效率的諸多程序限制。不過，這項委外的政策工具，事先要取得國會的允准，以及建立有效課責的機制，以免滋生有害政府形象的弊端。蓋這種委外推動政策的作爲，國會權限的範圍大受窄縮，所以在擴大授權之際，定要備妥可資追求責任的機制，加強排除資訊不對稱的困境，而使委外經營一直運行於正軌的路徑上（Verkuil, 2007）。

## 五、績效的創造者

　　總統主政期間的績效，除自己權限專屬的領域，要由政治智慧及策略領導來產出國安的績效。至於行政院專屬管轄的任務，就落在行政團隊的身上，由院長進行團隊的領導，形塑有機的互動體系，致使議題連結的任務，共同將力量輻輳，務必在期限內，運用有限的資源加以完成。蓋績效

讓選民充分感受得到，才會持續展現政治支持。

　　至於有些績效的產出，政府有他賴的窘境，需要依賴他國的對口單位配合，政府或可施展軟性的力量來建立政策推動的資本，誠摯地溝通歧見，展現策略性的謙卑，營造與有名望的民間組織之間的社會資本，願意擔任連結的角色，消除過往不信任的陰影，願為共同的利益而投入。是以，瞭解硬性力量的後座力，靈活運用柔性力量的精髓，善用體系之間原本的互賴本質，發揮情緒韌性，建構雙贏的作為。

## 六、責任的訴追者

　　行政院總攬全國的公共事務，其成敗攸關總統的評價與形象，所以總統為求受到政治肯認，獲致高民意的支持，每要密切關照政院的施政作為，而在政府發生失靈的情事，任隨問題的蔓延，M型社會的情況嚴重、物價的巨幅波動、失業率的增加，則總統就要根據證據訴追責任的所在，快速挽救因失靈而流失的正當性。

　　為了爭取總統的持續授權與信任，行政院長就要組構強健的行政團隊，協力促成相關議題的解決，填補政策空間尚未補實之處，而以政策系統的完整性及前後呼應性，對抗結構至為複雜的問題。尤有甚者，諸多公共問題的解決，須賴立院的協力，適時審議政院所提出的議案，可以啟動推行的資源，造就績效的勝出。因之，行政與立法兩院的建設性合作，足能免除責任的訴追。

　　行政院更無法濫用、誤用或不當使用權力，致使公共價值的追求、公共利益的維護受到毀損。如有這種情勢發生，每會引起國會撻伐，媒體的批判，人民的質疑，進而由總統作成對應責任的訴追。因之，行政院在政務的推動上要講究公共性，不能出現偏袒不公義的作為，而影響政院的威信。

　　行政院承攬中樞行政，各項的成果均在強化總統的形象，以擴大政治支持的廣度，奠定政黨持續執政的立基。不過，優質執政成果的產出，首

先，執政者要以思深慮遠的策略設計，創造與過往巨幅差異的方針，再以強大的執行力來加以落實，以共同的願景來建構同心協力的合夥人，聚焦充沛的資源來推動期程內要爲的政策行動，以繳出亮麗的政策成績單。

　　爲了展現優質的施政績效，政院在所職司的各項政策領域，定要繪好策略地圖，鎖定想要追求突破的面向，再集結人力、物力及組織力的資源，展現高度的執行力，讓研擬要做之事順時順勢加以完成。蓋主權者向來不許政府的空轉，並以有形及無形的績效做爲權力委付的依據，絕不會空白授權。

# 第四節　立院的角色

　　立法院在總統制的運轉下，所要扮演的角色或有不同，但民主國家的國會職責，並不因行政權的換軌而產生極大的差異。至於在第二次政黨輪替後的臺灣，爲了加強對人民的述職，其要盡力投入扮演的政治角色有：

## 一、國情的聽取者

　　過往在分立型政府的運作，憲法雖訂立法院於每年集會時，得聽取總統國情報告，藉以瞭解政府的政策走向與安排，願景的追求及政策工具的擇用。不過，總統與國會連結的管道，由於分治型政府的障礙，始終因立院的冷淡而未能落實。如今，一致型政府的成立，立院速將相關制度連結起來，享有實質聽取權，獲知國家的發展狀況，再據以研擬出優先要議決的政策及法案。

　　聽取功能的發揮，不在藉機與總統拉近關係，而係知悉總統自身欲行貫徹的政策視框，在治理複雜的國內社會，及因應強權主控的國際社會，在設定共同的政策優先順序上，與追求的目標之間有無相互衝突或不能協

調的情形；是否擁有社會導航及探索成就目標的工具；要求治理社會的各個職司者，對其治理社會的行為負責的機制是否健全，俾使在議決議案之際，針對前面三項評定出的情形或缺陷，想方設法加以補實，以增強績效勝出的可能性。是以，立法院的多數黨委員，不能只扮演護航或背書的角色，而留下議案的罩門，造成效能生產的困難。

## 二、人民的代理人

立委不論代表何黨選出，其均是全體人民的代表，不應只代表自己所屬政黨，以維護其利益而已。何況，在單一選區的制約下，只有一黨的參選人有機會出線，非代表全體全民不可。是以，要做一個稱職的委員，在進入國會之後，一定要進行「議題吸納」（issue uptake）的工程，將選戰期間競爭對手所提出的政策主張，所認定的議題優先順序，盡可能納入審議的議程，一來反映全民代表的風範，二來藉機枯竭競爭對手的議題選項，鞏固未來達及孫山指數的門檻（Sulkin, 2005）。

立委既是人民的代理人，被代理人就有權問責他或她在國會有無盡到代理人的責任，以決定下次選舉是否再度對之授權。尤有甚者，立委既是全民的代表，對議案的審議就要以全局的視野來透視合理的配套，不可偏袒任何政黨，抑或特殊標的團體的利益，還是以證據做為政策抉擇的基礎，透明化委員對因果關係的思考過程，參酌採納他黨委員的政策建議，以降低將來政策錯誤所帶來的風險（Pawson, 2006）。換言之，被代理人本擁有不同的機制，問責代理人是否在國會展現稱職的行為，而最具殺傷力的武器莫過於縮回授權，選擇他黨的參選人做為新的代理人，以進行表現績效的比較，再決定往後的投票取向。

## 三、權力的制衡者

在一致型政府運作的時代，由於行政、立法兩權由同一政黨取得，常

會因此陷入行政權獨大、立法權萎縮的窘境，甚至淪爲政院的立法局或立法科的地位。這是一項民主政治的畸型走向，更易瀕臨政治風險，即因立法審議的形式化，議案比較版本的闕如，而致議案失靈的基因潛存在議案的內容之中，導致執行的困難，政策目標的不易實現，降低主權者對施政績效的滿足感。國會制衡行政部門本是民主政治得以有效運行的典範，絕不因一致型或分治型政府的成立而有別。尤其在一致型政府組成之際，國會更應以戒慎恐懼的風格，發揮監督的權力，要求政院的公共事務行爲均要對其表示負責，盯注政府的施政績效，並適時回報選區選民，使其悉知政府當前的作爲，說明這樣作爲的合理理由。換言之，國會應利用各種機制要求政院對其述職，進行重要的政治諮商，反映被代理人的想望及社會輿情的眾趨取向，務使政院相關的政策調整，在照顧到多元聲音的情況下才決定，避免失去民意的支持，因盲點而產生的政策失誤。

## 四、事項的參決者

「國家重大既定政策之變更，基於行政院對立法院負責之憲法意旨」，立法院本對斯項重大事項變更之決定享有參與決策權，非經其聽取行政院長或有關部會首長提出報告並備質詢之後，獲得多數委員之支持，政策之變更才算完成合法化的過程，取得付諸執行的前提。是以，這項參與國家重大事項的決策權，亦是立院對政院有利監督的利器，防止政院單獨的決定，對產業的發展、對外關係的拓展、兩岸的和平穩定，以及社會秩序的健全等，產生無法逆轉的影響，乃加上立院參與決策的過程，設立管理公共政策在價值衝突上的防火牆，不致因行政權的獨大，在野政黨監督力量的弱化，而式微立院的決策影響力。　立法院本是人民的代理人，要對其述職與負責，而影響深遠的重大政策變遷，非審慎思考不可，藉由不同見解的提出，歷經行政院的視框反省，以及見解的吸納，致使變更的決定更爲周全，乃是貫徹代理人職責的展現。何況，這項立院的政策參與，可以防止行政院在未來受到批判與攻擊，蓋最終的政策失靈之責，可

由立法院來分擔。尤有甚者，這項參與更可帶進嶄新又顯著的議題，兩院要對話諮商的議程，並由中研擬出更具實踐理性的政策套案。再者，兩院的同理性傾聽，可以讓各院的推理及論述理由，得到平衡的參酌，不致走向極端的政策設計。

## 五、荷包的控管者

民進黨主政之時代，由於是分治型的政府，立法院並沒辦法完全認同行政院的重大爭議性議案，以致軍購案部分停在立院的程序委員會，未被列入審議的議程。第二次政黨輪替之後，由於執政黨在國會掌控四分之三的委員席次，擁有足夠的力量通過所有的軍購案。惟這個議案所需的經費的龐大，而當代世界各國政府又處在永續財政危機的時代，臺灣並不能免受這項危機的衝擊。因之，在審議軍購預算的障礙消失之後，立委還是要精打細算，看緊人民荷包，以免以代價高昂的經費購買價值不能對稱的武器。

國會本要有能力來設定國家歲入及歲出的政策，且行政院所要支出的每一塊錢，如若沒它的認同或許可是不可能的。因之，國家總預算的審議及決定，乃是年度最重要的政治過程，因為一來是龐大財政資源的分配，二來是政府建立施政優先順序的主要機制，三來影響到每位公民的生活，所以非將每一塊用在真正的刀口上不可（Hamilton, 2004）。換言之，看緊人民的荷包，不僅在向人民述職，彰顯代議士所要盡的責任，而且在制衡行政部門的權力，進而影響全國社會的發展。

## 六、總統的問責者

總統在國防、外交、兩岸關係及清廉形象上，均受到國會相當的關注，如在重大決策上及經費運用上受到嚴重質疑時，國會可以提出罷免或彈劾，再經選舉人的投票，或司法院大法官的審理，達到憲定的門檻就可

通過罷免案，經憲法法庭判決成立被彈劾人應即辭職，用以範限總統合理行動的範圍。

這在一致型政府運作的情況，可能性不高，惟立院既是全民的國會，為了鞏固自身的監督權限，防止總統正當性受疑的發生，隨時要準備啟動問責的機制，發動權力維護的防禦機制，不致使權力完全傾向總統。不過，這兩項問責機制，不一定要走向行動的階段，只要在適當時機提出啟動威脅，或可達到防止總統不當使用權力的情形。

誠然，這兩項國會對總統問責的尚方寶劍不易出鞘，因在一致型政府運作下，要達及一定的法定門檻不易，但國會委員在人民要求述職的壓力下，為了鞏固連任的政治期望，針對事證提出合理的問責，均對自身的正面政治形象有所幫助。因之，國會如何妥適運用這兩項問責機制，就要選擇最佳的時機，更不得因屬於同黨的關係而放棄自己的權力，而應服膺事證，以之做為啟動的準據。

立法院在一致型政府的情境，依然是一個重要的權力中心，可以參與決定國家的重大事項，所以並不適格自貶自身的關鍵地位，其憲定的職責依舊無法鬆懈，還要更加投入，與總統、行政院形構建設性的夥伴關係，與民間社會共同協力，產出為主權者肯認的績效，才能有效經營執政權的持續，實現所屬政黨堅信的政策理念。因之，立法院在一致型政府的運作下，權力並不在無形中削減，也沒有怠惰行使的權力，反而要努力扮演自主行使權力的角色，發揮導正、問責及對主權者述職的功能，做好組織形象的管理，免於立法局或立法科的批評。

# 結　論

多元不同的社會因素，每每妨礙人們對一個至為顯著的事實，採取沉默與否認的態度，導致事況未能即時加以因應與處置，因而造成至為嚴重

的後果，讓社會承擔沉重的代價，是以及早的承認，正面地加以理解與化解才是處事的道理。

　　臺灣第二次政黨輪替已在寧靜的過程中，行政權與立法權同歸屬於一個政黨，在政治體制上已轉型為總統制，不再是習稱的雙重行政首長制，是以新上任的主政者定要完全洞穿這項體制轉型的明確事實，並按照體制的精神來實踐，方能樹立典範，發揮未來引領的效應。因之，經由前面四個領域的論述，吾人或可歸納出六項知識的啟示：

## 一、事實俱在

　　臺灣在2008年5月20日之後，各種民主國家代表總統制的象徵，均已明確地出現，再以其他的體制來詮釋現況，恐會模糊焦點，做出不當的作為。因之，還是以總統制運行的妥當性邏輯來施政，方是對應的政治舉措。

## 二、杜絕三習

　　由於政治當下已受總統制的制約，所以執政團隊要杜絕三習：耳習，一直聽到雙重行政首長制的論述，而較不用心傾聽總統制的氣息；目習，看慣雙重行政首長制的運作工程，看不順眼總統制下主權者所提出的述職要求；心習，主事者自見自是，認為自己對體制的認知無誤，因而習慣於雙重行政首長制的推動。也唯有杜絕這三習，才能在往後的權力結構轉變，順勢按照同樣的體制來運轉。

## 三、樂觀時變

　　施政的原理本要根據體制的演變情況來應對運行，才能找到課責的對象，不再產生代罪羔羊的不公不義現象。主權者既然以選票決定體制的改

變，被授權者就要樂觀以對，做出正確的時進時退之舉，以達到治理的目的。

## 四、善加謀劃

主政者本要對授權者述職，以績效回饋授權者的想望，所以在政治體系的投入、轉化及產出等三項工程上，就要用心規劃，善用資源、激盪良策、勇於實踐，進而產出有形與無形的價值，營造授權者的政策滿足感。

## 五、角色對應

體制的轉型，致使權力運作的鐵三角，其角色的扮演，也要隨之變遷，履踐新體制範限下所要登場的角色。尤其權力總籌中心的總統，更要站在第一線，指揮、領航與督導政治體系的向前行，俾讓臺灣順利新生。

## 六、責無旁貸

在總統制的運行下，權力核心的三角，都要承擔憲定及主權者委付的權責，絕無空間委由他人代負，而要展現杜魯門總統的政治風骨，讓所有的責任停在其身上（The buck stops here）。

「政治清廉、經濟開放、族群和諧、兩岸和平與迎向未來」是新政府的政策願景、實踐標竿及策略圖案，而其之實踐，乃須由總統來盡責領航，督促所組構的團隊，所統轄的憲政機關，納入人民的力量，借重民間的智慧，共同協力來完成之，但成敗之責則由總統當責不讓。在體制確實轉型爲總統制的當下，「還在找代罪羔羊」恐已不能對稱體制的本質，全體授權者要擔負肯認與究責的事工。

爲了施政績效的產出，主政者更可訴求主權者的積極投入，尋求公共支持，要求政策管轄機關立即的作爲，適時掌握內外環境所輻輳而出機

遇，不致因一時的疏慵，而流失期盼已久的機遇。畢竟，全國最高民意支持者的致勝管道，莫過於以形象與作為，引起選民的政治共鳴。

# 參考書目

## 一、中文部分

周育仁，2001。「憲政體制何去何從？—建構總統制與內閣換軌的機制」，明居正與高朗主篇，憲政體制新走向，臺北：新臺灣人基金會。

## 二、英文部分

Bozeman, B. 2007. *Public values and Public Interest.* Washington, D.C.: Georgetown Univ. Press.

Hamilton, L. H. 2004. *How Congress Works and Why You Should Care.* Bloomington: Indiana Univ. Press.

Harvard Business Essentials 2006. *Performance Management.* Boston, MA.: Harvard Business School Press.

Hood, C. C. 1986. *The tools of Government.* Chatham, NS: Chatham House.

Kaplan, R. S. & D. P. Norton 2001. *The Strategy-Focused Organization.* Boston, MA.: Harvard Business School Press.

Osborne, D. & P. Hutchinson 2004. *The Price of Government.* NY: Basic Books.

Osborne, D. & Plastrik 1997. *Banishing Bureaucracy.* Reading, MA.: Addison-Wesley.

Painter, M. & J. Pierre 2005. *"Unpacking Policy Capacity: Issues and Themes,"* in M. Painter & J. Pierre (eds.) Challenges to State Policy Capacity. NY: Palgrave.

Pawson, R. 2006. *Evidence-based Policy.* Thousand Oaks: Sage.

Pierre, J. & B. G. Peters 2005. *Governing Complex Societies.* NY: Palgrave.

Sabato, L. J. 2007. *A More Perfect Constitution.* NY: Walke & Co.

Sidle, C. C. 2005. *The Leadership Wheel.* NY: Palgrave.

Sulkin, T. 2005. *Issue Politics in Congress.* Cambridge: Cambridge Univ. Press.

Verkuil, P. R. 2007. *Outsourcing Sovereignty.* Cambridge: Cambridge Univ. Press.

Zerubavel, E. 2006. *The Elephant in the Room.* NY: Oxford University Press.

# 第十章　議事多數決的隱憂

　　2000年臺灣經歷一項重大的政治不連續現象，即入主中央政府的政黨發生輪替。一時之間，由於政黨過往所社會化的角色扮演，抑或慣行的運作取向，無法順時順勢承繼下來，於是在國會這個新政治競技場，就發生斷續性的議事衝突。由原本執政轉換成在野的政黨，由於同質政黨之間的締結多數聯盟，一直掌控國會的議事運作，逐步將原本行政國的運作態貌，大轉型成立法政府的主治模式，因而中央政府的施政，再不能適時適刻得到立法支持或奧援，多少均受到有形或無形的衝擊，恐怕導致國家競爭力的停滯不前。

　　在行政與立法由不同政黨或政黨聯盟掌控分治的情況下，政黨之間協力就會面臨不少的障礙，向來的協力優勢，透由政黨間的一致步調而產出令人激賞的果效，就不易發現出口之道（Lank, 2006）。這其中，國會主治的政黨，如又運用席次的優勢，主導整個議事的過程，設定討論的議程，合法化自己認定的立法內容，通過自見自是的政策主張，完全否決少數黨的政策論證、制度安排及制度連結，政治體系每會面臨業已合法化的制度或政策，走向虛擬化之途，絲毫無任何執行的機會，當然無法成就原本擬定的目標。這種議事多數決的隱憂，在政黨輪替執政以來，就依循重大政治演化而不斷出現，政黨之間的政治僵局亦時時衍生。這種現象殊值得識者用知識加以關切，一來解析這項隱憂的類型，藉以引起相關利害關係人及主權者的用心關注；二來試圖解剖這項隱憂的形成原因或路徑，預為找尋化解隱憂之策，俾便往後政黨輪替執政成為政治變遷的常態後，這些隱憂就無由而生；三來建構針對隱憂的對策，促使黨際之間的政治衝突具有平台加以處理，設有機制從中化解，更能透由政黨的自律自省，開啟接納合理論述的機會窗，步往建設性的立法定制之途。

# 第一節　隱憂的類型

　　議事以多數決做為立法定制的決斷，本為民主國家的常態運作，不致發生重大的政治問題。不過，多數決的運用本有一定的限制門檻，絕對不能誤用、不當使用、低度使用，甚至是妄用，而減低國會的威信，稀釋隨立法而成立機關的正當性（如國家通訊傳播委員會和公民投票審議委員會）；延宕立法成策的時機，形成憲法機關的空窗，相關公職人員無法如期上任的政治尷尬；虛擬化合法的制度，因各項成功執行的限制過高，難以符應那些限制，造成制度無力執行的窘境。因之，這項隱憂的不同類型，迫切需要吾人加以釐定，以供相關政黨的職司人員，審慎使用這項機制，務使多數決的使用得能產生優勢及創造政經機會，防止可能不利的劣勢及杜絕政經威脅。

## 一、多數宰制的風險

　　民主政治的運行，除了信守多數決治理的基本原理外，更不能忽略少數派的見解及制度安排。蓋吾人必須肯切體認：多數黨堅持的議事安排，抑或議程上討論的各項制度結構，不一定就是合乎理性的框架，完全剔除短期政黨利益的政治或政策算計。只因政黨所面臨的是執政權力的競爭，推出新法案或新政策時，難免試圖從中加掛或隱藏對自己有利的條項，俾便於權力的爭取。不過，這項由多數黨研擬的議案，並非是全然符應議案設計的原理，強行以席次多數通過，難免會有宰制霸權之譏，難以取得他黨人士的馴服，更不易爭取執行機關的全力配合，築構心甘情願的執行合夥體系，創造出因協力而滋生的合超效應。

　　任何個人或由個人組成的團體，由於己身的政治社會化過程殊異，每每形成偏好的視框，而欲以自己的政策視框強加於他人或他黨之上，難免有不民主的癥候，更易形成其他聯盟的抵制，形成重大的政治紛爭，有被

帶上多數暴力的稱謂，更有違政黨正面形象的維護與管理，甚至非出自為主權者負責的心態，哪能引領更多主權者的信服。是以，在國會主治的政黨，或可以另類的視框，協助其他的政黨夥伴，共同為負責或述職的對象關懷，適時立出時需的議案，反而引出更大的政治收穫，吸引更多體系成員的認同與支持，願意加入政黨團隊，協力打拚權力的事工。

## 二、循證決定的無門

最近在學術界一直在倡導循證政策的決定（Davies, Nutley & Smith, 2000; Nutly, Walter & Davies, 2007; Pawson, 2006），抑或在商學領域上屬行循證管理（Pfeffer & Sutton, 2006），以減少決定或管理的謬誤，增加所要負擔的成本，進而強化政策的效益，全局關照到政策的貼近性、妥當性、賦權性、塑能性、受惠性、得窾性、充分性及得益性。不過，在多數決的不當使用下，由於重大的決定但憑取決於政黨或政黨聯盟在國會所擁有的多數席次，一來重大的制度議程受阻於程序委員會，攸關時需的議案，也恐在政治意識形態的主導下，組構議案的內容結構，而疏忽循證政策所要依循的原則：切於實情、契於系絡、基於因果、據於實例、成於商議及本於原理，於是政策可能在一開始就嵌入失靈的因子，執行機關及標的團體再怎樣地協力或合夥，也無法挽救政策本身在先天上的失調。

尤有甚者，政策抉擇所要仰賴的藍海原則：創造效能、接軌現策、貼近現實、誘發滿意、驅策參與、提供機會及引領認同，亦因多數決的強力運用，欠缺理想的言談或對話情境，導致對話理性受到堵塞，不易勝出政黨之間互為主體性的決策，進而損及執行的果效，但已付出昂貴的政策成本。

## 三、少數黨派的無力

理想的議事態樣，一則尊重理性的多數，二則維護少數應有的議事權

利（Binder, 1997）。蓋少數黨亦持有高度價值的見解，深諳政策或制度該如何安排，方具有實際的可行性，更在貼近真實的問題情境及符應標的對象的需求之助益下，致讓執行產生乘數效應，政策績效順勢勝出。是以，在議事過程上提供參與的平台，適度採納其政策主張，或可增加決策前的再思機會，從中理出不致在執行過程發生脫軌的憾事。總而言之，與多數派不同的制度設計，未必失真，多數派斷不可將其以真當假而否決議事的最終決定。

再者，多數派的立論在政治立場的左右下，亦可能出現制度設計或政策安排的盲點，因之多數認同的政策論述，亦時有難符政策原理的窘境，如若政黨之主事者疏忽於他議、信賴於直覺、執著於過往、受束於執念、拘泥於門派及訴諸於多數，則會出現以假當真，進而馴服正常判斷的情勢，導致政策一出生就滋生殘缺不全的癥候，無法進入優質執行的階段。

職是之故，少數派的建設性參與，在議案形成過程中有其所在的地位，如這項政治地位受到忽視，其就會產生高度的無力感，而對議事失去向心力，也導致國會失去提供知情理性（informed reason）的重要來源，無法對議案透視洞察及體悟深層。何況，多數黨本不滿足於立法政府的經營，而高度冀想運用議事的成績，爭取主權者的政治認同，以贏回豐厚行政資源的配置權，所以如何善用主持立法政府的良機，容納各方見解，排除以假當真的誘惑，視破以真當假的風險，讓循證的政策有路出現，不只主權者因而受益，自己亦分享重回執政的權力滋味。

## 四、回應能力的降低

歷經合法化而產出的制度或政策，由於在凝聚力鞏固的政黨多數聯盟宰制下，每每會出現回應政黨理念程度較高的立法產出，而與主權者或標的對象的想望距離較遠的決定。這就出現當責的落差，即代議機關的代理人，所推動的立法行為，無法貼近被代理人的需求，抑或先前與選民業已說定的應許，乃就不易引發標的對象的信賴順服，積極地應用政策所提供

的各項機會，挺身而出參與勝出優質政策績效的合產工程。

在當今講究以標的團體爲中心的政策設計時代（Von Hippel, 2006），推行以多數決決定議案的最終結局，可能在代理人完全受制於黨派思維，而無法有效扮演受託人的立法角色，以致在回應被代理人的心志上受到衝擊。因爲這種立法模式是以代理人爲中心，並非以標的團體爲中心，以致立法的民主化尚有一段工程要接軌與耕耘，才能達及政策使用者眞正想望的境界，進而擔當完全代理人的角色，擺脫過往被人戴上不完全代理人的稱號。

## 五、知行合一的不易

優質的組織盡可能將知識轉化爲行動，縮小兩者之間的罅隙，避免個人主觀的判斷或直覺完全主導組織的作爲（Pfeffer & Sutton, 2000）。立法機關的作爲，亦應向這項知行合一的作爲效法，在制度的安排或政策的配套上，盡量以已立的知識爲基礎，減少政黨核心價值在合法化工程上的主宰力量。

不過，在政黨之間往政治兩極化演化的歷史時刻，面對業已巨幅轉型的政治環境，由原本浮動的政黨結盟轉化成立場鮮明的政治陣營（Sinclair, 2006），黨際之間就以多數決的方式進行政治對決。在這種極端政治環境下，固守政治立場就成爲政黨戰爭的利器，以致在已知的制度知識，在立法過程中就受到嚴重的忽視，純以政黨的偏好做爲基礎的對決，產生知行之間的極度落差，致讓完成的立法，不易落實及實踐。

公民投票制度已有長久的歷史，也在實踐上形成諸多他國引用的慣例，比如行政機關或政黨本是公投提案的重大主體（LeDuc, 2003），臺灣在立法時由於受到多數決的宰制，二者乃無法成爲提案主體；國會原本只有少數黨有權提公投案，以測定多數派通過的議案，是否得到眾趨民意的維護，但臺灣的國會卻成爲一個重要的提案主體；諮詢性公投本是公投的一種類型，並可針對任何議題，且以公投的結果引領代議機關的立法行

動（Ibid.），但這項公投亦在公投立法過程中遭到排除；主權的歸屬、條約及國際協定，本是合法的公投議題（Ibid.），但斯二者也遭到多數決的封殺；成案的門檻本於對主權在民理念的民主信守，不得定得太高，以免成案可能性的歸零，但在懼怕公投的陰影下，以多數決的方式提高合法成案的連署人數；公民投票審議委員會本是不該有的建置，以免實質妨礙公投的成案，但亦在多數決的操控下，成為過濾公投案的不當機制。

多數決的不當運作下，諸多普遍性制度因子，無端在臺灣的制度形成過程中，遭到中斷性的鋸箭，致使制度的有機組合，以及彈性靈活運用的空間受到壓縮，無法展現制度優質果效的出口。這是知行不能合一的代價，更是未來制度興革的標的，向制度標竿學習的要項。因之，在制度形成的過程中，不得以言談替代行動，以記憶取代思維，以恐懼扼阻以知識為基礎的行動（Pfeffer & Sutton, 2000）。

## 六、有效覆議的困難

知行落差的立法，遠離制度目標的達成，本為自然之情事，而制度因而欠缺有效的執行力，亦是可預料之事。不過，知行合一的境界未及，本有制度加以彌補，以收立法政府與行政國之間的權力平衡。然而，在各政黨陣營的內在凝聚力超強的時際，多數決的嚴守把關，致讓覆議成功的可能性幾近於零，有效彌補知行合一的機會窗就難開啟，導致在制度難行的經驗後，就讓制度逐步走向虛擬化。

制度以知識做為基礎，本可增強其合理性及妥當性，進而催化制度的可行性，所以在形成之際盡可能擺脫政治力的操控，以免政黨政治算計條款的加掛，破壞制度的整合性，而減低制度的執行力。再者，政黨之間應是隨時浮動的聯盟，得能針對議題的本質建構多數聯盟，提供以知識做為制度設計的基礎得以在合法化工程上勝出，並以這樣的聯盟，否決窒礙難行的法案或政策，進而邁向知行合一的境界，產出制度原本所具有的功效。

多數決向來是兩面刃，一是促成議案的快速合法化，二是挫折制度的優質。凡是政黨的主事者，要善加使用多數決這項政治利器，讓尊重多數治理，保障少數權利的目標得以成就，不致因多數決的過當使用，致使多數霸權的不良印象滋生，循證決策勝出的無門，少數黨派的無力，知行合一的不易，有效覆議的困難，以及回應能力的降低。

# 第二節　形成原因

政黨與其聯盟憑倚在國會席次的優勢，操作議事的多數霸權，而較不重視議案支撐的邏輯，斷章接連普世已行的制度設計與安排，誤解倡導中制度的本質而鋪設背反趨勢的建制，提出多元但妥當不足的假定以支撐自己的制度主張，再以多數決的方式，試圖合法化自己單獨架構的法律結構，抑或相關的政策套案，並對這些合法化後的政治系統產出，對整體政治環境的影響，對制度能否鑲嵌執行的系絡，是否具有經濟、技術、社會及政治理性（Dunn, 2004），則非其主要關注的焦點，更不是考量的重點，但求黨際爭議的議題早點落幕，以供自己擁有優勢又能主導的議題列入議事議程，藉機擺脫對自己不利的糾纏。

這種運用多數席次以掌控國會的議事，在2000年政黨輪替之後，就成爲主要的政治現象，推究其因，或可由六方面推敲之：

## 一、政策主張的兩極化

臺灣的兩大政黨聯盟，由於在政治意理上差異極大，所以根據意理而推銷的議案，不僅在內容結構，抑或支撐的立論理由，架構條項所依賴的原則上，而且在政策未來的影響及效應的推測上，均有重大的趨異。席次較多的政黨聯盟，爲求自己偏好的政策組構得能迅速通關，以迎接另次的

議事戰場，乃試圖以人數的優勢掌控整個議事過程。不過，這樣的舉措極易引發少數黨的委員採取議事破壞的行為，試圖修正、辯論或阻撓多數黨所偏好或設定的議程，乃發生重大的國會衝突，一來引起議事的空轉，延宕法案合法化的期程；二來促發強渡關山的表決工程，留下強大的退還覆議空間，但因雙方戰鬥陣營的穩固，退還覆議的結局是可預期。

## 二、政黨偏好的凝聚化

政黨既然對政策的取向、法案的走向有其歷史性的偏好，而且支持偏好的政治凝聚力又甚強，茲為貫徹這項偏好，乃趁勢凝聚力尚未消失之前，利用議程設定的主導權，並以其席次多數的優勢，利用議事規則的工具，想方設法破壞少數黨所能推動的議事阻礙遊戲，順時順勢合法化自己偏好的議案，顯示掌控國會的能力，挫折掌控行政部門的政黨，其在施政上的聲望及威信。尤有甚者，多數掌控國會的政黨，更以其凝聚同仁的向心力，鞏固立法政府的持續運營，致使選民對他黨產生信任危機，因其無由透由合法化的過程，貫徹選舉過程中與選民立下的政策承諾抑或心靈契約，方便爭取未來的執政權。

## 三、權力取得的商榷

2000年及2004年取得執政的政黨，因在選舉過程中，發生公投與大選合併舉行，以及兩顆子彈的事件，而令失去政權的政黨，質疑取得政權的正當性。蓋這兩項焦點事件，一直被主觀認為與選舉結果具有強烈的相關性，即選舉結果可能因此而大逆轉。這項質疑或商榷始終影響失去執政的政黨，其委員在國會的各項議事行為，試圖運用議事的機會，動員多數的政黨聯盟，抵擋不受青睞的議案，抑或推動基於自己政治理念而建構的法案結構，以防競爭政黨的立法突圍。國家通訊傳播委員會組織法，319槍擊事件真相調查委員會組織條例，二者之合法化恐在這樣的政治思維及

氛圍下完成。不過,二法之執行並不順利,遭遇到不少的挑戰,以及滋生不少延宕執行的遊戲,比如組織成立的適憲性,相關協力機關的不合作行動,甚至展現妨礙執行的能力及意志。

而監委的提名審查及軍購案,則是在程序委員會上,以政黨聯盟的多數,多次否決進入正常審議的議程。迄今,監委案的審查尚未取得政治流勢轉變的配合,還未能醞釀開啓審議窗的機會。而軍購案在方案的調整,以及國內外政治情勢的勢移,業已完成軍購預算的審議工程。

由上觀之,多數決的把關有的針對議題的性質,有的因應焦點事件的後續處理而發。不過,這項把關的政治遊戲究竟對政黨取得正面或負面的形象,當然會有不同的論述,但論述的公允與否,則賴長期而縱深的歷史演展才能下定論。當然,相關的政黨聯盟為規劃未來的議事策略,或可周詳檢定過往多數決把關做為所立基的假定,究竟有無妥當性,同時理性分析因把關所引發的正負後遺症,再決定未來多數決的運用時機與議題。

## 四、體制運作的質疑

政黨輪替執政之後,初期嘗試全民政府的態勢運轉,但由於生命週期的短暫,乃走向少數政府的時代,於是中央政府的體制就逐步邁向總統制傾斜。然而在野政黨聯盟卻依循九七修憲的過程及交涉協商的歷史文件,強烈主張雙首長制,希冀遵照法國的政治慣例,由控制國會多數的政黨聯盟組成政府,並與國會有效的配合,藉以提升治理的績效。不過,總統大選獲勝的政黨,運用閣揆的全權任命權,強力運行向總統制傾斜的施政,於是兩大政團就開始Sinclair(2006)所謂的「政黨戰爭」,在野政團以立法政府的機制,對抗向總統制傾斜的運營。這樣一來,多數決的運用,姑不論其是否妥當,抑或反映眾趨的民意,乃一方面利用議程阻絕的工具,圍堵或封殺執政政黨所欲通過的法案,另一方面透由智庫的研擬,組構自己偏好的議案內容,再仗勢多數的優勢予以通過,降低法案的政治可行性,擺脫不利議題的糾葛,創造嶄新議題發展的空間,藉機吸引蝴蝶選民

的回歸，中性選民的選舉轉向。

　　體制的定位本是相關政黨或人士的外加，每每涉有外加者的價值判斷，何況各國的制度設計，不易跳脫內外在環境與歷史演展的制約，更深受政治文化的影響，過往運行慣例的限制，理所當然會引起爭論。只是這項爭論應循制度變革的方式加以解決，而由國會內黨際競爭來對應這項情勢的演化，恐並非是健康性的競爭，徒增政治的混沌滋生多數決過度使用的危機。

## 五、多數地位的保持

　　國會多數黨的持續保持，乃是失去中央資源配置權的政黨及其聯盟，集中全力要奮鬥的目標，是以在國會的議事上，所屬政團的委員以個別或集體的方式，展現對行政部門的監督，並通過對自己有益的議案。如若政團醒覺到未來有可能喪失多數掌控的機會，就極可能壓制少數派的議事權利，而以多數決的運用，進行議案界限的防守，防止執政政團的權力入侵，甚至設立嚴密的防火牆阻止本土派委員的轉向，結盟政黨委員採取不合作主義。

　　失去多數的威脅，對已失去中央執政權的政團而言，可說是政治致命的威脅。為了有效因應這項情勢的演展，掌握國會的政黨聯盟除了全局準備選舉競爭之外，以多數決做為武器，在國會充分發揮制衡的作用，通過符合己意的議案，否決或延宕執政黨可能展現政績的議案，恐是政治發展的走向。不過，這項議程阻絕的作為，一旦成為運作慣性，也會有政治風險要承擔，比如主權者的政治不滿，甚至改宗支持其他政黨。

## 六、黨際對立的氛圍

　　政黨之間進行議事主導權的競爭，本是民主的政治遊戲。不過，對於重大議案歷經主要政黨之間的傾盡全力協商，才達及關鍵性的共識，並

完成合法化的審議工程，但負責中樞施政的行政部門，卻對最終的決定，出現不同的聲音，且試圖以窒礙難行為理由爭取退還覆議的憲法機會，進而引發國會多數黨委員的不滿，滋生抵制往後或續階的議案審議與討論，致使待議而攸關政府改造的法案，找不到開啟的「政策窗」（Kingdon, 2003）。研議多時的行政院組織法修正案，雖已快到完成合法化的階段，卻因政治氛圍的緊張而改變原本審議的布局，再加上後續多元事件的發生，議案排列的優先順序受到動搖，政黨關注的焦點又因內閣的改組，績效產出的考量而轉移。

政黨本是由人組成的團體，會發生政治脾氣以杯葛原本已達成共識的議案。是以，負責推動主要議案的行政部門，要有全局宏觀的視野，部署策略性的議案審議管理，尋找助益的政治氛圍，趁勢合法化施政所要的法案，備妥應付全球化及國際競爭的挑戰。而國會掌控多數的政團，為了兼顧國家的政經社文發展，以及提升自己政黨的形象，還是善盡代理人的職責，盡力完成被代理人的付託，方是政治智慧的高度展現。

## 七、議事負荷的重擔

國會為了應付政經社文的快速演化，議事負荷日趨加重，在面對議事所引發的紛擾，抵擋國會空轉的苛評，克服議事時間的壓力，推動議案的政黨，對於少數黨派的議事權利，就不是那麼強調，而以「摸著石頭過路」（muddling through）的方式完成合法化的工程，盡可能排除任何議事的干擾。總之，議事的負擔不輕，時間的壓力沉重，對主權者支持的責任奇重，於是基於權變管理的哲學，適度犧牲少數黨派的議事權利，先將重大法案通過，再擇其他機會提供廣大的議事參與。不過，這種政治承諾一定要兌現，否則會引發重大的議事破壞行為，造成國會運轉的困難。有時會故意的離席，形成法定人數的不足，發生流會的情勢，抑或防止多數聯盟的締結，導致投票結果的無效。

## 八、路徑依循的效應

　　以多數決把關議案的進展，這項已有的政治經驗，會限制往後政黨的議事決定，改變往後所做的抉擇。蓋慣行的政黨已從過程中學習到有效運用的精髓，凡是遇到類似的議事情況，類推適用就成為唯一的選擇。針對同一位總統提出四次罷免，恐是路徑依循的政治寫照。不過，在政黨輪替成為常態的時代，掌握國會多數席次的政黨，亦有遞移的可能，國會的議事以事理為中心，以知識為基礎，以主權者為中心的審議依據，或許可朝協合式民主的路徑發展，避免政黨之間的健康性競爭淪為惡性的權鬥。因為，政黨之間的往極化發展，並進入「戰爭」的狀態，已逾越主權者在選舉時的政治授權。

　　政黨之間的理念落差本是常態，但若全依理念落差來支持或反對國會中的議案，恐非對議案進行全局的思維。蓋大多數的主權者是政治中性的，向來支持合理妥當的議案，是以為了爭取廣泛而多數的被代理人之支持，政黨在運用多數決之際，是否能夠展現政治的同理心，站在全民的角度來思索制度安排及議案的方向，盡可能避免政黨之間的權鬥，方能締造優質的國會形象，增強其永續發展的正當性。如若政黨過度受制於理念思維，並以之取決議案的命運，則在政黨輪替、多數少數異位之際，政治系統又要陷入另一個多數宰制的惡性循環，這種現象的預防，任何政黨均有責任加以逆轉。畢竟賦與少數黨派更多對話商議的時間，提高議題的能見度，引發廣泛的辯論，轉化原本議案為更明智、更合乎道理的結構，方是民主政黨所要展現的政治風格。

　　國會內演變成多數宰制的議事格局，已非民主政治所能容忍的政治門檻。而多數政治影響力的展現，絕非以多數決做為武器，抵擋特有立論基礎、對應緊急事件，以及論證具說服力且有他國先例支撐的議案，而是主動爭取讓這些議案快速通關，取得執行的前提，由具體落實滿足標的對象的迫切需求，並將必要的資源灌入前述的議案，有效改進標的對象的窘困情況（Shuck & Zeckhauser, 2006）。因為，國會的主動作為，採行以標的

團體為中心的政策設計，方是取得其信任的終南捷徑。

　　上述這些原因的提出，旨在激勵國會內各政黨的反思，認清在政策合法上，要扮演什麼角色，才是擴大權力範圍的對策，進而採取並加諸落實，以享終極的果效。政黨要依經驗，面對教訓，才能擴大政治支持度，更要從中擺脫路徑依循的窠臼，善用創新的議事作為，轉型以政黨為中心的傳統議事行為，邁向更加民主化的議事創新。

# 第三節　對策的提出

　　政黨輪替之後，國會議事多數決的運用，已有巨幅的轉型，少數黨議事權利的保障未能達及理想的境界，所立法律被解釋成：「與法律明確性原則不盡相符」；「逾越立法院調查權所得行使之範圍，違反權力分立與制衡原則」；「違反法律平等適用之法治基本原則，並逾越立法院調查權所得行使之範圍」；「與憲法機關各有所司意旨不盡相符」等等（釋字第585號解釋文），且衍生前述諸多隱憂，相當不利於國家治理之發展。因之，在形成的原因分析後，有必要針對這項由政黨之間破壞性衝突所造成的問題，進一步提出減輕隱憂的對策。

## 一、視框反省的啟動

　　政黨對國會議事所抱持的視框，每每左右自己的議事行為，並祈透由議事行為的產出，維護政黨的政經利益。不過，多年來的政治經驗，動用多數決以抵擋立法議程，抑或通過政黨所要的法律，並未對政黨的政治地位增強多少，在席次上展現巨幅的成長，在立法品質上超越多少，反而出現不利於政黨形象的非適法性或適憲性的解釋。因之，為擴展政黨的政

治版圖，加大政黨權力取得的空間，有必要反省過往政黨所堅持的議事視框，認眞發掘當初妥當性不足的假定，而改採健康性的政黨競爭策略，吸納他黨的建設性立法見解，進而取得立法聲望，有助於權力版圖的開拓。若繼續以多數決的機制，做爲議事杯葛的利器，反成爲他黨於競選期間攻堅的藉口，恐會窄縮選舉勝出的空間。國會其他的政黨亦體認到健康性競爭的價值性，則立法議程的優先順序，以及法律的妥適安排，均不致成爲問題，以致國家因應內外在情勢演展所需的法律，不致因政黨的權鬥而產生空窗的現象，國家的國際競爭力也不會受到挑戰。

## 二、議題論壇的召開

國會的政黨若運用擁有多數席次的優勢，阻絕全國關注的議題進入系統及制度議程，以延宕議題對策的產出，致使議題因久而未決而有惡化的威脅，於是相關的利害關係人爲了敦促國會儘速採取作爲，乃針對全國性的議題，召開對話的論壇，交換參與者對問題本質、形成原因及因應對策的看法，透過意見的溝通與交流，相互吸納富有建設性的見解，逐步形成共識，掌握不同方案的優劣勢評估，以及各項機會及威脅的預測，敦促國會進到公共當責的代理人義務（Melvill, Willingham & Dedrick, 2005）。

全國性議題論壇的推動，不但對參與者具有養塑民主公民的功能，願意積極涉入公共事務的治理，增強公共決策的回應性，事先克服執行階段可能產生不順服的行爲，而且在國會議程設定上擁有先導的作用，開拓國會對主權者另一個述職的管道，擺脫投票後對優質民主的運營就失去著力的情形。不過，論壇的共識，還要國會承擔合法化的工作，方能以政策或法律的形式出現，要求職司者及協力推動者共同進行執行的轉化工程，以達成二者立定要成就的目標。而一旦共識與決策之間出現落差，抑或沒有交集，可能要發動一系列的論壇，構築強大的壓力，促使國會的作爲行爲。當代的公民要體會，唯有主動的政策參與，才能有機會成就想望。

## 三、公民投票的制衡

當國會的政黨仗憑多數，通過反映政黨理念的政策或法律，進而衍生二者的窒礙難行，極可能演變成虛擬化的地步，這時公民可以提出複決案，以眾趨民意來決定二者的存否。有了這項政治制衡，標明國會的決定並不是最終的決定，還有待民意的檢驗，以免政策或法律向政黨的理念過度傾斜。臺灣的公民對自己擁有的複決權，尚未妥適的加以運用，相關民間團體要扮演政治企業家的角色，喚起公民對這項制衡權的使用。

而國會的政黨，有時又以多數的締造，封殺重大的政策議題，導致政策的空窗，抑或挫折憲政機關的組構與正常運作，未能展現政策或機關原本設定的功能，這時公民主動提出創制案，一則威脅國會積極的作為，以免公民收回業已委付的權利；二則在國會並未因應創新案之際，主事者積極連署動員，使其順利成案，以投票的方式決定公投案的命運，接連國會在議案上的無作為。

創制與複決是以直接民主的方式來制衡間接民主在議案審議上的失靈行為，也唯有健全而靈活的直接民主機制，方能防止間接民主的躁進或惰性。是以，直接民主的革新，並以使用者為制度設計的中心，方能排除各項不甚合理的限制條件，增強制度的可行性，加快成案的時間，敦促國會採取妥適因應的行為，維護自己權限轄區的完整性，構築權利入侵的防火牆。換言之，制衡機制的健全化，有益於緩衝單獨機制的不當使用，協助機制之間的接連及互補。是以，直接民主機制的強化，絕對對間接民主在效率及效能，回應與衡平，充分與妥當上有其一定的貢獻。

## 四、司法解釋的發動

國會的政黨根據多數合法化反映自己政治理念的議案，由於不同政黨之間的見解未因協商而有所妥協，以致通過某種程度上對主導政黨的思維傾斜的情勢。於是，在審議期間政策主張始終受到排擠的政黨，乃會針對

多數決通過的法律,其適憲性及適法性,向大法官會議提出解釋,以確定國會的立法作為之效度。

大法官會議本於憲法所賦與之職權,對係爭的個案要提出建設性的解釋,確立新設制度方向,設定行為適憲標竿,應用標竿檢定制度結構,舉出合理論據驗證制度安排,提出解決方案以利機關之間的定紛止爭,確立憲法機關各自權力的範圍,杜絕機關之間的相互入侵,形成嚴重的組織衝突。釋字第520、585、613及627號解釋,均深具建設性,不但化解停建核四的紛爭;釐清真調會之組織、職權範圍、行使調查權的方法、程序與強制手段等相關規定,符合憲法意旨之幅度;確定國家通訊傳播委員會委員之遴選,有無侵犯行政機關的人事高權;述明總統刑事豁免權適用的時機與範圍,以及總統之國家機密特權,其他國家機關行使職權時,對本權應予以適當之尊重。

司法機關的解釋本是化解憲法機關之間權限衝突與紛爭的重要機制,更是對應政治系統發生重大政治變遷之際,所引發新問題的調解者,尤其在政黨角色互換時,扮演執政與在野角色不能稱職,而發生重大政策或立法決定爭議,就須仰賴它來穩定政治系統的運作,不致在行政或立法上產生脫軌的事件。

## 五、覆議機制的回歸

覆議制度最核心的意旨在於產生威脅嚇阻的作用,致使最終的立法得能較為周延,也能平衡反映公共利益的所在,即在國會出現制定行政部門認為不妥或可能窒礙難行之前,總統釋出對之提出覆議的決心及毅力,而為了維護國會立法的威嚴,以免遭受行政部門的挑戰,於最終審議定案之前,適當地吸納行政部門的法律見解或結構安排,避免陷入法律自戀的危機,事先排除合法化之後的續階運作,增強兩大部門的威信,展現協力為政治系統的有效運營而努力(Cameron, 2000)。

再者,有了覆議制度的建制,就可能導致政策合法化的過程,並非走

完國會三讀的過程就已達到終點，還要等待行政部門的評估，是否要針對國會通過的議案，行使覆議權，使其處在不確定的狀況，而國會為了盡可能避免這項立法難堪的風險或威脅，乃站在政治系統的高位，與行政部門組構成合作的體系，構築協力的制度設計合夥人，盡量避免有害自身形象的對立衝突，設法透過黨政協調過程與平台，達成兩部門互利的共識，適時完成政策的合法化工程。總之，覆議本身是對議案的威脅生存條款，提供有權或適格使用者於適當時機提出威脅警訊，致擬議中的議案有了再思的機會，進而轉向較為以證據為基礎的立法路徑，不致明顯傾向某一黨派的政治理念，抑或蘊存適憲與適法性受到質疑的制度因子，而再一次進行國會的表決戰。蓋覆議威脅的言談一出，國會為了避免兩敗俱傷，願意再度協商兩者存有歧異觀點的制度設計，雙方互有妥協並在追求公共利益的支撐下，完成沒有續階工程的議案。

不過，威脅效力產生的前提，乃行政部門擁有較高的獲勝機率，即行政部門只要能爭取到國會三分之一以上議員的支持就可讓先前通過的議案失去其法定效力。這也是美式覆議制度設計的核心因子，臺灣本來亦移植這項設計，但九七修憲之後，行政部門就要爭取到二分之一以上動員的支持，始能否決國會原先通過的議案，這在分治型的治理系統下，就已喪失覆議制度原本持有的威脅效用，是以要以現行的制度設計，促成國會的再思，在政黨從事不健康的競爭之際，可說是機率歸零。唯今之計，乃透過修憲的過程，將制度回歸原本的面貌，接連制度生效所依賴的邏輯，使其威脅的力量，在釋出可能提出覆議的警訊時，就自然而生。這項制度的回歸，對將來哪一政黨入主中央政權，均是有利的及富建設性，所以應由兩大政黨協力完成之。

## 六、議程阻礙的運用

擁有多數實力的政黨聯盟，安排審議的議程，試圖合法化符應聯盟需求的議案，但因類似的議案，過往的執行績效不佳，部分條文又經大法官

解釋在適憲性及適法性有所不足之處。國會的少數黨派深知進入表決，在人數上一定無法匹敵推動政黨的聯盟，乃發揮少數派權利的運用，試圖利用程序優勢的庇蔭，占住主席台，阻撓任何表決的機會，伺機破壞多數派所安排的議程。而一般所謂的程序優勢，乃對國會的少數派議員，在特殊政治遊戲的某個階段，賦與其接近立法過程的機會，展現阻撓的功力，破壞完成合法化的氣氛，消耗多數派續戰的毅力，而提早結束兩派的政治對峙，等待法案的交易合理時再進行另一次的表決戰（Binder, 1997）。

　　「中央選舉委員會組織法」的法制化工程，歷經多次的議程安排，但雙方爭議的焦點，聚焦於委員的產生及組成方式，一方質疑其產生方式有適憲性的問題，但在多數聯盟的締結有其先天上的困難之際，乃以議事妨礙的策略，占住主席台，使國會暫時失去得能表決的空間，無法透過表決程序完成最終的合法化工程。這雖是少數派無力感的作用，但又反映出分治政府的政治困境。

　　多數治理及少數權利的同時維護，本質上充滿了矛盾。不過，這項矛盾的化解，根本之道在於多數治理符應立法式的領導，即提出富說服力的論述，安排適憲性與適法性的條款，杜絕任何受到質疑的因子，且願與對方進行合理的妥協。如若不然，少數派的議事阻礙就會屢見不鮮，得到外在民意支持的氛圍就難以建立，只能再等待適當的時機。

　　立法權是要分享的，而立法品質的提升，更需要政黨之間進行公共性商議，單一政黨或政黨聯盟試圖主宰整體立法過程已無法鑲嵌當今民主價值深植的社會，任何政黨如欲強行為之，則很少不遭受到他黨的抵制。因之，每個政黨勢必要與時境推移，不時反省業已過時的視框，理出得能滿足主權者的立法冀求，適時填補立法的真空，用以因應內外在環境的變遷。

　　以上所提的對策，多少對於兼顧多數治理的運轉，保障少數權利，擁有一定的貢獻。不過，少數政府的治理本非易事，誠摯地與他黨進行建設性對話，排除自己的立法自戀，虛心接納符應事理的制度安排，方有助於立法衝突的化解。而在國會居於多數的政黨聯盟，也無權自見自是與自矜

自伐自己的制度設計多麼完善，而要深知過往已沉澱的歷史記憶，每每影響到制度的結構安排，恐須不同視框的交流，才能將盲點化除，引領制度走向可行及產出效益的前提。

# 結　論

多數決的正常運用，政黨之間的議事衝突得以有效的化解，有助於國會履現對主權者的公共責任，更為相關的政黨自動地進行形象管理，擴展更多人士的認同，鞏固穩定的忠誠選民。反之，一旦多數決淪為非正當性的運用，政黨之間對決的氣氛升高，議事破壞行為出現，則立法的機會窗就不易開啓，國會的績效難獲認同，相關政黨的威信受到衝擊，公共責任未能善盡，政治系統的全球競爭力當然會有滑落的危機。是以，未來的國會運作，對於多數決的正面使用，或可從過往多年的政治體驗，體悟出適用的時機及場域。經由本文從隱憂的類型、形成的原因與對策的提出等三個向度的分析，吾人或可從中理出值得重視的知識：

## 一、全面觀察

政黨對多年來的議事互動，要以「觀之目」進行全面深入地觀察：運用多數決及議事破壞的果效，以及因而滋生的優勢與劣勢，機會與威脅，進而改變議事作風，盡量勝出優勢，掌握情勢演展而帶來的政治機會。因之，政黨權力空間的擴大，恐要破舊巧、破陳理、破固定不變的思維，才能在議事的有效運營上有所創新，才有機會跳出形象崩毀的政治陷阱。

## 二、知常曰明

多數決的運用已經歷史悠久，更從不斷精緻的過程，提煉出合理適用的常規，相關政黨順服常規的運作，才不會提供少數派操弄反常規的議事行為。反之，國會之多數黨，若意圖運用多數掌握的機會，通過傾斜自己利益的法案，則會遭遇強烈的議事破壞，面臨永續不斷的議事攻防戰，甚至引發激烈的議事破壞行為，破壞國會的政治形象。

## 三、能量均衡

國會的政黨應知悉議事不能走向極端，因為主權者一直站在裁判的位置，進行對各政黨的議事評價，而決定哪一個取得多數的位置，較有機會主導議事的運行，安排議題的優先順序。是以，多數黨在運用多數治理的原則，要依循知行合一的原則，少數黨在享用少數權利之際，要守得住政治分寸，採取能量均衡的原則，不讓議事過於延宕，法制化的工程受到遲緩。蓋主權者與政黨之間，亦是權力制衡所範限的標的。

## 四、互惠溢出

民主國家的政黨，主持國會的運轉，有效地與行政部門建立策略性夥伴關係，才能充分向主權者述職，發揮合作共生的果效。因之，政黨之間進行互惠性的施與受，才會溢出各方均贏的政治遊戲。是以，政黨要述職的對象是主權者，一切的作為勢必要講究以主權者為中心的議事，更在政黨之間，以事理進行互惠，才能產出強大的政治影響力。何況，正準備執政的政黨，要利用主導國會的機會，勝出主權者渴望的產出，加快重回執政的速度，縮短再度執政的時間。

## 五、破舊立新

　　覆議制度在降低再度肯認國會先前決定的法定人數之後，業已傷及中樞行政部門的穩定運作，更讓潛在威脅的力量，催促國會再思的動力，無形中已因國會議事被否定的機率窄縮而消失，進而助長多數決的不當使用，增加國會內的黨際衝突。因之，新門檻規定已明顯出現負數，相關政黨應正視這項憲政議題，使其威脅與嚇阻的力量得能順時順勢而出，乃要克服一切困難，回歸原本制度設計所立基的邏輯。

　　多數決在多年來的議事運用下，如今已出現有效反制的策略，相關政黨如再一直抱甕灌畦、故步自封，就無法面對政治情勢的變遷，而損及政黨的形象維護。反之，過度運用少數黨的議事權利，破壞多數黨所設定的議程，時日一久也會腐蝕其正當性的使用。因之，政黨應深知各自所各依循的路徑，均有瓶頸出現，更是利弊同生，所以要展開建設性的對話，思深慮遠地理出二元堅固的對策，一方面順暢地運轉多數治理的常規，另一面少數黨利用程序優勢，保障議事參與的權利，提供國會議事再思的機會。

# 參考書目

Binder, S. A. 1997. Minority Right, *Majority Rule*. Cambridge: Cambridge Univ. Press.

Cameron, C. M. 2000. *Veto Bargaining*. Cambridge: Cambridge Univ. Press.

Davies, H. T. O., S. M. Nutley & P. C. Smith (eds.) 2000. *What Works? Evidence-Based Policy and Practice in Public Services*. Bristol: The Policy Press.

Dunn, W. N. 2004. *Public Policy Analysis*. Upple Saddle River, NJ.: Prentice Hall.

Kingdon, J. W. 2003. *Agendas, Alternatives, and Public Policies*. NY.: Longman.

Lank, E. 2006. *Collaborative Advantage: How Organizations win by Working Together*. NY: Palgseve.

LeDuc, L. 2003. *The Politics of Direct Democracy: Referendums in Global Perspective*. Orchard Park, NY.: Broadview Press.

Melviller, K., T. L. Willingham & J. R. Dedrick 2005. "National Issues Forums: A Network of Communities Promoting Public Deliberation," in J. Gastil & P. Levine (eds.) *The Deliberative Democracy Handbook*. San Francisco: Jossey-Bass: 37~58.

Nutley, S. M., I. Walter & H. T.O. Davies 2007. *Using Evidence: How Research Can Inform Public Services*. Bristol: The Policy Press.

Pawson, R. 2006. *Evidence-Based Policy: A Realist Perspective*. Thousands Oaks: Sage.

Pfeffer, J. & R. E. Sutton 2000. *The Knowing-Doing Gap*. Boston: Harvard Business School Press.

Pfeffer, J. & R. E. Sutton 2006. *Hard Facts, Dangerous Half- Truths & Total Nonsense*. Boston: Harvard Business School Press.

Schuck, P. H. & R. J. Zeckhauser 2006. Targeting in Social Programs. Washington, D. C.: Brookings Institution Press.

Sinclair, B. 2006 *Party Wars*. Norman: The Univ. of Oklahoma Press.

Von Hippel, E. 2006. Democratizing Innovation. Cambridge, MA.: The MIT Press.

# 第十一章　馴服立法巨靈

　　國會本是資源配置的場域，而配置的核心標準在於：合理與公平，並妥適地回應主權者的中心想望，盡到做為主權者代理人的角色。這項理想在國會權力結構較為均衡的情勢下，其所做出的各項配置決定，通常會較為不偏不倚，蓋若有過度偏差的現象，總會即時出現抵制或抗衡的壓力，引動社會民意的呼應，進而提出較為折衷的方案。其最壞的情況，亦可由反對配置的政黨動員委員圍堵議案的最終表決，致使議案躺在待決之中。

　　不過，這項恐怖平衡的態勢，在第七屆的國會結構裡，由於一黨主控四分之三多數的席次，恐就殊難以為繼。因為另一個政黨在國會只擁有二十七席，不易發動議程阻絕的作為，適時阻斷不甚公允的制度安排及資源配置。尤有甚者，少數黨基於被代理人的要求，經由專業知識的轉化，細心的制度或工作安排，而提出國會審議的議案，極可能遭遇議程阻絕的命運，無法成就代理人所要為之的角色扮演，最終影響到主權者政治委付的意願，逐步毀損政黨的永續生存空間，更對臺灣未來的民主進程產生不利的影響。因之，在新國會啟動運作之時，為期臺灣的民主不因國會權力結構的失衡，不致倒退而能在課責機制的落實，持續邁向民主鞏固之境。於是本文冀圖論及：在第七屆立委選後，由於政黨席次的大幅變化，出現有立法巨靈的現象，這種現象究竟可由哪些指標做為代表；而在現今的權力結構下，國會恐怕潛存哪些威脅，而為了扼止這些威脅的出現，相關的機關及利害關係人，要盡量應用對國會可資課責的機制，以控管一黨獨大國會可能的政治脫軌，維持可以接受的議事品質，護衛國會的正面形象；在課責機制充分發揮事前、事中及事後監督效能後，邁向理想的國會，其所要展現的適當地位，以管理民主國會的形象。

# 第一節　巨靈出現

　　第七屆的立委選舉，由於選制的徹底翻新，席次的大幅縮水，政治經濟環境與過往出現巨幅的落差，加上黨際之間協調整合的成敗，導致同質政黨在每一選區的參選密度殊爲不同，而同質政黨因協調失敗以致在參選密度高的選區，由於選票的相互排擠與分散，造成參選密度低的政治聯盟政黨，較易取得選區的席次。這樣一來，第七屆國會的權力結構，就成爲一黨特別獨大的情勢，每每會有立法巨靈出現的陰影，即形成由一黨掌控的「立法卡特爾」，獲取制定治理立法結構與過程的權力，姑不論在院會或委員會的運作上，恐均會偏向絕對多數政黨的利益，快速通過其所設定的優先法案，而遲緩少數政黨所要求迫切立法的議案。尤有甚者，由於占絕對多數的政黨，擁有一切的結構優勢，所以大多數立法交易的核心人物，乃是該政黨的國會議員，而且絕對多數政黨的主要立法共識，就由卡特爾所立下的議事規則來加以推動，並由卡特爾的領導群來監督所屬成員的立法行動（Cox & McCubbins, 2007）。這種立法巨靈的情勢在往後的立法歲月中，可能逐步發展，有待關心民主法治的人士密切之關注。至於這種立法巨靈現象，究竟可由哪些指標加以披露，以密切關注其可能滋生的潛在威脅，或帶來的民主法治危機。現由六個指標來顯露巨靈的現象。

## 一、在院外行使職權

　　立法院履行憲法所付託的各項職權，均必須在院內行使職權，但97年3月12日立委費鴻泰、羅明才、陳杰、羅淑蕾等四人，以立院財政委員會名義，協同財政部長何志欽、第一金控總經理黃獻全，到謝長廷競選總部進行突襲檢查其租用是否合法。這本是存有跨界行使職權的討論空間，更有超越被代理人所授權力行使的範圍，並顯示出國會一黨獨大，欠缺足夠制衡力量而發生的第一宗後遺症。

　　這起事件已點燃立法巨靈的引信，蓋在委員會上，由於少數黨的力量過於薄弱，所提出的不同見解，不能得到多數黨的認同，抑或刺激其再思的動力，進而以思深慮遠的方式作成較為妥適的決定，免除對民主、法治及人權因巨靈的決定粗略而產生損害。須知，任何憲定機關均有其固定的政策轄區，只能在轄區內行使職權，展現分配及程序正義，方使決定滋生合法性，取得主權者支持的正當性。反之，兩項正義未守，又超出轄區範圍，當然會引起相關的利害關係的問責及論責。是以，取得國會多數的政黨，本要做好政治形象的管理，展現策略性的謙卑（Murray, 2007），深信單靠本身未能處事圓滿，猶賴他人或他黨的參與，方能完成事功。尤有甚者，政黨之主事者更要體認，議事的商議仍有諸多要學習，不能任憑多數的力量而忽略合法性及正當性的信守。

## 二、結構優勢的擁有

　　新國會既然由單一政黨全然掌控八個議事專業委員會、程序委員會及院會，順理其章就取得議事結構的優勢，全權掌控立法的議程，以致在選擇哪些議案要列入議程，進行內容安排的審議時，就自然會流露出政黨的偏差，不一定回應外在民意的歸趨。而且，既然單一政黨全然掌控委員會，因而委員會之間就相當容易建構與維持委員會之間的立法合作，一舉完成各項配套的立法，而為多數黨立下圖謀政治利基的空間，為再度掌握國會奠下基礎。

　　少數黨的委員由於在任何場域，均無法掌握任何議事的進行，其所認為必須優先審議的議案，也就不易被列入議程，造成無法對被代理人進行忠誠的述職，產生代理斷裂的情勢，失去回應的能力，恐會造成連任的困難，導致政黨更加的弱勢化，而面臨被終結的危機。少數黨為了避免這項危機，就要充分運用「費力霸事拖」（Filibuster）的立法技術（Sinclair, 2005）回應，來阻擋或延宕國會多數黨所主導的立法，以便開拓更多論辯的機會，增進文本結構反映全局關照的內容及安排，盡以公共利益而非政

黨利益來編織議案的結構。不過，少數黨在無法破壞停止討論的決議時，這項議事阻礙亦有無窘境的所在。

## 三、立法交易的主導

本來立法的本質是一種政治交易的遊戲，由主要的政治現象根據自己的冀欲及能力，以及對其他參與者即將採取行為的期望，進行必要的調適，而適時完成議案的審議。這項黨際之間的政治交易，抑或政策主張的妥協，每有賴於政黨力量不致過於懸殊，才能對各方的玩家，均得到各自的償付，足以對自己的被代理人有所交待。

不過，這項交易在政黨力量過度傾斜於一黨之際，在國會占絕對多數的政黨，資源依賴的迫切度已非過往可堪比擬，原有的交易意願，恐因需求的降低而變成極為勉強的合夥人，以致黨團之間的立法承諾，可能滋生一定程度的衝突。而在立法取向不易達成交易或妥協之後，絕對多數的政黨可能應用在人數上的多數，設法在議場推動停止討論的動議，進而進入實質的表決。

過往國會的力量在政黨之間的分配較為均衡，沒有單一的政黨完全掌控議案的表決，黨團協商乃提高立院議事效率的良方，每黨可透由斯項機制交換到與自己力量對稱的利益。然而，在國會權力結構發生大轉型後，黨團協商有可能走上形式主義，致使少數黨感受到在國會的影響力已到谷底。而為了挽救這項力量的式微，少數黨恐借助民間的力量，由主權者適時適刻展現立法期望，或可制約獨大政黨的影響力（Smith, 2007）。

## 四、議程阻撓的運用

國會少數黨的委員同樣亦肩負反映支持者立法的責任，如其在任期內無法稱職地盡到這項選民委付的政治責任，就滋生述職落差的尷尬現象，增加連任的困難。因之，他或她為了履踐這項政治委付，就要結合所屬黨

團成員的力量，推動主權者針對內外在情勢的演化而建構的立法期望。不過，由於少數黨自身力量不足，無法締結合法化過程所需的多數聯盟，每會有力不從心之感。何況，占有絕對的政黨，爲了減低少數黨的立法績效，每會在議程設定的場域，以多數的力量阻絕少數檔想要設定的議程，蓋程序委員會如堅持不將少數黨認爲重大的議程列入審議，這些議程就沒有被通過的可能。

再者，獨大的政黨亦可運用議題取代或圍堵的策略來阻擋少數黨渴望審議的議題，排除某些形態的議題之討論，而將國會的力量集中關注在社會上較無爭議的議案，而對多數黨的提議並不作成任何表決。蓋反對者每比倡導者擁有更多資源，來終結議題的存活機會；其亦可透由問題界定的方式，從政經社文角度的解讀，否定少數黨派所主張議題的顯著性、迫切性及重大性，使其失去繼續審議的正當性。因之，議題設定的壟斷權或所有權，若完全由獨大政黨所宰制，少數黨要啓動全程的立法過程就殊爲困難。

## 五、議題吸納的勉強

國會的議員既然是全民的代表，不能只代表自己所歸屬的政黨及支持者的利益，只在委員會或院會利益表達其意見，而須評比國會內各政治勢力所倡導的立法主張，抑或政策方程式，吸納其中的優勢見解，再建構出較爲各黨委員會所接受的議案內容，減少審議時的時間，又兼顧對主權者的意向之回應。

美國的當選議員，在履行選民的代表義務，除了在議場內折衝樽俎、往來協商之外，更在國會殿堂上吸納挑戰者於競選時所推銷的優先議題方案，並想方設法築構國會的多數聯盟，使其通過合法化的各階段門檻，協助關照在大選時並未投票支持選民的需求，展現出代議制度的健全性及正當性，並對現任議員產生建設性的效益，不僅增強連任的氣勢，更能事先預防未來的攻擊，並將嶄新又顯著的議題帶進國會的議程（Sullsin,

2005）。這正是民主代議制度的核心精神，臺灣迫切需要移植的代議作為。

臺灣第七屆國會出現權力結構的嚴重失衡，再加上第一政黨輪替之後，兩大政團之間，各自受自身的政治意識形態所制約，不易相互吸納倡導中政策主張的優質觀點，以致就以政治實力決定議案的最終結局。其結果，有時出現與憲法背離的法律，有時制定並無執行力的法條，甚至有議案一直躺在程序委員會，無法進入審查議論的階段。這種議事的對立，無能模仿美國的吸納經驗，可能是臺灣國會一直要改變形象的焦點。然而，時序進入第七屆國會，原本稍微能制衡的力量，已因席次的巨幅滑落而發生乘數的遞減效應，更因缺少代為回應的經驗，在沒有代議者的部分選區選民，就中斷與國會連結的管道，其需求就不易輸入進國會這個支體系，進而轉化出回應需求的產出，姑不論是以政策或具體的行動來表示。

國會本身的職責本要展現高水平的回應力，抑或增強議員及選區選民之間互惠性的政策連結。不過，這種理想在一黨掌控的國會，深受意識形態的制約，冀望其充分吸納少數黨議員的政策見解，恐就大不易；如又期待當選的議員也融入競爭者的議題，展現雙重回應的境界，諒亦是艱難，也是至為勉強。

## 六、政黨利益的追求

國會在議案的審查每要服膺公共利益的準則，盡量照顧到全體的主權者，不致特別對某一團體或組織有所施惠，出現嚴重的肉桶立法現象，增加政府財政的負擔，又未能對體系所擁有的價值進行權威性及公平性的分配，引起未得到利益者的政策不滿足感。

在一黨特別獨大的國會，在完全消失議程制衡力量的歷史時刻，該政黨如為了鞏固原本支持選民的持續支持，恐會運用議事力量的掌控，通過增加政府支出的法案，排擠其他迫切待決問題的處置經費，進而引發未得到利益選民的不滿，妨害社會資本的開發，社會凝聚力的鞏固。

　　事實上，民選的立法者既然是全民的代表，在面對複雜社會問題的解決時，其總要射準妥適的標的對象，針對其真正需要，兼顧社會正義，提出強而有力的立論理由，用以支持其所建構的政策方程式，不得為了所屬政黨的政治利益考量，而在選擇標的對象時有所偏頗，使其得到當代社會並不支持的有形或無形利益，甚至毀損或牴觸講究代間正義的政策倫理（Donovan, 2001）。

　　立法巨靈已成為國人關注的重大議題，其滋生潛在威脅的指標已如前述。這項論述的主要用意在於：提醒關注臺灣民主法治的人士，密切探索與偵測這項可能情勢的演展，配合民間社會的力量，喚醒人民不應該只是扮演單純的選民而已，還要在委員上任後，持續運用合法的課責機制，防堵立法巨靈所可能帶來的潛在威脅，一來保障憲定的人民權力，二來排除新威權統治的來到。

　　一黨獨大雖有其危險性，但政黨本身的隨時醒覺，展現高度的情緒韌性，擺脫政黨的好惡，正視自身政策視野的弱點，進而接納他黨的政策論述，全以優質的政策爭取選民的政治回饋，反而更有助於政黨利基的拓界。因而，與其讓主權者恐懼立法巨靈的風險，不如事先自己管理風險於未發生之前，得致更堅強的統治正當性。


## 第二節　潛存威脅


　　國會在英國的政治傳統上，只有無法將女人變為男人外，似乎可以為所欲為，尤其在一黨已擁有絕對多數的情況下，為貫徹一黨的政治意識形態，在國會內可能並無任何有效掣肘的力量，所以它一直潛存著不得不關注的威脅，殊值得吾人舉目關切，設法加以控管、預防。至於在多數宰制之下的國會究竟隱存哪些威脅呢？

## 一、知情理性失源

　　國會的正常決策本應在不同的政策主張相互陳述交流之後，個別政黨進行交互反省及相互吸納之後，形成知情理性，再以之做爲各項安排的依據，避免在決策作成之時就已殘缺不全，無法透由執行的轉化過程，完成原先的政策願景。蓋在多數霸權的境況下，少數政黨的聲音不易出現，建設性的政策參與甚易受到封殺，以致其對審議中議案的透視洞察及深層體悟無由提出，不能成爲另一個政黨政策吸納及知識學習的基礎，俾使即將出爐的政策，在整體結構安排上達及充分性、妥當性、賦權性、塑能性、得竅性、貼近性、得益性及受惠性的理想。因爲，政黨自身本有政策盲點所在，非要有政策取經的胸懷不可，並藉由取經之徑，消弭原先的盲點。

## 二、五權合體壟斷

　　一黨在完全掌控國會之後，又取得總統職位，逕行直接任命行政院長，全權管轄行政院所屬的各項公共事務，編擬推動事務的預算。又輕易贏得立法院審查通過，順勢運轉治理的工程，連結民間各類網絡，積累更厚實的關係資本、人力資本及知識資本，就可鞏固政權延續的底盤結構。

　　尤有甚者，總統依憲法規定還可以提名司法院正副院長及大法官，考試院正副院長及考試委員，監察院正副院長及監察委員，再經國民黨掌握絕對多數的國會同意。如此一來，國民黨一黨乃成爲控制五權的團體，成爲無所不能的巨靈，相當欠缺有力的制衡力量，有可能呈現諸多不公義的現象，降低社會階級全面上下流動的空間。何況，一旦總統不能驅使、管制、約束及駕馭五權合體的領導之輪時，要成就政治體系的偉大事功就非易舉（Sidle, 2005）。因爲，政治體系健全發展與成長大大仰賴的教育家、教養家、夢想家、戰鬥家及聖賢家，就會找不到角色扮演的場域，以致體系的能力無法強化，偵測及影響環境變化的作爲會有所延宕，不能將荊棘問題事實加以化解。

## 三、知行合一不易

相對上較為理想的政策合法化模式，本為相關決策者應許於決策之前，做好系統性的評估，進行全局性的探索，吸取他國或過往成功的政策經驗，再完成終局的選擇。換言之，當今的決策取向為詢證導向（evidence-based orientation）（Rawson, 2006），徹底講究知識與行動的一致性，以免因兩者之間的巨幅落差，而致完成合法化過程的政策或制度，找不到成功執行的機會，讓斯二者虛擬化。

而在一黨獨大的國會，政黨的政治理念或利益追求，極可能主導整個合法化的工程，導致知識的無用。這種失去知識支撐的決策，每在無能事先推陳或模擬政策效應的演化，而在無法早知道後果的氛圍下就出現重大的決策，讓受到政策影響的標的對象，承擔無法逆轉的後果。須知，片面思維而作成的決策，就會成為往後政策變遷的絆腳石，延緩政策步調的變遷，滋生不可承擔的後遺症。

## 四、議程阻絕頻繁

少數政黨由於在席次上居於劣勢，不易建構多數聯盟，以通過政黨想望的制度或政策，略盡代理人的政治職責，完成被代理人在選舉時的政治委付，以爭取其對連任的支持。不過，在欠缺足夠席次的奧援，政黨之間的政治立場又壁壘分明，宰制席次的政黨，由於受惠程序卡特爾（procedural cartel）（Cox & McCubbins, 2005），可以施展抵制議程設定的權力，以人數一路阻擋諸多議案達及最終的合法化過程，致使少數黨的議員在任期內不易展現顯著的立法績效，加深其連任成功的困難性，進而為極少數黨正常存在的利基。換言之，席次多數的政黨向來享有分配議案審議的權力，絕不會輕易放棄這項權力的運用，除非少數黨所提的議案對應主流民意的歸趨，呼應主權者長期以來的盼望。

## 五、通過違憲議案

　　憲法或法律本有範限國會權力行使的疆界或範圍，致使往後國會的議案審議不致有踰越或背反的情勢發生，以免傷及國會的形象及存在的正當性。總之，在民主正軌上運營的國會，並未享有濫權的權力，本要以行動代替言談，以系統思維代替記憶，以有效知識代替多數暴力來運營國會。不過，在一黨獨大的國會，擁有十足的權力，有時也會但憑人數的實力，通過適憲性或適法性不足的議案，不僅波及到自身正面形象的維護，違背形象管理的常理，而且影響因而成立的機關備受質疑與挑戰，無法建立運作的權威性，並以其產出的決定充分馴服受其管轄的對象。凡此，對國會及因國會立法而成立的新機關，均非有正面的意義。

## 六、主導重大變遷

　　由於國、民兩黨在立法的優先主張上不同，兩岸政策思維取向互異、冀想變遷的方式又千差萬別，何況這項政策的巨幅變遷，又帶有重大的政治風險性，高度衝擊臺灣的生存利基，非以思之深、慮之遠的態度審議將事不可，以免遽然淪入永不可逆轉或回復的困境。然而，在一黨占有絕對多數的國會，業已無法築構堅強防禦攻勢的馬奇諾防線，極可能在短時之內就進行政策的大幅轉變，迅速將其付諸實行。因為，一黨獨大的國會，原本憲法所訂的覆議或再思機制，均已失去運轉的支撐，只有讓既定的政策持續向前，除非國會本身敏感到政策演化的嚴重性，滋生後遺症的可怖性，而願以多數決的方式終結原本的政策。不過，形式上雖已將政策終結，但在有效執行期間內所沉澱的政策成本，恐成為臺灣不可承受之重。

　　一黨獨大的國會，在主導政黨的操作下，由於議事阻礙的力量不大，缺乏有力防守的馬奇諾防線，非常可能出現上述六項政治風險，如相關的政治利害關係人未對之管理，抑或現行的合法機制未能適時啟動，進而預防不可承受的後果之滋生，臺灣的未來可能不甚樂觀，甚至流失不少的利

基所在，所以強化或填補已有的課責機制，就是刻不容緩的課題。

# 第三節　課責填補

　　國會議員本是主權者具有任期授權的代理人，其在國會裡應盡情反映被代理人的期望，以盡到代理人所應負的政治責任，再由主權者在另一次選舉中決定是否再度授權或託付。不過，這項以代理績效做為課責的機制，由於先天在適時性的要求上未備，以致成為課責遲延而不易滋生積極效應的機制。再者，主權者也有罷免的機制，可在委員任職滿一年之後，針對回應選民需求不力的委員提出罷免。但因通過的門檻不易達及，該項課責的機制就流於備而不用的窘境。於今，在一黨獨大的歷史時刻，為敦促國會不因政黨制衡力量的弱化，仍舊維持高度的民主回應性，有必要針對過往課責落差的現象加以填補，使其猶在民主軌道上順時順勢運轉。至於，這項填補舉措有哪些策略可資著力？

## 一、反應大眾意向

　　國會在抉擇重大政策之前，相當謹嚴的民調要適時出現，充分表達該項政策主權者所希冀的意向及各項主張安排，千萬不可越俎代庖，做出不合本分之事。換言之，代理人必須依循被代理人的意向，無權對民意「以越人事秦」的心態待之，而要展露充分尊重、誠摯關心的心胸，根據主流民意做為政策安排的基礎，再加上專業的知識及歷史的經驗結構出較無政治風險的內容。須知最佳的風險管理，不是在風險發生之後才進行，而在於風險未發生之前，就事先加以防範，使其缺乏發生的溫床或路徑（Mitroff & Anagnos, 2001）。因之，國會的委員不可拒絕眾趨民意，因為風險最難克服或碰到的主要障礙乃是：拒絕先前的警示，忽略民意的指向。

## 二、政黨主動自律

　　國會議員是全民的代表，並非只是政黨的代表，所以本無正當性在政策抉擇之際，只在乎黨意的指示。何況，主導國會議事的政黨，其永續主導的前提，恐在議案之審議全然遵照公共利益的追索，而非政黨私益的刻意追索。蓋主導國會的權限，要由主權者透過投票來委付，如政黨於主導期間有所偏失，政策任務未能完滿，出現不少的政治風險，要由主權者代罪承擔，則期待再度的政治託付，就非易事了。

　　政黨之間每要在政治市場上進行權力競爭，爭取稀少性資源的配置權，而成功的贏得在於：以主動的作為，自主的控制濫權情勢的發生。因為濫權存有現世報的風險，偏差選擇的政策，亦不易擺脫慘敗（fiascoes）的命運（Bovens & 'T Hart, 1996），所以政黨要約束所屬議員，於重大政策抉擇之際做好前瞻、後顧及內省的工程，早知道政策的各方位發展。

## 三、啟動創複制度

　　一旦國會滋生重大政策失靈之情勢，主權者為了公共利益的維護，就要啟動複決的機制，即時終結斯項失靈的政策，以免因其繼續存在，逐步擴大標的團體，厚實政策的根基，成為尾大不掉的窘境。雖然，啟動複決機制的門檻有點高，但深受政策之害的政黨、團體及主權者就要凝聚起來，形成威脅促使國會改弦更張政治風險奇高的政策取向。

　　反之，國會在立法定策上，如若出現怠惰導致政策出現與時境之間的落差，任令問題的惡化，受害對象的增加，斯時主權者就要肩負直接立法的天職，結合民間團體協力通過合法化的門檻。蓋人民擁有直接的立法權，平時託付國會議員代行之，一旦代行出現落差，就要挺身而出，致力多數聯盟的築造，一則通過時境所需的政策，二則喚起代理人的任務覺醒，敦促他或她趕緊對主權者述職。是以，人民是有機制對應國會巨靈的，千萬不可任令代理人宰割。

## 四、推動源頭管理

國會議員在國會場域的各項表現或失職行為應有完整的紀錄，以保障主權者政治託付的安全性，不致利用國會議員的角色，擁有健全的資訊，做出只對自己或所屬政黨有利的議事行為。尤有甚者，主權者更要以這項完整的表現紀錄做為再度授權與否的準據，致使每位議員均能注意自身在國會的言行。

負責的政黨更可以這項管理的論據，做為再度提名與否的依據，以鞏固政黨的正面形象。須知，政黨之間的權力競爭，只有越來越艱困與激烈，也唯有具競爭力的黨員，才能在選戰過程築造孫山指數，擊敗他黨所推出的強勁對手。何況，這項管理的落實，亦有杜絕黨內同志間激烈競爭的效用，避免分裂的情勢，而任令選區的淪陷。

## 五、透明國會資訊

國會的議事議程、黨際協商、委員會審查、各種議案版本及表決等相關資訊，應盡可能公開透明，以做為主權者追求責任的依據，並依最終決定能否兼聽兼顧到各方聲音及意見，再決定是否發動政策參與的運動，提出主權者冀盼的內容、主張及訴求，要求國會重新研擬接近民意的議案文本，以免事後的複決工程。

資訊的隱瞞抑或出現嚴重的不對稱時，主權者就缺乏監督議事正軌運行的標的，難免會誘引議事的脫軌，議案元素的隨意切割，導致元素之間的有機組合受到破壞，進而帶來嚴重的議案失靈，浪費國家有限的資源。換言之，資訊的透明提供利害關係人的對話，進一步的討論，彼此修正原先的見解，吸納建設性的觀點，排除各方思維的盲點，結構較具有機組合性的套案，一舉攻克套案所要解決的問題，獲得主權者的認同。總之，透明是促成合作及訴追責任的基礎，更是政策成就目標的一項成功因素（Bertelsman Foundation, 2002）。

## 六、召開公民會議

　　當有關科技或重大政策的抉擇，發生與民眾的利益與價值嚴重衝突時，可由具公信力的公共機構或民間團體進行公民參與的工程，由雙方的對話、商議及吸納，進而理出關鍵的政策取向，再交由有權做成決策者加以合法化，以為有效執行奠定了厚實的前提。須知，標的對象對政策的誠摯順服，並積極投入合產及協力的行列，乃促使政策績效滋生倍數效應的酵母。如若國會批評只有少數公民的商議，所提的政策結論在代表性見解上猶有不足，可舉辦更多的公民會議，得出公民所共識的政策取向，才再由國會加以優質化，排除國會的專擅。

　　公共政策的抉擇每會涉及價值衝突，而這項衝突的管理或由公民會議來仲裁，以民主商議的工具來化解，最好不要全由一黨獨大的國會，全盤掌握權威性的價值分配，而由主權者分享這項分配的權利，或可由多元的觀點，整合出關照全局的套案，進而共同享受政策所創造出來的效價。

　　過往課責落差的現象，在國會由一黨絕對掌控之際，已無法任令該現象的延續，而要由上述六個機制的填補與落實，或可防堵結構的重大變遷，所可能滋生的政治威脅。畢竟，代理主權者行使議事權的國會，本要對其進行充分的述職任務，無權自作主張而背離民意的歸趨。

## 第四節　理想定位

　　立法巨靈透過選民抉擇而出現，已取得有效運轉的正當性，如主導巨靈者未能站在公道的立場，推動程序及實質正義的主權者想望，當然會有潛在的政治威脅，威脅到民主、自由、法治、衡平、安全與效率的目標（Stone, 2002），是以，正常的國會除了自身要深諳及體會如何理想地運營外（Roger & Walters, 2004），主權者要在威脅發生之前，訴諸於課責的警告，敦促合宜的立法行動，事先預防惡性立法威脅的產生；如若國會並

不理會課責威脅，強行以絕對多數的力量，作成法案審議、人事同意及預算審查的決定，則被代理人就要立即啓動實際的課責行爲，避免不作爲行爲，產生變調的增強作用。上該二者的落實，其終極目的在於達到正當國會運作的理想。而具體的展現可由七個向度來論述：

## 一、強化政策回應的機制

國會議員姑不論由何黨推出，均是全民的代表，在國會殿堂內就要以決策的作成來回應主流民意的歸趨，不應只顧所屬政黨或支持選民的意向。蓋這樣的立法施爲，對議員有極端重要的效益，更對代議本質的健全化及正當化有了滋補的果效，本是理想國所要邁向的標竿。

在國會占多數的政黨千萬不可認爲：既然已獲得多數選民的權力委付，就可以施展自身的意志。不過，選舉當時的民意取向，畢竟會因時空的更迭而改變，尤有甚者選舉當時的委任契約，亦因新興議題的出現，內外在情勢的變化，而有新的民意出現，多數黨當然不能但憑意志就作成關鍵性的決定，猶須以敏銳的觀察力嗅出總體意向的趨勢，再做出高回應性的政策。

無論是巨靈或力量均衡的國會，均要將國會代議的本質及品質，透由立法行爲連結選民意向的方式彰顯出來。是以，巨靈的國會推出立法偏差，並不因席次的絕對優勢而得到證成。如若利用這項政治機會，以政策回應做爲立法意識的準繩，永續經營政策主導的利基，爲政黨進行最其實惠的形象管理，增強主權者未來持續授權的品質保證。

## 二、尊重多數少數的場域

多數統治本是國會常軌運作的基準，在歷經大選並由選民決定國會的多數及少數政黨，本應得到尊重。不過，多數統治並沒有正當性將其操弄成多數暴力的情勢，蓋少數黨派的議事權利，本應受到相當的尊重，即多

數黨派並不能至爲武斷地或任意地變更議事規範或優勢，致使少數派議員合理地修正、辯論或阻礙多數派的議程權受到剝奪（Binder, 1998）。既然兩派均是國會的成員，必均有背後所要代表的民意，實要偵測與鎖定嶄新的民意，兩造均可運用國會議事程序的保障，盡情提出自己政策主張的立論理由，指出對方立論理由的盲點或死穴，以爭取多數聯盟的建立，轉化出較具合理性的政策或行動。

多數派並無權力以人數的力量圍堵少數派對議案的發言權，追求縮短議案理解落差的論辯權，設法排除議事壟斷的獨霸權，以鋪設追求價值可以接受、執行並無障礙空間（Kingdon, 2003）的政策，順利得到產出的機會窗。蓋國會畢竟是論理的場域，追求知識與循證的殿堂，絕對不能出現多數暴力的窘境，反傷多數黨的政治形象。因之，多數黨的議員斷不可走向負面的巨靈，而要堅持扮演政策中人的角色，從中進行建設性的價值衝突管哩，持續不斷追求政策行動產出的各項機會窗。

## 三、活化憲政機關的機轉

依憲法而設立的機關，本擁有其一定任務轄區，在權職充分行使之後，支撐其設立的目標或可加以成就，以證明其存在的正當性、必要性及迫切性。監察院本是歷史傳承的機轉，職司彈劾、糾舉及審計之權，以事先防止推行公務人員的違法、失職或濫權的行爲，以及事後給予適當的懲戒，進而整肅官箴攻克貪腐。不過，這項機轉業已停擺多年，因立院一直來將此項人事同意案列入審查議程，以致讓該機關因缺乏推動的主力人員，而將彈劾及糾舉權凍結掉，公務人力的紀律維持有了鬆懈的空間。

如今，國會的權力結構已有根本性的轉變，再加上大法官也已作出拒審有違憲的情形；何況，同一政黨又掌控龐大的政府機器，爲展現清廉執政的政策承諾，由總統盡速提出各界肯認的人選，並由國會進行適格性的審查，再行使同意權，以利用職權行使的主體之注入，發揮政治防腐的果效，進而提升國家競爭力的排名，快速邁入清廉的標竿，注入監督公務人

力的周全機轉，驅使政務及事務人員的敬謹從公。

## 四、問責行政部門的對口

　　國民黨重新完全執政之後，就要完全負責，無法再藉由分立政府而擺脫施政成敗之責。而在行政與立法權完全由一黨掌控之際，立法機關還要充分扮演問責的角色，以防止行政權的專擅，抑或過度運用裁量權，而降低正義標準的符應。換言之，立法院不能再度出現如過往降移為行政院的立法局，只是承擔行政背景的配角。

　　國會之所以設立質詢的制度，本要透由兩院的對話，提醒政院的職司者，現行政策存有哪些盲點，哪些迫切議題猶未構思對策，哪些目標有待追求，哪些嶄新政策工具可資採行以提升政策的執行力，提高政策問題的解決度。換言之，這項展現問責的質詢制度，可幫助雙方學習新知，進而滋生創意，再對原本的政策罅隙加以填補，將推動所生的偏差或矛盾導正。

　　再者，國會更要對政府施政是否存有雙重標準，以致滋生公正不倚不易達致的情勢；權力運用是否發生濫權、不當使用或過度使用的現象；經費財務的開銷是否存有浮濫或流入不明方向；績效作為是否按照期限在戮力進行，提出適時適刻的問責（Behn, 2001），以免行政部門自見、自是、自伐及自矜的行為，進而毀損稀少資源的妥當使用，抑或行政部門在履踐四項課責有了偏差或矛盾，導致行政價值的極大化無由而生。

## 五、解開立法僵局的樞紐

　　在分治型政府的時代，立法與行政兩院時常發生政策齟齬的情勢，導致出現政策真空、遲延及惰性的困境。不過，這項立法僵局已造成第二次政黨輪替的結局，所以新國會及新政府絕不能任其發生，錯誤解讀選民的心情與認知，而以為在重要議題上藉故拖延或延宕，以致最終並無任何作

爲，對政黨延續政權的管理無傷。

　　何況，政黨輪替之後，少數黨僅剩下的一絲力量而已，其會盡情發揮這點監督力量，杯葛重大議事的進行，造成嚴的立法僵局。尤有甚者，少數黨同時亦會運用民間社會的力量來加強其在重大政策的阻礙功能。斯時執政黨若試圖以絕對優勢的國會席次，破壞這項杯葛的舉措，恐會有多數暴力之譏，貼上忽視少數派權利的標誌，所以國會的多數派就要想方設法，並以建設性的解方將僵局加以克服（Binder, 2003）。否則，立法僵局未解，破壞性的後果就會隨勢而到，而流露出國會與政府無能的表徵。是以，如何說服少數派的論述，爭取民間社會與自己站在同一陣線，乃是新國會及新政府所要面對的嚴肅政治課題。

## 六、回歸制度邏輯的領航

　　覆議制度之設立，本立基於一定的邏輯思維，冀想由該制的運行產生立法威脅、行政問責、立法反思、對立解套、品質保證、分享立法及最後抵擋的作用（林水波、邱靖鈜，2006）。這些作用產生的前提，在於國會如欲維持自身的立法決議，必須締結三分之二以上議員的多數聯盟，這並不是一件容易之事，更有助行政中樞穩定的政策工具。不過，這項形塑行政國的制度防火牆，在九七修憲時已將門檻降爲二分之一，致使行政的穩定較難達成。茲爲了政治系統不論在哪黨執政之際，都能有效能的運轉，國會要有前瞻的視野，透過正當的程序回歸本制度的初始設計，使其得能建設性的執行。

　　再者，攸關直接民主落實的公投制度，有關公投案最終通過的門檻應設在投贊成票的高低，而非投票率的多寡，並將未參與投票者視爲反對公投案的人。蓋全世界實施直接民主的國家並沒有這樣的制度安排，而且將來投票者誤認爲反對公投案者，本是一種代位而武斷的認定，妥當性本有受質疑的空間。尤有甚者，再歷經三次的公投運轉經驗，提案者爲顧及全體選民二分之一參與投票的門檻，乃選擇與總統大選與立委選舉掛勾，

增加兩黨之間的紛爭，甚至破壞公投的莊嚴性，並對選舉造成不公平的批評，是以理想的新國會，也要對公投制度的合理安排，有了重新的反思，致使制度本身得以在正常軌道運行，不再成爲只是虛擬的建制而已。

## 七、展現議事效率的場域

正由於全球化時代的來臨，議題連結的現象，抑或產生跨域的影響至爲明顯，所以身負政策制定的中樞，必須能即時反映內外在環境的演化，產出與其鑲嵌的對策或規制，一來化解問題的挑戰，二來鞏固政治體系在全球的競爭力，以免因決策遲延而喪失各項政經社文的機會。

再者，議事效率的增進，是國會對自身形象的管理，強化存在的正當性。須知國會的成員是選民的代理人，有義務、有責任回應被代理人的要求，履踐與其簽訂的政治契約。何況，在過往分立型政府運作的時代已成過去，而今走入一致型政府的運作，已舊的政治藉口，兩院政策衝突的空間縮小，在野黨掣肘的力量也大不如前，所以該是展現議事效率的歷史時刻，更是國會九轉功成的時機。

臺灣在過往八年辛苦的分立型政府運作下，諸多政策的價值衝突無法克服，已使亞洲四小龍的地位難以維持，爲因應這項困局，並在政治對立不存在之時，國會繳出亮麗的成績單正是時候，不該再有議事遲延、政策空窗、機關停擺、人力不足及制度不全的現象。不過，在一政黨全權掌控國會之際，還要固守議事的民主精神，以免因多數暴力破壞國會的形象，進而引發民間社會的抗衡，帶進不同主角之間的惡性衝突。

國會在經過大選的競爭，已消弭劇烈價值衝突的基因，該是邁向理想定位之途，苦心孤詣找尋過去所欠缺的、未來所需要的、現今待補強的標的，在尊重少數黨派權利，抓住主流民意之後，快速加以填補，用心支持政府在提升國際競爭力及面對全球化風潮所要有的制度後盾。

立法僵局已得不到被代理人的認同，國會主角斷不可對社會的氛圍進行錯誤的解讀，而要深信對重大議題的無反應，抑或行動遲延已不是主權

者所能容忍的。於今，國會所要扮演的角色，乃是適時的環境偵測，發現新議題及新機會，進而對話集思而轉化出影響環境的對策，增強主權者對國會的滿意度。

# 結　論

國會權力結構無論怎麼失衡，主導者在議案審議之際絕無權力但憑絕對多數，排除不同的論述或政策見解。蓋單獨政黨的政策架構安排，時會陷入團體盲失的困境（groupthink），有待他人的異聲介入，進行思考的翻轉，忽視點的查出，缺陷的彌補，以及較周全方案的推出，以免潛存威脅對政治系統的危害，並對政策造成極大的慘敗。蓋臺灣對中政策的巨幅變遷，政治風險每有隨影而至的空間，倉促草率絕對不可以。

課責的落實，終極旨趣在於：期許國會在政策抉擇之前，就審慎推演政策進行的劇本，發現其中的陰暗處，潛存的政治風險，事先就在政策內容上加以周全的部署，防範於未然，進而避免稀少資源的浪費，從而又有資源處理及其他的新興問題。如此一來，事後的責任追究也就可以省略，這乃是課責的頂級境界。

課責機制並非簡而易行，總要由相關人士熱心的投入，方可鋪設一條平順的路徑。因之，爲了國會的正軌運行，有心人士一方面下定決心落實相關的課責機制，而對國會盲動作爲產生嚇阻作用，另一方面於國會作成決定之後，出現嚴重弊端之際，啓動課責機制，加以中止政策的運轉，杜絕弊端持續出現之口，回復威脅政策未出之前的狀況。

立法巨靈不論以事前課責威脅的機制來阻斷其滋生不良後遺症，抑或以事後實際課責的加諸，用以導正立法審議的偏差或矛盾，進而致使國會搭建邁向理想定位之途。二者均是馴服國會所要強烈推動，吾人千萬不可存有一黨獨大只是一種主觀性的論斷，而是實際有可能滋生治理不良的情

勢。首先不要天眞拒絕這項可能，而任由政治風險的潛存，伺機找到發生的出口，其次要隨時準備好馴服危機的心理及工具安排，使其一旦發生就可派上政黨的戰場。嗣經前述四個層面的分析，吾人或可得到六項理解的澄清。

## 一、巨靈業已構成

一個政黨同時掌控行政及立法巨靈的時代，在臺灣已經出現，未來是否往正面或負面的發展，就要仰賴多元力量的配合，少數黨委員與民間社會要發揮協力，才能施展馴服的力量；多數黨的政治智慧，永續執政的期待，亦可生成自制的力量。

## 二、威脅不易避免

巨靈的力量龐大，如若情緒韌性的養塑又不足，難免會發生類似踢館的事件，抑或議程阻絕的作爲。因之，相關人士不能樂觀地以爲在制度網羅的社會，巨靈的自由空間有限，滋生政治威脅不易。

## 三、課責不能落差

少數黨及民間社會對國會巨靈的課責要在四個標的：公平、財務、權力使用及績效上，不能有落差或偏差的情勢，以減少課責的威脅力道，進而在事前、事中及事後的課責上出現失靈。

## 四、選民敦促永續

選民已無法在選舉之後，就歸零自己的角色扮演，而任由代理人以自由意志操演立法權的行使，還要永續經營罷免、創制與複決的推動，以馴

服巨靈的作為，在規制的範限之內，不致推動過度消費財政的法案，而遲緩鼓勵生產的議案。

## 五、政黨自身醒覺

外在控制的力量有其時而窮之勢，而最佳的防衛巨靈力量，本是巨靈所屬政黨的政治醒覺，以不自見、不自是、不自伐及不自矜的作為，對待議案的審議，方能提高合法化議案的受認同度。

## 六、理想定位待成

第七屆的國會面臨諸多的內外在挑戰，必須適時加以因應，以保衛臺灣在全球化時代的競爭，所以巨靈所屬的政黨，要繪好通過挑戰的策略地圖，完成接受挑戰的議案，以成就國會的理想定位。

歸結言之，每階段的國會演變，均有其要針對的課題，巨靈出現的時代亦復如是。首先相關利害關係人要認清具潛在的威脅所在，再尋求發現現行課責運轉的落差，迅速加以填補起來，構成對巨靈的嚴重威脅，並且在巨靈成員行為脫軌時，立即施展極大後果的壓力，以及領導人展現策略性的治理謙卑下，締結優質定位的國會。

# 參考書目

## 一、中文部分

林水波、邱靖鈜，2006。公民投票vs.公民會議，臺北：五南。

## 二、英文部分

Behn, R. 2001. *Rethinking Democratic Accountability.* Washington, D.C.: Brookings Institutions Press.

Bertelsman Foundation (ed.) 2002. *Transparency: A Basis for Responsibility and Cooperation.* Gutersloh: Bertelsman Foundation Publishers.

Binder, S. A. 1998. *Minority Rights, Majority Rule.* Cambridge: Cambridge Univ. Press.

Binder, S. A. 2003. *Statemate: Causes and Consequences of Legislative Gridlock.* Washington, D. C.: Brookings Institution Press.

Boverns, M. & P. 'T Hart 1996. *Understanding Policy Fiascoes.* New Brunswick: Transaction Publishers.

Cox, G. W. & M. D. McCubbins 2005. *Setting the Agenda.* Cambridge Univ.Press.

Cox, G. W. & M. D. McCubbins 2007. *Legislative Leviathan.* Cambridge: Cambridge Univ. Press.

Donovan, M. C. 2001, *Taking Aim.* Washington, D. C.: Georgetown Univ. Press.

Kingdon, J. W. 2003. *Agendas, Alternatives, and Public Policies.* NY: Longman.

Mitroff, I. I. & G. Anagnos 2001. *Managing Crises Before They Happen.* NY: AMACOM.

Murray, E. C. 2007. *Talent IQ.* Avon, MA: Platinum Press.

Rogers R. & R. Walters 2004. *How Parliament Works.* NY: Longman.

Sidle, C. C. 2005. *The Leadership Wheel.* NY: Palgrave.

Sinclair, B. 2005. *Unorthodox Lawmaking.* Washington, D.C.: Congressionaly Quarterly Inc.

Smith, S. S. 2007. *Party Influence in Congress.* Cambridge: Cambridge Univ. Press.

Stone, D. 2002. *Policy Paradox.* NY: W. W. Norton & Co.

Sulkin, T. 2005. *Issue Politics in Congress.* Cambridge: Cambridge Univ. Press.

# 附錄

## 千禧大選

# 附錄一　千禧大選的特色

一場競爭激烈、相互攻防的千禧大選，在三一八結果出現之後，將戛然而止選前過量的選戰分析，並進入新議題的論述階段。趁此時刻回顧與剖析二屆總統競選過程的特色，足可提供三主要候選人勝敗原因分析的系絡基礎，並指出選戰種種逸出常規的現象，以便漸進轉側主要政治陣營策略運行的體質，不再將選戰淪為一次又一次的社會人口結構挑撥的場域。這場選戰極為不平常，改變了執政的政黨，新生了新的政黨，舊政黨也會走向式微之境，特殊體制可能形塑，政府運作可能轉型，政黨消長悄悄衍生，兩岸關係被迫重整。因此，它是殊值得進行特色分析的對象，用以瞭解何以結果會與過往竟然有了天壤之別。

## 第一節　政黨嚴重分裂

臺灣由於政黨的民主化不夠成熟，提名制度總無法高度受人認同，以至在選舉上常出現分裂的現象。不過，本次大戰，國內三個主要政黨，均有程度不一的分裂情勢，朱惠良為陪許信良走一段政治旅程，脫離新黨；許信良由於不滿民進黨提名制度的臨時變更，且為了實現自己一生中最大的政治夢，毅然不計較成敗，以苦行僧的方式加入戰局；宋楚瑜自信自己頗有當選實力，並以為若循黨內既有的提名制度，又因遠離權力中心已久，極可能無法出現參選，乃以自行連署的方式加入選局；新黨為了不願在大選中缺席，乃提出無黨籍人士組配參選。這種政治景觀，堪為世界奇有，又對選情造成嚴重衝擊。

阿扁之能成為最終的出線者，拜於這種政黨分裂的因素滿大。如若連、宋中間有一位扮演隱性候選人的角色，則阿扁的勝出就有困難。再

者，為了穩住桃竹苗的基本票，陳陣營祭出尊許保扁牌，呼求支持許信良的選民，以此次大選是距離執政最近的一次，化解他的殺傷力。

從這樣的選舉結果可知，黨內參選密度太高，無疑會減低各自當選的機率。畢竟力量一分，要由游移選民來補足並非易事，實在戛然有難。這種現象在上屆縣市長選舉，就已彰明較著，但是國民黨在權力傲慢的陰影下，猶不能學習到教訓，當然會嘗到慘痛的苦果。

是以，有政治家格局、胸襟及智慧的人物，應致力建構令人認同的提名制度，不可再藉制度不公之名參選，以破壞黨內的選戰布局。尤有甚者，他或她更要養塑服輸的勇氣及闊達，師習美國民主、共和兩黨初選落敗者轉而支持合法提名者的精神，才能達致揖讓而爭的境界。當然，掌權者要有權力分享的情操，培養精誠合作的合夥精神，畢竟合夥才能創造合超效應，轉化問題的癥結，建構政治倫理、組構權力經營團隊，規避權力喪失的政治風險（Linder, 2000）。

臺灣實在難有第三政黨有效發展的空間，因為再也沒有民進黨成立之時，源源不斷的議題，既可衝撞既有體制，又能締結支持群。何況，新中間路線已成為政治思潮的主流，同為政黨可接受的政策方向，所以新興政黨的存活比較困難，還是進行政黨改造，以對應政治系絡之演展，才是爭取權力的捷徑，更能樹立兩黨的競爭結構，鞏固掌權者的正當性。

## 第二節　操弄棄保效應

在三強廝殺的競選結構裡，沒有一人自信能篤定當選，每會想盡辦法，企圖由其他二人拉選票，藉以鞏固當選的立基，這種現象在本屆的大選中大放異彩，三人同時以或明或暗的方式操弄棄保牌，而謂張三業已出局，或李四常居老三之位，並以假民調佐證之。

不過，由於選前十日依法不能再公布民調，何況民調又因調查者的

自毀，失去原本應有的公信力，選民並不全以之做為棄誰保誰的準據。何況，三強鼎立的戰局，選民不易判斷或分辨，何人已無當選希望，選民還是回歸真誠投票，以簡化抉擇的情境。是以，本次大選，棄保效應發酵的幅度不大，由於國民黨的參選人，自相分食大餅，成就了阿扁漁翁得利之局。當然，興票案改變大選的結構格局，亦是棄保牌效應萎縮的主因。

各方為了營造棄保之結構，每會互揭瘡疤、挖掘隱私，講最不得體的話及使最惡毒的手段，一定要在參選人間醞釀仇敵化、對立化、藐視化、鬥臭化、致死化及權謀化，實在是一種卑劣而可悲的選戰策略，硬要界定最討厭誰及最痛恨誰，實在惡質化選舉的本義，將政黨、政客及選民都被迫成為陰謀家，哪能建構相互信任的社會，形塑共識的政策取向（南方朔，2000）。

有人說棄保效應的溫床在於相對多數的選制，因只決戰一次，才會致使候選人使盡手段，營造棄保之局。然而，絕對多數制就能解決嗎？個人認為還是一廂情願的想法或推斷，蓋在三個強人參選時，為了擠進前二名，依然會在第一輪投票時再施故技（林水波，2000）。因之，根本的解決之計，恐要求諸於政黨提名制度的變革，以及政治人物宏觀視野的養塑，因為同黨可藉之化解同室操戈之苦，再組構兩強對仗的選戰格局，一舉解決少數總統的問題。

操弄棄保效應應是非常不倫理之舉，常讓惡性因素之發酵，良性因素之阻絕，政治人物何忍持續加之操弄，加深社會的分歧。因之，臺灣的政黨應改革換面，走向負責政黨的模式，不論在朝或在野，均要扮演支持者的代言人角色，對之負責盡職，不以取巧的方式倖取執政權（Barbour & Wright, 2001）。

棄保效應本質上是看不見、摸不著、測不準，只能言談，只能呼求，但其一直主導選戰的運行，候選人會隨之起舞，亦會隨情勢對應，深化口水戰及抹黑戰，所以有志之士不要對之迷戀，以免受其吞噬，還是回歸常態的選戰為要。

## 第三節　民調部隊充斥

　　棄保效應既是三強爭奪戰下，最熱門的一張牌，但這種牌產生效果的前提乃是，民調測出三強之中，哪一強已屆居民調第三名，似乎已無當選希望，選民若不進行策略性投票，將會使自己的選票失去作用，也可能導致自己憎恨的候選人趁機當選。於是，民調在一時之間就成為熱門的新興產業，正如雨後春筍般紛紛成立，檢測機構拿候選人的錢，並且配合候選人的需要，特殊安排問卷結構，布署引導性的問題，且不避諱社會期欲性的答案結構。尤有甚者，有些主事者故意扭曲民調的過程，或只公布對委託民調的候選人有利的數字，意圖影響選民做為棄誰保誰的根據。

　　這種特殊民調的經營景觀，實為本次大戰的一大特色，不少民調機構只是一案公司，打了就跑，甚至根本沒有登記這項營業項目，簡直就是負責掩護、製造及公布對特定陣營有利的民調數字，說這些機構是民調部隊並不為過。

　　這樣的作為讓民調的知識價值破產，將其淪為工具化、奴婢化、操弄化、灌水化、策略化及政治化，進而引起口水化和失真化。於是，臺灣的民調已遭謀殺，要重建其原本的權威，實在有緣木求魚之難。

　　不過，民調泛政治化的最終受害者，當然是委託的候選人及其陣營，一則將其拴在夢幻的世界裡，以為自己已穩操勝券；二則降低防衛之心，失去防患對手的滲透，積極拓界與擴界的作為，所以布署民調部隊可說是一種自毀的行為，一廂情願假定選民會受這樣的民調所影響。

　　事實上，棄保效應之作為，取決選民自發性行為的成分居多，大抵是一種內控的投票行為。主持選戰者如將其誤認為外控的行為，可以不具倫理性的資訊來驅使或物役，那就不能洞悉棄保效應的奧妙，反而自己受其操弄。

　　最後，欲以民調來左右選民的投票行為，這個候選人已明示其並不以政見及人格特質來爭取選民，他所追求的是一種西瓜或棄保效應，可說是

一種講不上的競選格調。同時，將民調設計來誤導選民，簡直是對選民的輕視，根本瞧不起選民的水準，所以本質上是非常沒有政治倫理的作為，有學術修養者怎麼成為共犯結構呢？

## 第四節　主帥為人助選

千禧大選出現另一個奇特的現象乃是，另外二組——李馮及許朱候選人，雖表面上正式參選，但暗中卻為另外的主力參選者護航與助選，這是世界民主國家相當罕有的現象，似乎代表著選舉文化不夠成熟的標誌。

雖說這二組參選人當選機率不大，完全意在為競選而競選，但也不能或明或暗成為他組候選人的分身，一則攻擊助勢，加強砲火；二則吸納強力對手的選票，阻礙其當選的機會。這均有違在歐美社會所謂第三類參選的政治目標：制衡政策取向的偏頗、提供表達不滿的管道、累積支持的社會人脈、動員公民的政治參與及政治防腐的作用（林水波，1999）。

政黨或人物如意在為有希望當選的候選人助選，則可以名正言順的方式為之，不以假參選方式欺騙選民，反而會受到應有的尊重。不過，如假參選實助選，將對代表參選的政黨或自己造成難以回復的傷害，恐無法累積能量待勢參選。須知，臺灣地區政治人物的政治生命本就不長，隨意自我踐踏，將更快縮短政治生命的週期，提早消失於政治界。

隱性參選的策略，在過往政黨競爭較不劇烈的時代，候選人可藉參選的機會，進行搓圓仔湯，而致自己蒙利，但如今選民理智而精明，政黨積極爭取生存空間之際，哪能掩護身分，隱藏背後動機，不為選民識破，得以全身而退，保存政治聲望。因之，不可再打這種政治如意算盤。

有當選可能性的參選人，更應體認民主競選最基本的政治倫理，但憑政見議題的說服，自我形象的推銷，政黨認同的形塑，選戰焦點事件的運用，平時社會資本的積累，打造營戰的架勢，進而深悟打隱性競選策略

的不義性，與無法與政治生態環境鑲嵌的事實，切實擺脫對斯項策略的依賴，重新規劃符應時空、為人認同的策略，縱然一時無法掄元，但猶是雖敗仍榮。

主帥既投入選局，決定為傳播嶄新政治理念，喚醒眾人皆醉的時局，就應認真地參選，用以開拓實現第三類政黨的參選意圖，盡情發揮其政治功能，以免扭曲勉強參選的建制，或為政治不義的幫兇。

## 第五節　投票率相當高

在美國，由於法律的障礙、政治功效意識感的低落、選舉動員的不夠熱烈、社會世代的變遷及成本效益不成比例的盤算，自1932年至1998年，選民的投票率，在期中選舉上，類皆在50%以下，而總統大選雖在1960年曾達65%左右，但在1996年也降到接近50%而已（Barbour & Wright, 2000），可說是極低的投票率。而這種低投票率的現象，有時可能會影響到由何黨主政的結果，有時亦會衝擊民主政府的穩定及正當性，畢竟在低投票率及兩強相爭的政治情境下，當選者所得的票數，在總體選民上，可能是相對的少數。因之，在美國，所有的政治行動者在選舉日那天並不具平等地位，年輕、教育程度較低者、貧困人家及少數民族，通常較未投票，不能選出較多代表他們的政治代表，以致聲音難以被表達，權益受到較少照護。

不過，在臺灣，兩次總統大選的投票率並不低，千禧大選更高達82.68%，雖不能謂為絕後，但可說是空前的，更是民主國家少見的現象。其原因有：

1. 高度動員：主要候選人為求勝選，投入很大的動能，進行議題、願景的論述，優勢形象的建構，用以說服選民的投票支持。
2. 競爭激烈：三強強力拚場，並自認均有當選機會，於是各自的支持者為

了保護自己的地盤，不斷地利用網絡集結，發揮高度的動員力，深恐自己的支持者落選。

3. 氣候幫助：投票日天空放晴，掃去多日來陰雨綿綿的情景，提高選民參與投票的意願，蓋好天氣增加投票的便利，減少須付的成本，願為民主大戲同扮演員的角色。

4. 叩應發燒：這場大選由於是後李登輝時代的登場，政策走向也許會變，權力結構可能更調，政黨輪替更是最有機會的歷史時刻，所以選前叩應節目發燒不斷，全繞著大選主題轉，激發人民的政治參與。

5. 族群制衡：這場大選主持選戰者暗中撩撥起族群間的歷史恩怨，再加上中國的嚴辭恫嚇，恫嚇選民要支持其所認同的候選人，無形中激起先到住民的政治參與率，以制衡向來投票率就高的後到住民，以免已定的權力結構安排，受到重大的轉變，進而維持已習慣的政治運作習性。

6. 障礙欠缺：選民只要有意投票，不必像美國一樣，需要事先登記，才能取得投票的合法性，所以並沒有任何障礙阻擋選民的投票參與，有助於投票率的提升。

　　投票率高深深影響本次選舉的結果，以致族群結構較為劣勢的候選人，雖已得到不少的先到選民支持，但在基本面及同室操戈之下，還是敗下陣來。不過，這種族群的高度動員，讓彼此間的厭惡、憎恨或敵對，找到發酵的空間，一則加深後到住民的失落感，二則深化社會分歧，二者均不利政策共識的形塑，助長相互間的監控，破壞往上提升的機會，處事原則的建立，進行以低標準為尚的政治運作（南方朔，1999）。

　　臺、美兩國投票率的差異，顯示兩國的政治情境存有極大的不同。美國在制度之制約下，大政方針不致於有了巨幅的轉變，但在臺灣，如換黨執政，則政策的延續性就受到高度關注或恐慌，難怪選舉的動員在族群雙方的制衡下，投票率會升高那麼多。

# 第六節　扒糞抹黑大戲

　　臺灣地區由於長期在專制威權的統治下，擁有權力者由於壟斷利益的分配與享有，深怕於選舉過程中一下子失去權力，乃對挑戰者或對現行體制不能臣服者，進行極端惡毒的醜化或邪惡化，用以腐蝕其參選或挑戰的正當性。因此主政者每利用掌握資訊的便利性，應用夤緣人士扒糞抹黑對手。再加上，選民無法擺脫扒糞抹黑伎倆的牽引，每受其影響，猶將票投向威權統治推出的候選人，更使這項策略因效用顯著而一直沿用至今。

　　千禧大選，由於執政黨受到黨內及反對黨嚴重的挑戰，備感失去權力的威脅，流失政商利益的考驗，威權者乃分階段暴露各項扒糞抹黑大賽，意圖挫折其他參選對手的政治聲望及支持度，剝奪其參選的道德正當性，所以賣臺論、超黨派是新威權的論述紛紛出爐。緊接著揭發金錢醜聞，破壞強勁對手的清廉勤政形象，再來進入掀開政治人物的婚外情，敲打風月傳奇的選戰，最後經由打手鋪陳水扁北市府公益彩券案的可能貪瀆情節。因之，有人稱謂本次大選為「一場超級扒糞大賽」（南方朔，1999甲）應不為過。

　　這種超級扒糞大賽，本質上是以政治仇恨進行選舉的，任情撥弄賣臺論述，挑逗族群衝突，未見政治寬容的選戰，是相當不良的、且是低標準的政治作為，不易養塑羞恥心與不安感，反正為取得執政權，可以為達目的不擇手段，即目的可以正當化任何可取得權力的手段。

　　然而，扒糞抹黑大賽最後未能捍衛國民黨的執政權，也未幫助宋氏穩住初始的競選優勢，而由阿扁勝選。這是否代表本項惡性選略已到了歷史終結期，猶待一段時間檢驗，抑或代表臺灣已脫離低標準的選戰泥淖現象，如口水生產、平庸見解、價值守舊、原則失約、積非成是及比爛為竿的境況，當然亦有待觀察。

　　不過，仔細關注選民的投票取向，似乎對這項惡質化的選略感到厭惡，再加上政黨輪替執政，行政或管控體系逐步的中立化，或許大大有力

於消弭這項選戰威力的幅度，回歸於正統的選戰，以優勢議題為導向，正面政黨形象為依歸，令人信服的候選人屬性為牽引。

政黨輪替之後，人民殷切期盼的莫過於：逐步形構普遍性的行政或法律標準，鼓勵政治人物對自身榮譽的養塑，排除煽動興奮的政治心理，斬斷沒有養分的口水紛爭，而致威權政制漸進消失立基，讓負面選舉術失靈（南方朔，1999甲），真正進入憲政自由主義的新紀元。

選民的自主性或主體性之培養，政治敏銳力之社會化，致讓扒糞抹黑大戲影響對象，成為理性的透視者，得以透視其荒謬性及不可信性，當然是一項艱難的政治任務。不過，非能如此作為，總留下扒糞抹黑非常寬廣的效力空間，要加以徹底滅絕，非想像中的容易。

## 第七節　陣營相互搶人

千禧年大選，三個主要陣營，為了營造勝選的態勢，連、宋陣營之間產生互挖牆角的現象，對象鎖定在一些反出國民黨的人士，以運用其影響力，號召支持者，支持其新依附的候選人；而扁陣營所請來的名人，係以非政治領域的重要級人物，在民間聲望很高，本來於第一屆總統大選時，支持李登輝的民間友人，但因對黑金政治感到憂心，並質疑連、宋能背離原本李登輝的政治路線，而投入支持阿扁的陣營，較能進行開拓票源的任務。

這種相互搶人的戰略，是打名人牌戰略的變形。至於其是否有效價，就要看所挖的牆角之知名度、可信度、時宜度、吸引力、權威性及互補性而定（林水波，1999甲）。據選舉結果觀之，似乎證明阿扁所挖者較具政治影響力，有助於他的開拓票源能力，至於連、宋所結盟者，由於本是同出一源者，抑或民進黨的邊緣人，所以並未顯現多大的凝聚力。

連、宋相互搶人的場景，可見國民黨內，在權力及利益的分配上不

令人滿意，甚至在政治上相互結怨所致。尤有甚者，進入宋陣營者，在主觀上認定宋氏較有當選機率，願在政治上一搏，以躍進新的權力中心，本質上可說是試圖政治利益的分享。反之，阿扁所精心挖角者，總期盼向上提升的推力可以發揚，向下沉淪的拉力因而消滅，本質上是優質政治的期待，最後發揮臨門一腳的助力。

雖說這種政黨間的變動是民主時代的正常現象，但總是代表政黨嚴重分裂的表徵，對政黨權力的鞏固及維護是有傷害的，不僅削弱政治競爭力，增加他黨執政的空間，而且嚴重破壞政黨的形象，萎縮政黨的政治食物鏈。是以，建立共同領導的規範，權力分享的運作原則，當是增強黨內凝聚力所刻不容緩之途。

再者，連、宋之間的互挖牆角現象，更代表李登輝主政之作為，業已引發黨內一部分人士的不滿，要為其新主強化支持力量而轉進宋氏戰營，開拓對民進黨執政不放心，對國民黨辦事沒信心的選民。不過，在金錢醜聞的翻攪下，似乎功虧一簣。而令人引以為憂者，乃這次選戰幾乎已到名人出盡的關頭，往後的選戰豈再有名人可資援引。由此可見，這並不是正常選戰的打法，有其時而窮之窘境。

# 第八節　媒體報導不公

媒體報導不公向來是臺灣選舉無法超越的惰習，千禧大選亦未能脫俗，仍於這個政治窠臼之中，國民黨為了續保執政大權，依然無法抗拒濫用權力的誘惑，以一隻看不見的手，暗中操控媒體對候選人新聞報導的比重及偏袒。根據勁報與台大新聞研究所的研究，在全面監看八家（台視、中視、華視、民視、民新、TVBS、TVBS－N及東森）新聞媒體，對選戰的報導，長達229天後發現：總統參選人所占各台新聞比重的平均量連戰為47、宋楚瑜為25，阿扁則為23；而各台平均偏袒指數，連戰為65、宋楚

瑜與阿扁同為50（勁報選舉特刊，2000年3月19日）。

據此研究可以舉出五點陳述：

1. 連戰的平均新聞比重及偏袒指數，雖比另二人高，但所得票數卻最低，可見勝選的策略並不在於掌控媒體的程度，而在於其他的因素。

2. 傳統無線三台頗有公器私用之情勢，十多年來一直未變，顯見媒體自身並沒有內省能力，願受政黨的左右，聽從政黨的使喚，未能恪守選舉期間的政治中立，公正平衡報導每位參選人的競選活動訊息。

3. 民視、TVBS及東森等頻道，設立於頻道解禁之後，對各組候選人報導時間的分配、立場及新聞議題設定的方向，總較傳統三台客觀，但卻有向錢看的走向。

4. 臺灣的選民，在主體性的形塑上有了進展，不僅會評斷媒體報導的公正性與否，更會因不公正的認知，而造成對他台的收視。是以，政黨應醒悟：媒體操控的時代已過，權力妥適使用之氣候業已形成。而媒體更要有勇氣擺脫政黨的包袱，講究新聞專業，才能維持一定的收視率。

5. 選民投票態度的鞏固或轉變，不能以新聞綁樁的方式為之，只綁樁但訊息未被接收，哪能起作用，蓋選民對新聞足夠的浸淫度，或許才有一定的效度。何況，電視新聞媒體已非壟斷的局面，彼此間的競爭相當白熱化，哪能誤認綁樁之後，選民一定非看不可。

既然媒體報導不公已不能再協助候選人的當選，反成為其他候選人抗議造勢的舞台，增加他們的媒體曝光率，同時又破壞政黨己身的形象，所以是百害而無一利的舉措，不必再對之迷戀。

選戰策略之設計，要隨選民屬性及偏好而改變，而要隨情勢之演展而調整，所以主持選戰者要靈活、敏銳及權變，給媒體廣泛而自由的空間，並以潛移默化的方式凝聚選民的投票意向。因為隱性的政治社會化過程，較能受到選民的青睞。

連戰雖在媒體場域得天獨厚，宋也略勝扁一籌，但結果卻由阿扁當選，由此足見操縱媒體的副作用，更認知到媒體自由化的威力。是以，歷

史演進至今，臺灣社會已不太厚愛國民黨，要求其與其他民主政黨公平競爭，勢必要由此次選戰失靈教訓中，學習選戰策略的超越與昇華，並除去與社會格格不入的舊習，坦然面對公平競爭時代的來臨。

## 第九節　中國意圖介入

　　一個國家的總統大選，本是內政上的大事，應擁有自主權，由候選人自由選定政策願景，選民自主抉擇自己的投票歸屬。不過，臺灣的總統大選，兩屆中國均意圖介入干預之態勢甚明。

　　中國總理朱鎔基於選前三天發表強硬談話恫嚇，要求臺灣選民做出：「明智的歷史抉擇」，並且指陳：臺灣選情之所以急轉直下，諒必是有人想讓臺獨勢力上台。至於是否將舉行進一步的軍事演習，乃語帶威脅地表示「請你等著瞧，不要急，還有兩天。」3月16日中國海協會副會長唐樹備乃持續總理之論調，揚言繼續升高威嚇，指北京在二十四小時內就可攻臺，屆時兩岸已奠定的經貿交流，將立即成為泡影。3月17日臺灣坊間或媒體傳言：中國在東南沿海增加部署M族飛彈。由此可見，中國有其比較偏好的候選人，深恐阿扁如若當選，兩岸之間的政治距離將會日見遙遠，乃以強度武嚇方式，試圖影響臺灣選民的投票。

　　然而，臺灣的選民並未受其影響，猶有39.3%投下支持阿扁的票，讓其終結國民黨的長期執政，亦使宋楚瑜的支持者失望，正在進行集結新的反對意識，用以阻滯臺灣意識的快速擴展，找到新的信仰神祇、新的獻身目標及新的認同體系（林端，2000）。

　　中國或許自認對臺灣的選情及民心有洞悉的把握，並以專家的身分自居，運用有限的理論或模型，就可預測選舉的結果。哪知，臺灣的選舉是那麼複雜，有限的理論或模型，總無法認知到隱而未顯的選舉變化。這種現象在主事者對選舉的瞭解，大有自我膨脹的誇大認知，當然不能體會選

舉期間各項非預期情勢的演展，而錯估表現於外的行為效果。

朱鎔基的詛咒，反而對阿扁是最大的恭維；對立者的砲火，有時反成為最大的激勵（郭正亮，2000）。在這次大選，中國的文攻武嚇，完全陷於矛盾之中，不僅原始目的未達，反而激起選民投扁的意志，原因在於她向來未能順勢掌握選舉時種種非預期情況的滋生，反面輔選但發生正面助選的效價。蓋文攻武嚇已逾越臺灣人民堪以容忍的臨界點，極易形成反造勢。

因之，中國對臺灣選舉文化的敏感度尚嫌不足，政治生態亦不能洞徹，要以大國之姿，由外加諸臺灣選民的壓力，指定該選的候選人，乃注定會陷入選舉矛盾之中，形成與自己冀欲逆反的結果，成本與效益根本不成比例，一來沒有結果令其滿意，二來沒有評估可資信賴。


# 第十節　矛盾瀰漫大選

研究發展的學者Black，在《發展的理論與實踐》一書中，鋪陳二十二項發展所陷入的矛盾現象（1999: chs 13-15）。根據其樣態，吾人亦可思索本次大選所瀰漫的矛盾。


## 一、三強共同的矛盾

三個主要的候選人深知：由於歷史演進之故，族群意識是臺灣一條最具敏感的政治神經，不能輕易觸及，以免擴大社會分歧，但因觸動有效，所以每以或隱或現的方式，為了各陣營的政治利益，還是加以觸動。於是，選後兩大宗教領袖呼求：朝野息爭，共創未來，更期待全民協力修補、重建，以獲得社會的新生（單國璽與周聯華，2000）。

## 二、國民黨人的矛盾

　　國民黨掌握絕大部分的政、經、社及文資源，猶不能克敵制勝，當然陷入多重選舉矛盾，實在難辭其咎。

1. **分裂求勝的矛盾**：國民黨人雖明知黨內兩大主將如未能合，勝選的機會窗定會窄縮，但因主要關鍵人物並不信邪，且自信能找到對手致命的罩門，營造棄保的可能，還是走向分裂之途，但為求執政權之操控，心裡猶希望兩派人馬能合。

2. **臨時改革的矛盾**：國民黨平日雖斷續注入改革的動力，但每被既得利益者從中掣肘，以致改革遲滯不前；而到了執政權有了威脅，黨產之取得及運營正義不足，有害選舉之際，方以臨時抱佛腳的方式，提出改革方向，難免將改革政治化，而且令人有欠缺誠信之感。正如發展的現象一般，原本投入發展的經費不多，直到有錢有勢者受到威脅時，方才投入應有的人力及物力，但因時間已有所推遲，每未能完全發揮可觀性的回饋（Black, 1999: 196）。

3. **製造民調的矛盾**：國民黨人深知製造出來的民調，每會引發政治自戀症，迷戀於美麗的數字，而無法反映實情的事實，但依然在權謀及策略的考量上，一直製造民調自欺欺人，進而疏於設計選情落後的對應之策，導致最終無藥可救，將執政權拱手讓人。

4. **舉止兩難的矛盾**：連戰陣營設想很多方案對付宋、扁，但方案本身，每連帶形成新的問題。打興票案，自己並未獲益，反將自己陷入被棄保的對象；為了吸納後到住民的選票而疏李，卻輸掉親李的選票，反之亦同。為了揭發阿扁的公益彩券案，反而暴露自己黑金的包袱；以恐怖安定牌制扁，卻被正港安定牌擊敗。

5. **欲蓋彌張的矛盾**：當競選對手提出攻擊時，國民黨人總會設法以理由圓謊，但總陷「此地無銀三百兩」的窘境，未能撇清攻擊，提出合理的反駁，當然要洗清黑金的形象，澄清吏治的決心，就欠缺公信力，因而流失了不少的票。

6. 偏向虎山的矛盾：連戰陣營深知以其猶不能擺脫李登輝掌控的格局，要吸納後到住民有其困難性，但猶將精力置於這方面的經營，疏於建構先到住民的多數聯盟，以致陳履安牌及蔣夫人牌均未有顯著的棄宋保連績效。

7. 勉強搭配的矛盾：連戰本欲選擇副手可以互補的人選，但因需要政經資源配合政策利多的提出，乃選擇蕭院長搭配，但蕭本身連嘉義縣市均無法把握，顯然是相當勉強的組合，無助於選票的擴張，反而引發陣營內的大將投靠他營。

8. 金錢萬能的矛盾：國民黨人每有金錢萬能的理念，以為投入大量的「政治善款」就可撼動選民的心，但未能體察同室操戈下，草船有機會借劍，且受到比平日更嚴密的監控，依然下注不少，只是在未達適量的額度下，反而導致選民的投票轉向。

9. 將來過去的矛盾：國民黨如能決定自己的美好將來，其必須回溯過去之歷史，以勝出過去自己之不足，而勇於痛下決心改革，但在回溯過去之際，又迷戀過去作為之管用，猶陷惰性的窠臼中，無法對未來提出中肯的規劃，並藉以凝聚傳統的支持者，以致流失不少的前瞻性投票者。

10.鎖定治標的矛盾：國民黨人為了追求選票，向來以治標的方式面臨問題的表面癥候，而忽略問題源本的探索，治本方案的精緻，當然漸失人心，形同處於溫水中的青蛙，料不到政治情勢已大轉型，何況治標每會流於急功近利，專門製造選民的依賴，盡以安撫而非以授能方式對待選民的需求，乃逐步受到中產階級的離心，無法打出漂亮的選戰。

　　國民黨人就是受到多重矛盾的制約，而又未對之進行管理，事先擬妥情勢有變的對策，而將自己正統的參選人沒入不利的競選結構，終至在兩大強夾殺下敗陣。正如，開發中國家的發展現象一般，主事者設未能體察發展連帶而來的矛盾，絕不可能在發展過程上得蒙其利。

## 三、宋氏陣營的矛盾

宋楚瑜之先盛後衰，欠缺妥適的矛盾管理，恐亦是眾多原因之一，無法鞏固中間游離選民，至於其所面對的矛盾有二：

1. **危機管理的矛盾**：興票案是宋氏於大選中所面對的最大危機，但深諳管理的他，卻不能於黃金時間內提出澄清，由發言人抹黑說、生意說、長輩說到工作說、託孤說，始終無法令人信服，而化危機為轉機。這對宋氏長期苦心經營的清廉、道德形象，造成破毀性的衝擊。

2. **新黨貼近的矛盾**：新黨的政治立場及內部權力的爭奪，向來在臺灣的發展空間就受到限制，國、民兩黨均體會民意的主流趨勢，與之保持距離，以策政治安全。宋氏當然洞悉這種政治奧妙，但卻無法與之完全區隔，儼然成為新黨寄託的所在，導致不利於在先到住民中，擴展支持的層面。事實上，新黨的支持者，在衡量自己所推出的候選人，並無當選的機會，還是會將票投給宋氏，本應進行策略的應用，與新黨做了明顯的區隔，方較有可能在其他的選民群中拉到可觀的票。

選舉本是一項複雜的過程，更是一項政治藝術，需要多元的動員，妥適運用已支持的力量，適時權變因應危機，方較能構築多數聯盟。宋氏對金錢醜聞的處理，喪失黃金時間，又受到新黨的牽扯，乃無法勝出。

## 四、阿扁陣營的矛盾

阿扁陣營於選戰期間亦發生了一些矛盾，還好儘速加諸處理，並未釀成導致敗選的命運。

1. **課證所稅的矛盾**：千禧年1月24日下午發表財經政策白皮書後，聯合晚報以斗大的文字揭露「陳水扁主張復徵證所稅」。這當然對股票族具有殺傷力。顯然與營造多數聯盟的目標背反。當陣營在面對這項危機時，全體總動員加以澄清，並由阿扁於1月25日公開向外界強調：一、任內

絕對不會復徵證所稅；二、任內只會減、不加稅，才克服這項矛盾（張俊雄、邱義仁、游盈隆，2000）。

2. **臺獨萬歲的矛盾**：1999年12月2日獨派色彩鮮明的醫界聯盟為獨派大老、建國黨首任主席李鎮源慶生，陳水扁應邀致詞，喊出臺獨萬歲的口號。這是自己揭露自己的罩門，送上競選對手攻堅的機會，亦破壞新中間路線的主張。不過，選戰期間焦點事件層出不窮，這個議題乃未成為攻防的主要關注點。再加上阿扁從此以後未再提及，而由時間來沖淡它的殺傷力。

3. **稱賣鄉賊的矛盾**：候選人本應積極動員鄉親的支持，以鞏固鞏固基本票源。不過，呂秀蓮在3月12日於桃園卻說出：「桃園人若不支持桃園人，就是賣鄉賊。」一時之間成為媒體報導的題材，自我殺傷自己的地盤。還好由於她並不是主帥，賣鄉賊言論所造成的破壞力並不太顯著。

4. **遠親近鄰的矛盾**：3月2日，呂秀蓮強調兩岸應該是「遠親近鄰」的關係，終令中國抓到機會痛批她，減少他們的票。蓋兩岸關係一直是民進黨的罩門，本不該挑起，但副手還是不經意引出困境，帶來一場危機，幸賴阿扁的低調及李遠哲牌減低傷害。

阿扁陣營的矛盾，由於事發得早，有餘裕時間消音，抑或因惹起矛盾的副手，並非選民重視的標的，以致破壞力並不太大，並未影響阿扁的當選。

由上觀之，本次大選在國民黨、新黨及宋氏陣營中瀰漫了矛盾，阿扁利用這些矛盾的庇蔭，加上政見議題的設定，逐步隨勢發展自己的立基，而攻上政治的制高點。

國民黨在發展自己的未來之際，弔詭的是要反省自己的過去，指出應興應革之處，但在回溯過往總是那麼流連，總覺得興革的繁瑣，以致未能契合政治環境的演化，種下人民疏離的種子，建構自毀的制度結構。

政黨輪替這項重大的政治決定，並不是專家所作成，而是一般的選民，所以追逐權力遊戲者，一定要認知自己並不能完全掌控權力的歸屬，

自己亦對權力的轉變癥候知之最少，是以非浸淫於人民的日常生活中不可，認清人民的想望，方能維持權力的穩定。

# 第十一節 社會資本受損

一個社會的成員之所以互助合作、運營有序，乃是成員之間，共同擁有一套大家認同的非正式價值或規範，即一般所謂的社會資本（Fukuyama, 1999: 16）。而其具體內涵則含括：規範共識、價值維護、信念雷同、願景認同、走向趨同、網絡密結、人際互信及力量凝聚。這些「社會正常運作，有效生產可欲社會功能所不可或缺的質素」（陳孝平，2000），必須要努力經營及形塑，昇華與超越悲劇的歷史，引導人民走出不愉快的歷史陰影，方是政治人物的正途。

然而，本次總統大選，各主力參選者覆雨翻雲，盡情操作負面選舉，非將對手鬥臭不可，無形中導致各自支持群的猜忌、痛恨及對立，加深社會的分歧，增加體系融合的困難，中國政策共識無由建立，以致和平穩定甚難期待，這是相當大的選舉代價。難道政治人物為爭取權位，非將選舉搞成這樣不可嗎？

這種因選舉的攻伐，造成社會資本的流失，整體社會的大鴻溝，乃是臺灣的政治人物要確實悔改的標的，也唯有真誠的悔改，彌補因扒糞抹黑所造成的傷害，才有可能挽回人民的寬恕及信賴，重新打造受損的社會資本。

選舉的中心旨趣在於：選出擁有名望的政治領袖，建構眾趨的政策取向，發展公民的政治參與意識，教育選民，消弭不當的政治衝突及維持治理系統的合法性及政治穩定性（Barbour & Wright, 2001: 604-607）。而臺灣的選民若與之背道而馳，恐無法強化「政治學臺北」的資本，滅失選舉的真義。

社會資本的雄厚，人際間的信賴才能養塑，經濟上的交易成本才能減輕，團體或組織的運作更有效率，促成經濟的適度發展，加速團體適應與創新的幅度，健全公民社會，促成民主政治的成功。如今，在權力的大爭奪下，社會資本的積累成為負數，實在是臺灣選舉的弔詭，更是政治人物所應警惕的。

# 結　論

在臺灣的政治系絡及選舉文化的制約下，每次大選雖總會暴露一些特色出來，但因為選舉的結果攸關重大權力的轉變，所以各參選陣營無法以參加政治嘉年華會的方式進行，每次均弄得內外緊張兮兮，並以惡質化的手段進行攻防，以致正面的選舉功能受阻滯，負面的功能受衍生。政治人物應正視這種情勢之演展，率先自省，以打高格調的選戰為職志。

國民黨之敗選，矛盾的陰影始終不離，諒必是關鍵的因素，是以要抱持「往事不忘殷鑑在」的精神，徹底脫離矛盾的陷阱，並建構民主化的提名制度，進行衝突矛盾的化解，以高度的凝聚力對待選戰，方能立下可資營戰的最起碼資本，否則每一次大選就分裂一次，大黨地位可能不保，政策上討價還價的空間日漸縮小，式微恐就難免了。

棄保效應的操弄是本次大選最受詬病之標的，由於其一切反面思考，訴諸恐懼痛恨，負面抹黑競選，侵犯頭家自主，激化社會分歧及背離選舉倫理，主持選戰者，應醒悟本次效果的不佳，深思前述不良之屬性，徹底擺脫對它的依賴，而以堂堂正正的手段進行選戰，用以提升競爭的正義。

民調本是人類文明的資產。因其是測知民意歸趨的工具，制定回應性政策的前提。不過，在本次大戰中，為了營造選舉棄保效應的先決條件，將民調政治化，嚴重損傷它的信度及效度，可能有資產破損的危險，茲為了挽救這項資產，資訊倫理的固守就非常重要了。

　　參與總統大選是莊嚴而神聖之舉，要厲行選舉規範的約束，不能將候選人演變爲助選人，抑或假裝參選，實爲掣肘另外的候選人，蓋二者均是維持選舉之實質正義的最起碼標竿。至祈主帥爲人助選的特色，能走到歷史的終結點，終結它逸出政治環境的本質。

　　既然威權政治已因政黨輪替而漸無法運行，因而掩護其下的參選作爲，比如權力的任意行使、挫折政敵的意志、煽動興奮的戰法、雙重標準的政治運作，已失去存在的正當性，各政黨要有嶄新的選舉視框，重塑鑲嵌政治制度的選戰策略。

　　後李登輝時代在大選後，因國民黨敗北而悄然開啓，這象徵著：

1. 歷史時代的更迭；
2. 政治路線的轉型；
3. 權力結構的更調；
4. 政策取向的變遷；
5. 政黨勢力的重組；
6. 兩岸關係的新端；
7. 政治依附的轉向；
8. 李氏情結的淡化。

　　但望新時代帶來選舉的新境界，政治的新使命，和平的新開端及政治倫理的新奠基。

# 參考書目

## 一、中文部分

林水波，2000年4月1日。「絕對多數制與棄保效應」，民眾日報。

林水波，1999年。「第三類政黨參選的政治意義」刊載氏著，選舉與公投，臺北：智勝。

林水波，1999年甲。「名人牌產生選舉效能的前提」刊載氏著，選舉與公投，臺北：智勝。

林端，2000年3月21日。「諸神競爭、族群衝突與政黨法治」，中國時報時報廣場版。

勁報選舉特刊，2000年3月19日。「電視監看偏袒指數及新聞比重量化總結表」。

南方朔，2000年。「讓良性因素發酵」，新新聞周報，期680:91。

南方朔，2000年甲。「威權政治的負面選舉術」，中國時報星期專論。

南方朔，1999年11月29日。「以低標準為尚的政治文化危機」，中國時報星期專論。

南方朔，1999年甲12月27日。「臺灣正陷入一場超級扒糞大賽」，中國時報星期專論。

單國璽、周聯華，2000年3月19日。「全民協力：修補、重建、新生」，中國時報時報廣場版。

郭正亮，2000年。變天與挑戰，臺北：天下。

張俊雄、邱義仁、游盈隆，2000年。破曉：2000陳水扁勝選大策略，臺北：時報。

陳孝平，2000年3月16日。「翻雲覆雨，操縱負面選舉，戕害社會資本，代價龐大」，中國時報時報廣場版。

# 二、英文部分

Barbour, C. & G. C. Wright, 2001 *Keeping the Republic: Power and Citizenship in American Politics*. Boston: Houghton Miffin Co.

Black, J. K. 1999 *Development in Theory and Practice: Paradigms and Paradoxes*. Boulder: Westview Press.

Fukuyama, F. 1999 *The Great Disruption: Human Nature and The Reconstruction of Social Order*. N.Y.: Simon & Schuster.

Linder, S. H. 2000 "Coming to Terms with the Public-Private Partnership: A Grammar of Multiple Meanings," in P. V. Rosenau,(ed.) *Public-Private Policy Partnership*. Cambridge, MA.: The MIT Press: 19-35.

# 附錄二　千禧大選國民黨敗選的原因

　　人類第二度千禧年，臺灣舉行第二次的總統大選，舉世矚目，欲窺世界首富的政黨——國民黨，能否在內外夾攻，第三條路徑左右世局政治生態的當下時刻，社會民主走向再興的風雲際會（Giddens, 1998），猶可突破重圍，續掌執政權，並為開啟第三波的民主改革而奠基。然而，2000年3月18日傍晚，選舉結果快速揭曉，執政臺灣長達五十四年的國民黨終於敗北了，臺灣住民心情之什錦化，未來之茫然化或期待感，適應之不能調適化，心態亦未能及時進入大轉型。這種政治變天的症候群：角色調適困難、對將來的不確定感與對嶄新政治運作模式的摸索焦慮，恐會持續一段時間。不過，此時此刻該是心情沉澱的重大歷史時刻，更是省思過去前瞻未來的關鍵時際，汲取選戰教訓、細思契合與鑲嵌政治環境策略的時機。現在就讓吾人對百年大黨的馬失前蹄進行深度而精緻的分析，以為四年後東山再起或浴火重生增加機率的先行裝備。

　　本文著墨的原則：

1. 以國民黨本身的因素分析為主；
2. 不認為棄保效應為國民黨敗北的原因，其論證將有專文分析，故不在本文論述；
3. 為求分析之深入，以政治學及組織理論的重要概念，做為切入點，俾以呈現另類但重要的原因樣貌；
4. 以危機導向的組織來定位百年的國民黨，並運用這個概念指出國民黨敗選的結構性因素；
5. 以轉型前類組織成為隨時應付危機的組織，許國民黨一個有願景的未來；
6. 勉國民黨以教訓汲取（lesson-drawing）的情懷，避開錯誤思維的決策陷阱，並期思維得以鮮活化、日常生活化兼顧專業主導化。

# 第一節　權力的傲慢感

　　國民黨在臺灣主政的時代已久，歷經大小選戰總在關鍵的時點化險為夷，似乎自認為已到東方不敗的地位。尤其經濟上的媚人績效，更令它自滿於自己的施政作為；再加上透過有形或無形的政經利益交換，建構穩固的政經支持聯盟，於是就如溫水中的青蛙一般，逐步陷入自滿的情境中，面對弱勢團體的不幸遭遇，操持鴕鳥心態，未能即時發現其存在；對日益惡化的環境、可能發生的天然災難、貧富差距的暗中擴大、金融體系的紊亂，都如隔霧看花，冷漠而不能即刻動心（梅麗君、王嘉源，1992），以致隱藏於選民心中一股強大的怨氣，瀕臨難以再忍受的臨界點，正待機加以反映。

　　國民黨這種治理已久而養成的權力傲慢感，深深影響到它的思維、決策及選戰布局，未能洞識選戰的複雜性、動態性及隱微性，每每做出一些蒙昧的事，以及錯誤的假定，而致失敗的境地（魏貽君，2000）。例如：

1. **權力可以控制一切**：國民黨自認擁有臺灣政、經、社、文的控制權，所以能夠排除任何的意見歧異，左右選民的投票取向，俘虜選民的自由意志，操控三家無線電視媒體，不必太在意選情的各項細微變化。

2. **不顧慮提名的賣相**：理論上，總統一旦民選，其勢必削弱政黨標籤的作用幅度，進而強化候選人的個人魅力，經由傳播媒體的從中促銷，扭轉選民接受組織動員的意願，導致一向缺乏龐大組織的他黨候選人，抑或並無政黨奧援、但憑過往走透透留下政治印記者，均可伺機向國民黨的候選人挑戰（朱雲漢，2000）。不過，國民黨之決策者盡一切的力量，安排既定的候選人參與賽局，並未慮及其可推銷度、選民認同度、可能的吸票力，以及與人競爭抗衡的持久力，所以在提名時，由於深受權力傲慢的影響，不另作他人想，恐已種下無法與人爭鋒的局面。

3. **嘲諷輕忽競爭對手**：國民黨自認五十四年來的執政經驗，沒有任何政黨或候選人可堪與之匹敵，於是嘲諷民進黨只有地方執政經驗，何能肩挑

全國的治理責任，並以國民黨如果下台「國家會死」、「臺灣會亂」來
嚇唬選民，鮮少真誠向選民謙卑請益，從而認定人民需求所在，將來的
寄託所向，眼前即刻需要解決的問題。因之，選戰之職司者就以自見自
是、全然主觀，抑或情境虛擬的方式建構競選策略，以致失去鑲嵌的布
局，埋下難以挽回的敗選命運。

　　權力的傲慢感造成錯誤的選戰思考，無法避開慣性思維的陷阱，致
至鮮活思維，選戰規劃具臨場感，富於情境或事實檢證的情勢，就無由而
出，因而在選戰的布陣與經營上，恐就犯有時代謬誤、歷史落差與忽視環
境的謬誤，無法於初始、中程及最後階段突圍。

# 第二節　與選民距離邈

　　在民主化的選舉競賽中，候選人本身的條件絕對是主導勝敗的關鍵，
蓋選民總是在參選者間作一項綜合性的評估，認為某位候選人的各方面
屬性，與自己的心理偏好雷同，而後再決定目標人選的歸屬（Wattenberg,
1991: 30）。因之，在歸咎其他人表裡不一，抑或怨「棄保效應」、嫌
「輔選不力」，絕不可掩飾弱勢候選人的事實。

　　國民黨的候選人，由於自身成長背景的關係，始終難以放下身段，接
近與民眾的距離，向有與選民距離邈若山河（形容非常遙遠，彷彿有山河
阻隔）之狀，以致累積的社會資本額不高，支持力量不易凝聚，提設願景
得不到認同，關係網絡不能密結，共同信念難以形塑，當然無法開出漂亮
的選票。這項政治距離的遙遠性，可由下列三項指標佐證：

## 一、疏離社會脈動

　　由於平日與選民遠隔，或單與動員而來的群眾互動，以致無法體悟

社會的主流脈動，一直運用早已老掉牙的選戰策略（諸如抹黑、扒糞、
收買、恐嚇等），當然未能收到事半功倍之效。蓋當今的社會，人民對公
義、正港安定、魄力情結與改革追求寄以殷望，策略之設計，如無法與
之對應，盡在口號之中打轉，抑或完全與之背反，哪能產出如意的選戰果
效。

## 二、缺乏吸引魅力

　　既然選戰的勝敗，部分取決於如何設法感動選舉末梢的選民，所以
參選者在動員的場合，勢必要抓住與會者的屬性，論述得以同感共鳴的主
題，言行舉止展現親民的作風，用以吸引選民的認同（林水波，1999）。
不過，國民黨的參選者，擺脫不了他人的光環，走不出他人的陰影，不具
有自己獨自的顯著特性，無法察覺各地選民的心聲民瘼，盡訴求一些在議
題上、情感上與互動上，與末梢者不相隸屬的主張，而且更未能用心去理
解、體會與感受人民想望的取向，當然在選票上只有萎縮而無能擴張了。

## 三、鈍於基層流失

　　全國性的大選，獲勝所需的支持層面廣泛，首先迫切要固本，尤其
是那些傳統極為穩固的支持群。然而，國民黨的參選者，一直與群眾距離
遙遠，不識潛在威脅者，利用實際制高點的位置，以實際的建設績效，綿
密的關係網絡建立，針對區域、社會及族群的不同要求而適時加以滿足，
認清自己的族群屬性原罪，深耕省籍人脈，以彌補原本罩門所形成的自然
不足，一步一腳印地腐蝕原本國民黨的底盤結構。即至國民黨人發現支持
群流失的嚴重性，極欲設法拉回時，就已陷入如「一字出公門，九牛拉不
回」的窘狀，終因相同票源等比分，而落居老三的地步。
　　觀之，臺灣選民的投票取向，候選人導向絕對比政黨或政見導向更具
關鍵性的影響，因後二者根本無法與前者切割而是呈現三位一體之情狀，

以致一個欠缺群眾魅力，長期甚少與基層互動，並與社會脈動幾乎疏離的候選人，就算李登輝賣命地行銷，傾全黨之力來拉抬，用盡所有黨產來包裝與動員，在主帥這個槓桿失去堅凝前三者的境況，要創造勝選的政治奇蹟，哪有桌上拿柑的容易。

總統大選勝出的前提之一，可說是平時有效人際關係的建立，認清人是感情的動物，大凡：你平日如何對待他人，未來又將抱持何種心境與他人互動，均關係大選時勝出的幅度。是以，參選者勢必要妥適運用時機：主動示好、犧牲奉獻、反映問題、感動頭家、回饋要求及同理設想，藉以營造固定支持的人脈網絡，再以其為根基適度加以擴散，形塑難以越界的支持堡壘（林水波，1999）。

## 第三節　民主馴化不足

李登輝主政時代，歷經多次的憲改，從追求回歸憲政、國會改選、總統直選，化解僵局、國大改革（江大樹，1997），到當下的國大虛級化，進而邁向單一國會建制的價值。這其中以總統選制的變革，對國民黨執政權的維護之挑戰最大。這項變革在90年代的策略考量是：鞏固李總統的權力基礎，帶動憲法結構的重大轉型，向國際社會凸顯臺灣人民行使主權的具體行動（朱雲漢，2000）。不過，這樣的價值追求，卻陷入了學理上價值衝突的泥淖中（Quinn, 1991），而主事者又無具體施為來駕馭價值矛盾的情境，導致千禧年大選黨內嚴重的分裂。

以總統為重心的憲政體制，或中央體制傾向總統制的體制環境下，在任期屆滿即將權力移轉之際，在權力的極端誘惑下，黨內勢力出現強烈的總統提名競爭（朱雲漢，2000）。蓋這項權力競逐，採取勝者全拿的權力遊戲，難以營造競爭者均贏的局面。何況，國民黨本身在結構及文化惰性的制約下，於黨內一直無法規劃出一套符應民主國家的提名制度，讓參

與提名者，在不同政治演化的階段，衡酌民意支持度、募款實力及競選布署，而逐步退出賽局，進而勝出全黨共同支持的候選人，以致在威權光環不再，一言九鼎的聖雄不出之際，若又碰撞提名程序欠缺正義，事先被疑有指定或欽點的接班人選，那麼分裂的苦果就得嚐。

　　千禧年總統大選，國民黨內兩雄相爭的態勢甚明，一位自稱民意提名的參選人，另一位號稱循由黨內程序而有正當地位的競爭者，於是造成同室操戈、兄弟鬩牆的競選局面，而與民進黨人構成三強鼎立的參選結構，種下泛國民黨參選者雙敗的結果。追究其因有：

## 一、票源分散

　　國民黨歷年來的參選實力平均難越60%選票的門檻，如若由一人代表參選，勝算的機率滿高，選戰也不會打得太辛苦。然而，力量一分為二，要擺平民進黨人的糾纏就非易舉，這可由上屆縣市長選舉的結果可資印證。只不過，國民黨人並未深刻體認這項鐵的教訓，且由教訓轉化成政治智慧，用以構築堅穩的應戰能力，凝聚支持群體的內聚力。換言之，組織成功的根基：強化競爭的核心能力，整合可能力分的拉力（Allee, 1997），對國民黨人而言，在權力傲慢的作祟下，教訓知識已被逼至邊緣化的角落，沒有人要對之聞問。知識能力的擁有，抑或新舊知識的不斷融合與演化，方能扣緊社會的脈動，進而提前加以超越，主導各項賽局的進展。

## 二、三強鼎立

　　在國、民兩黨形成三強鼎立的競爭結構下，由於各陣容均聲稱勝券在握，以致二強間的暗中結合，以擊敗另一強的可能性隨之降低。易言之，三強若個個有希望，棄保操作就無大空間可言（林水波，2000）。於是，三強在硬碰硬的作戰格局下，策略性地運用結合策略既已英雄無用武之

地，自然就得品嚐票源分散的雙敗結局。

## 三、默契歸零

　　在選戰運轉的過程中，如發覺戰況突變，持續單打獨鬥，兩敗俱傷勢無可避免，乃思統合的策略運用，無奈在精省的政治衝突，提名過程的不愉快，加上戰時的撕破臉，彼此的相互攻訐抨擊，以致兩大陣營的政治默契完全歸零。共同的政治使命殊難形構，甚至彼此互有自取滅亡的打算，當然難逃雙敗的結局。

　　政黨對民主精義的馴化與恪遵，或可在提名過程上化解喪失組織元氣的衝突，提升政黨迎戰的能力。如若政黨深陷聖雄的左右，民主其名，欽點其實，則欲建構內聚力高昂的戰鬥團隊就殊為不易。因之，政黨要體認自己在：組織、政治、認知及結構上有無失靈之處（Anheier, 1999），瞭解在哪些方面出了問題，並立即加以診治，以堅固對外環境的適應力，強化對內環境的向心力，不斷擴大組織智力，促使組織得能彈性因應內外在的變遷。

　　這是一個知識創造組織永續生存的時代，欲擁有競爭優勢，就要善用組織資源，並以之不斷翻新妥當性知識，建立五C的突破團隊：成員間真誠溝通（communication）、誠願合作（cooperation）、鼎力協調（coordination）、創意突破（creative breakthrough）及永續突破（continuous breakthrough）（Romig, 1996: 60），以達力量集中、一致對外，我為人人、人人為我的合超效應（synergy）。不過，為成就這項組織最高境界，主事者要奉守原則導向的領導，致讓成員成為對應變遷的觸媒，盡情改進涉入的諸種情境，一向工作兼顧勤奮與卓越，且以嶄新與創意的方式產出驚人的成果（Covey, 1992: 38）。

# 第四節　危機導向結構

　　組織結構妥適的設計、安排與管理為組織獲致成功，產出卓越產品及鞏固競爭優勢的重大前提，更是邁向最少抵制的路徑，釋放組織擴展的關鍵能量，適時備有應付組織危機的機制、能源與信念。不過，國民黨這個在臺灣主政五十四年之久的龐大政治組織，由於治理太久，逐漸養成結構慣性現象，不能與時間俱移，與空間遞嬗，再加上組織民主度的不盡令人滿意，其他政黨在它眼裡又是不足為訓及缺乏競爭力的角色，己身資源更是越累積越多，形成有錢能使鬼推磨的信念，於是就步步淪為危機導向的組織（crisis-prone organization），而非時時刻刻準備應付危機的組織（crisis-prepared organization）（Pauchant & Mitroff, 1992），這樣的組織是導致大選落敗所不可忽視的原因。因為這類組織存有諸多不當合理化的信念、作為與思考。

## 一、「大廟好修行」

　　崇信國民黨的組織規模龐大萬能，黨員人數無任何政黨可與之比擬，就以一人拉三票就足可大選過關，何必慮及他黨的叩關或叫陣。這種假定以為：黨員每位均有高度的組織認同感，願為其之永續生存效勞，且平日黨部對其「有吃有行氣，有燒香有保庇」。可是，老大而未曾大敗的政黨，久已失去「跑前」的必要準備，平時哪有親切致意與接觸，只在選前才獻殷勤，頻頻要求「認祖歸宗」，這樣的臨時抱佛腳，要黨員把票投給規劃中的候選人，效應會有多大，自然可知。

## 二、「池魚不遭殃」

　　國民黨過往的戰績輝煌，並未嚐到壓倒性的失敗，所以在心理上總認為家大業大的組織，縱然黨內有人抵制或出走，外面有人叫陣競爭，但可

對失敗免疫。表面的民調支持度雖偏低，但看好度頗高，看怨度猶低，所以失敗只會出現在別人身上，尤其是既無政黨組織奧援，又無豐厚資源可資運用的候選人，諒必是「用肚臍想也知道」的落選人。或者年紀太輕、經驗不足、包容不夠、作風鴨霸、資源相對稀少的參選者，也難逃失敗的命運。何況，又暗中布署制約他黨候選人擴票的參選者，安排揭露弊案以影響選票流向，在這樣周全的選戰布署之下，哪會本黨的候選人承擔失敗的結果。

## 三、報喜不報憂

各地方負責輔選者盡把好消息層層上報，而對原本票源被外力滲透侵入之嚴重視若無睹，也未及時輸送資源搶救，任其自生自滅。一個只能得到片面而不實資訊者，當然不會速時發現選票流失問題的嚴重性，甚且還會浸淫於競選優勢的虛擬情境之中。比如民眾日報記者蔡雲黃就報導：選前高縣黨部主委就告訴一位地方大老級的人士說，阿扁在高縣沒有幾票，連戰的票很高，結果選票一開出，證明黨務主管在報喜不報憂，像這樣的輔選作為根本是不切實際（民眾日報，2000年4月8日），哪能締結佳績。

## 四、「南柯一夢中」

國民黨以為過往無攻不摧、無役不克，就自認自己是常勝軍，足以保證執政權之天長地久。於是乎就玩起自以為是的遊戲，對自己的信念犯有自戀症，深以為自己安排的參選人，哪有失敗之理；維持現狀的遊戲，深信目前的組織結構足以克敵致勝，無庸或不必再費時費力加諸變革，抑或吸納嶄新的動員作為，這種抵擋組織變革的力量，極易致使組織做出失去時空支撐的動員策略；歸咎別人或尋找代罪羔羊的遊戲，否定自身要負失敗之責，進而說服自己和別人，組織並不需要有任何調適；結黨營私遊戲，為了顧守自己陣營的利益，恐懼與焦慮他組人馬的勝出，乃積極結

盟，抗衡潛在的對立勢力，致讓程序上的公平正義受到抵擋，而由競選實力較低者出馬參選，焉能有不敗之理；魔術家的遊戲，即認為選戰操盤者擁有魔術師般無所不能的能力，以及沒有任何致命的罩門存在，亦即選戰的主事者深信心中的各項大型又質優的「選戰科技」，斯足以化解任何選戰的難題，甚至因原本選戰科技所造成的負面問題，亦主張以更多的選戰科技來加以對應，以致陷入選戰科技的惡性循環之中（Mitroff & Pauchant, 1990: 30-55）。

## 五、「眾星當拱月」

　　既然代表國民黨的參選者獲致那麼高的黨代表支持，又深獲黨主席的高度背書，平日其又甚少與人結怨，善於授權，各項黨政歷練全備，所以所有僚屬基於維護自己所屬政黨的執政光環，將會竭誠貢獻，極力參與動員。然而，這是一廂情願的想法，因為另位師出同源的參選者，亦擁有支持群，眾志成城只是假象，輔選者觀望的氣氛較濃，抑或兩邊維持政治等距，既連皮也宋骨，哪能結構出漂亮的成績單。欲以這些兩面人回報的戰況，做為策略或資源補強，可能因資訊的有誤性而致策略失去系絡的支撐，滋生水土不服的窘境，甚至難以做出正確的組織戰況成績單（Gormley & Weimer, 1999），指出哪些地區還可開拓，哪些選民待以結盟，哪些動員代理人猶能吸納，哪些正式建制外的民間人士亦可運用，轉而失去擴大支持立基的時機。

　　組織結構的合理安排，組織人的妥當信仰，乃是促成最少抵制的路徑，滋生大莫能禦的能量；而且底層結構的務實與課責的安排，呈遞正確的資訊，正可事先化解可能的衝突；甚至在面對政治生態大變之際，基層展現可能分裂的態勢之時，若能及時作成新權力結構的安排，哪會造成政黨分裂的難堪場面呢？（Fritz, 1999: 3）

　　在分裂的陰影籠罩下，組織規模再龐大亦不能自保；其若無法強化抗衡失敗的免疫系統，而將失敗轉移至他黨或獨立參選人身上，亦將難逃被

淘汰的殘酷命運；壞消息哪可將諸置於地毯之下，而視而不見，其非要以劍及履及的態度對應之，方能減低失敗的可能性；在提名上無法讓人心服口服時，就應料到眾星當拱月之難，有必速謀新的權力結構組合，以免分裂擴大至不可收拾的地步；南柯一夢中總是那麼虛幻，以前雖曾經擁有，但政治情勢時移勢易，政治名人受人信服度逐步腐蝕中，哪能保證在不改弦更張結構下執政權仍可以天長地久，非要徹底省思與改變視觀，備置對應各項可能危機的機制，形構權變而彈性的組織結構不可。

# 第五節　策略惰性陳舊

　　國民黨在臺灣統治過久，歷經任何大小選舉，均未呈現徹底落敗之象，雖有一些閃失，但總能維持中央的執政權。於是，在常勝的經驗下，累積一些慣用的選戰策略，並深認其果效有如政治「威而鋼」，屢試不爽，逐漸對這些策略上癮，對之依賴甚深，但未能察覺其邊際效用是否已經遞減，有無與時代脫節，與空間不能鑲嵌，與人們印象牴觸不能令人認同的情境，而致失去誘引、說服人民投票導向的作用，如是，欲想固守自己的票基，開拓新生票源就會欲振乏力。這些策略簡述如下。

1. 打恐嚇牌：利用經濟的可能崩盤，中國的可能攻臺，恐嚇選民小心自己的選票，不可投向可能導致經濟及政治風險的候選人。

2. 打收買牌：深信選舉無師父，只要用錢買就有，於是主事者就事先做好子彈的準備，布署輸送管道，選擇適當時機及時發放至選舉末梢，以利從票上回收。

3. 打策反牌：各參選陣營總會有人對參選者不盡認同者，因此主事者乃苦心搜尋，或以海底撈針的方式，設法將其找出，並以之舉辦記者招待會，細說其不支持的人，尚未歷練夠格，具有危險因子，選民務必聽其所言，投其所偏好的對象。

4. **打棄保牌**：以公開的方式言明：某位參選者業已出局，如再投他的票，票就會變成無效票，抑或大力倡導投宋等於投扁的論述，欲結合兩股力量擊敗強敵。然而，主事者並不明打棄保牌的前提：自己之主角要在民調上已穩居第二的戰略位置，被棄的陣營願為更高的政治目標犧牲，選民也有意願配合本項呼召才行。

5. **打灌水牌**：茲為了營造成就棄保效應的果效，主事者就在支持度的民調上猛灌水，以魚目混珠的方式悄悄地把參選人的支持度提升到第一或第二的位置，一來讓輔選者始終充滿信心，二來試圖轉向選民的投票偏好。

6. **打抹黑牌**：利用特殊安排的政治人物，指控強力競爭對手有婚外情、在外地他鄉嫖妓，花多少錢投資公益彩券，結果失敗要索賠鉅額賠償金，以毀損其人格、形象，轉移其支持者的認知與偏好取向。

7. **打扒糞牌**：主事者盡量對競選對手的過往不是之處，一一有序地將其暴露出來，比如：主持市政期間過於鴨霸，府會關係相當緊張影響市政的優質，基金會向人強迫捐獻且經費使用帳目不清，有官商勾結情勢。心想這樣會嚇跑一些正直之士，增強自己陣營的生存空間。

8. **打壟斷牌**：對無線三台進行媒體訊息的壟斷，以社會化收視者的政治支持對象，不致讓其暴露在另一面說辭、畫面與論述之中，進而改變原本的政治態度。

9. **打飯局牌**：每到選舉，政治流水席遍布全國，深以為：這種大場面可以壯大聲勢，凝聚人氣，而為進一步滾雪球之用，增強必勝信心。

10.**打名人牌**：利用各行各業的名流助選，藉其知名度、可視性、可賴性、親和力、政治魅力及影響力，吸引萬千民眾熱情支持名人所推薦的候選人。換言之，國民黨的候選人一向會訴諸英雄崇拜，經由選民對名人的認同，再加上名人的背書肯定，進而轉移對候選人本身的認同，亦即透過名人的月暈效應，讓候選人附上驥尾、跟著沾光（鄭自隆，1992）。

　　這些策略之果效似乎未能盡情發揮，甚至未能激盪一些漣漪，造成摧枯拉朽的壓倒性勝利，反而落至臺灣選舉史上得票最空前低落的一次，其因可做這樣的詮釋。

1. 新奇感不足：這些策略由於陳套老舊，未能引人入勝，願再加以接近或認識，當然擴展困難、聞風呼應不易、與加大立基有礙。

2. 可測性滿高：由於這些策略使用已久，極易為對手事先預知，進而早期發覺、消毒與化解，減輕它們的殺傷力，甚至對手早已注入免疫的抗體，沖銷策略的發酵。

3. 倫理的背反：競選所傳播的訊息，其獲致果效的前提為：正確性、有據性、一致性、完整性、良導性及時宜性（林水波，1999甲），但抹黑或扒糞之舉措，顯然無法前提具備，而在背反倫理的情境下，要具有撼動性就非易舉。

4. 外控性太大：在選民自主性越來越高的社會，要以前述深具外控性的競選策略，加諸於選民身上，而冀圖扭轉他們的投票意向，在內控與外控的對撞下，果效的幅度就受到無情的壓縮。

5. 襯托力不強：策略之發酵，主帥的強力襯托本就具有相乘互補的作用。然而，國民黨的參選主帥，其所培塑的政治屬性，在與競選對手相較下，就令人有遜色感，所以無論名人的如何呼喊，競選幕僚的精心化妝，打手如何地致命一擊，但在主帥欠缺光環的襯托下，就發生選票移轉困難的情勢。

6. 狼劇頻率繁：每次大選，國民黨總會敘說狼來了的故事，盡情打恐怖安定牌，但這種示警的選戰策略，一兩次使用或許有用，但如若一再使用，而狼始終並未現身，那能再強力引人相信。何況，對手打出正港安定牌，以五項訴求來破壞傳統恐怖安定牌的威力：(1)以政黨輪替的成熟民主機制，取代一黨專政所造成「絕對的權力、絕對的腐化」，臺灣人民才能享受「民主的安定」；(2)以清廉改革的清明政治，取代「以拳養錢、以錢養拳」的黑金體制，臺灣人民才能獲得「政治的安定」；

(3)以公平正義的自由經濟，取代黨營事業、政商掛勾的特權壟斷，臺灣人民才能保障「經濟的安定」；(4)以改善治安、落實法治精神，取代公權力不彰、生活充滿恐懼的社會亂象，臺灣人民才能確保「生活的安定」；(5)以兼顧經濟發展與環境保護的「綠色矽島」，取代經濟與環保失衡的國土破壞，臺灣人民才能維護「生態的安定」。選民在兩相對照下，當然致使恐怖安定牌退位，不再與國共共舞。策略的創新，內容的動聽與平實，對應選民的引頸企盼，搭配競選主帥魅力的襯托，才可得到加乘的戰果。反之，策略的老舊、使用的過度、內容的空洞及口號化，背離人民心想事成的期待，再加上居槓桿地位的主帥，未能發揮推波助瀾的助力，欲使策略誕生巨幅效應，恐會面臨緣木求魚的困境。

　　環境系絡的體悟，歷史演化的感知，民心動向的掌握，再設計對應之策略，才不會產生格格不入的現象。策略絕不可淪為惰性，抑或一成不變，因為選民結構在變，政治情勢在變，國際環境也在變，關鍵性的選戰，何能仍停留於前近代的風格，四輪馬車時代的作風。蓋上三者的感受，方能找出當前社會所迫切追求的價值取向與意義感之所在（Linder & Peters, 1995: 140），進而以之做為建構策略之指針，擬出引發同感共鳴、意向輻輳的選戰韜略，才有固票、轉向及拉票的效價。

## 第六節　尊李疏李弔詭

　　國民黨的候選人，由於一直浸淫在強人的陰影之下，一直未能塑造獨特自我，表露政策洞見，勾劃未來發展藍圖，呈現令人景從的領導風格，以致與李不合的黨內外人士，甚為擔心將來連一旦入主中樞國政，依然會陷入有人垂簾聽政的景況，凡事猶須依賴「太上皇」的旨意，於是選向始終在擺盪之中，而以「觀其行、聽其言」的方式，等待連的轉型，再下終極決定。

　　而在連陣營的盤算中，李過去十二年主政期間，在省籍人士中組構一群不算少的支持力量，他的勝出大大依賴李的提攜與積極動員，於是又擺出種種尊李的施爲，盡量安排李於南部的造勢主場，以其草根性語言拉近選民的距離，試圖轉移認同於他的選票。

　　正當選戰漸入白熱化，宋的聲勢又一直未見衰竭，於是深受威脅之際，連身邊的策士就迫不及待地獻策，提出黨營事業信託的訴求，黨主席的權力在政事上漸進弱化的主張，隱約運作或試探李提前交出黨主席棒子的氣球，構想兩岸新秩序的建立，擬以邦聯模式暫時解決主權紛爭問題，至於戒急用忍政策也可鬆動，特殊兩國論不再強調，考量盡早放寬兩岸的經貿限制。這種病急亂投醫的作法，一來意圖拉開李連的間距，二來討好反李人士，希其登高一呼支持連的當選。不過，這個策略或作爲眞的有效嗎？個人認爲是堪慮的，其因主要爲：

1. 死忠拉不回：選民中死忠支持宋者，意志相當堅定，再加上族群及意識形態較爲雷同，光上述那些猶屬口號層次的訴求，哪能撼動或改變原本的支持對象，選後的投票分布證實這項看法。

2. 認定有錯誤：連陣營認爲：宋在興票案的翻轉之後，支持度明顯下滑，乃想利用宋之選民反扁、反獨的心理將其拉回，亦即棄宋保連敗扁。可是，興票案雖使宋之氣勢有點受挫，但支持底盤還是滿堅固的，諸多選民改持觀望態度，只要宋猶有一拚的局面，還是會復歸宋營的。何況，支持宋者，也有不少人認同改革及年輕選民，其未必因連的疏李作爲就改支持他。

3. 覆轍等著陷：連爲了拉反李人士之票，當然會爲人認定，其已和非主流人士合流，當然會讓主流人士心存芥蒂，減緩動員的腳步，符號化或形式化拉票的動作。

4. 失票恐更多：非主流人士及其支持群眾，一方面人數比主流的支持聯盟少，另一方面選票位移又不是那麼容易，但在極力拉攏的情況下，大批主流的支持者恐因而流失，是以收之桑榆，諒比失之東隅來得少，根本

是得不償失。

5. 形象為人定：連本身的形象早已為人認定，守本分，平日靜音無聲，向來與人為善，暗中獻策但自己不作成任何決定，所以那麼重大的黨政變革，出於他本人之口，恐只是在爭取選票而已，不能對之有太高的夢想，當然實際在拉宋選民的影響上，似乎有如船過水無痕般，未曾留下精彩的進帳。

6. 一廂情願高：連陣營的如意算盤，只是己身獨自的幻想而已，更是高度外控的想法。蓋宋陣營的支持人士，向來界限防守力很強，資訊過濾機制周詳，不易讓「政治雜音」進入，何況他們又深信宋勝出的機會滿大，在中國嚴厲的武力恫嚇下，朱鎔基大放狠話的關頭，選民該會棄扁保宋才是。

7. 連始終低迷：連低迷不振的支持率，持續很長的一段時間，提出興票案掣肘宋之聲勢，其亦未見得利，反而宋的選票有位移至扁的情狀。在這種未能立基於有利的戰略位置之下，欲以疏李的方式營造棄保，實在不易，何況各種疏李之論述，始終停留在論說層次上，未能具體落實於行動上，怎會有彪炳的戰績。

尊李與疏李本質上是相當弔詭的，兩者似乎難以兩全，本要選擇其一，蓋疏李的政治風險實在太高，兩頭恐均盡失，是以在這一政治抉擇上，連陣營諒有閃失之處。

在族群的投票慣性尚未有大變動之際，參選者應認識到自己的特質，可能支持的選民，再對策略下一個妥當對應的定位，方可先固本再求其他，不要分不清選民的區隔，而欲雙邊通吃，恐會兩頭落空。

矛盾和弔詭的妥適管理至為重要，一來要下正確的權重；二來要確認對立的支持群有無轉向的可能；三來要精確計算成本效益，謀定而後動；四來要探詢關鍵人物對新政策訴求的支持度；五要丈量政策窗開啟的幅度，評估政治可行性，爾後才決定要不要推出弔詭的論述或訴求，以免偷雞不著先蝕把米。

# 第七節　興票案兩面輸

　　本次大選初期，阿扁的軍情一直未能看好，有一段相當長的時間，宋總居政治高位。九二一大地震，連獲得救災為名，進行選戰推銷為實，在大約一個月時間，三人之間未見明顯的攻防，以免落人批評，不能將救災、賑災及重建列為優先任務。及至雲林縣縣長補選，讓扁宋逮到正式恢復選戰運動的良機，連不能再一枝獨秀，掌控媒體空間，獨領消息聚焦點。

　　連陣營為了擺脫宋扁的糾纏，在策略上選定分段攻擊，先打擊宋的赫赫威力，適時由選戰代理人推出興票案，訴明宋巨額的資金來源不明，又在省長離職之際將款項匯入美國，一時之間輿論譁然，而宋營又未能於黃金時間內說清楚、講明白，各項詮釋紛紛出籠，莫衷一是，於是原本清廉自持的形象受到嚴重損害，迅速跑掉原本認同他銳意改革的年輕及中產階級選票，以致降低宋持續氣勢擴張的情勢。不過，這樣的挫宋，連絲毫並未獲得任何政治實益，反而兩面受到致命的衝擊。

## 一、國民黨形象雪上加霜

　　國民黨為了一直延續在臺灣的各階層執政權，不惜與黑金掛鉤、與派系結盟，全權壟斷政經資源，成為反對黨嚴重詬病的議題，向為政府施政揮之不去的包袱，更是執政權漸受腐蝕的力量根源。可是，興票案的揭露，固然道出宋主政任事期間的面目，但連帶也損及國民黨的形象，證明反對黨平日所攻訐的並非無的放矢。而鍾榮吉的辭官退黨聲明更可明證。

　　「……當年有些人在黨內，為了維護政權，為了『鞏固領導中心』，受命為黨『打拚』，也許做了一些不正確的事，以致把手染黑了；現在，黨的領導階層，把當年的『忠勤』當做今天的『把柄』，硬把那些人的黑手掏出來展覽示眾，以為羞辱懲誡。或許，那些手是黑的；但是，我更可

以確定：那些領導當局的手，其實比他們所指控的人更黑。因為，當局才是主導者，其他的人只是附從者。在這樣的情勢中，罵別人不清白的人並不比別人清白；其中差異，只因為罵人者手中掌握了可被利用的國家機器而已！」（2000年2月25日，聯合報）

這段聲明由國民黨人士自我對黑金問題的建構，無形中造成民進黨攻擊有據的口實，對連的形象或聲勢，不因興票案之揭發而獲得加分，反而自身亦受到染黑，更嚇跑一些嚮往清流的支持群。

## 二、民進黨趁虛坐穩槓桿

民進黨的參選人，最擔心的競選結構是連宋對決態勢，而造成自己被邊緣化的地步，形構棄扁保連的先決條件。然而，興票案的揭穿，由宋跑出的票，有的回到觀望，有的進入扁營，而使扁的民調度慢慢攀升，終站上最穩的戰略位置，既脫離被棄保的可能性，又可坐收他人被棄保的果實。

總之，對連最有利的選舉遊戲是，提前造成一人出局，促成兩強的對決局面。畢竟，連的政治屬性，左右皆可包容，最有可能成為選民的次佳選擇。不過，興票案的揭穿，一來並未完全擊垮宋的堅固底盤，二來又補強扁原本的弱勢，於是連扁或連宋對決之局就被破壞，無法利用前者之局，營造擁宋選民的回歸，趁後者之局得到擁扁選民的救援（郭正亮，2000）。

興票案之揭露，由於牽涉巨額金錢，以致後來打扁之案，在相形之下已有小巫見大巫之窘狀，根本無法構成削扁的威力。於是，三強鼎立之政治遊戲就開鑼了，而在這種戰局中，連宋之間形成相持不下格局，選票互移不易，但憑單一個人之實力，就不能保證穩當選，最後連宋只好雙雙落敗。

國民黨內有些人堅定不能讓宋當選，以確保自身的既得利益，於是就左右了選戰的策略布局。興票案的曝光是在這樣的思維下倉促打出的，目

的在於給宋致命一擊，無奈宋是九命怪貓，根基布樁深厚，不易被撼動，
但連卻受到風險成本的反撲，擴大對手的競爭力，致至競爭結構丕變，原
本打算的雙棄保勝出之門，意外受到阻塞，反在自身不穩之下，出現被少
量兩極棄保的情勢，壓倒性滑落過往國民黨人的得票率，促使自己步上總
統之路更加荊棘。

## 第八節　資源落實斷層

　　李遠哲認為臺灣未來五年面臨五大嚴重斷層：學術研究、教育改革、
企業發展、兩岸關係，以及環境保護（中國時報，2000年3月5日），如未
來的國家領導人不能掌握關鍵性五年，順時順勢跨越諸該斷層，則臺灣將
遭遇內外夾攻的壓力，無能擺脫向下沉淪的退力，呈現劇烈地不可治理
性，而為各項紛至沓來的問題淹沒。

　　事實上，國民黨在本次大選上，亦同樣碰到致命的斷層，過往為動員
選民而發放的各類走路工，產生巨幅的發放落差，未能著實地交到選舉末
梢手上，以致跑掉難以估計的票數，造成得到歷史上最難堪的得票率，推
測其因為：

1. 知己知彼失敗：由於泛國民黨陣營有兩人參選，在師出同源下，動員的
　樁腳及派系高度重疊，難分彼此，以致發放難分彼己，而有被挪用的情
　勢，當然未能堅固己黨參選人的基本票。

2. 草船借箭得逞：宋營聲稱自己糧草不足，非得應用孔明在赤壁之戰所用
　的草船借箭之計，實在無法於選戰期間進行永續經營之戰，乃就師法三
　國戰略，由歷史找方策，並得助於兩大陣營之操盤者雷同之勢，得到不
　少糧草，致讓國民黨人急跳腳，難以挽回斷層的頹勢。

3. 國代並未同選：過往選舉每有幾合一的選舉，方便由代理人操兵，既堅
　固自己的勝算機率，又促成被代理人的順風上壘。本次大選，由於國大

延任案之故，國代並未隨同總統一併改選，於是在發放上體覺到與自己的當選利益，並沒有任何的關聯性，在投入度、用心度與配合度上，就打了相當大的折扣，斷層更加擴大，也限縮開出的票數。

4. 發放額度失靈：本次一般發到選民手上的走路工額度，大約在三百元之內，並不足以刺激他們按指向投票，反而心生反感，一來不屑一國之總統竟可由走路工經營之，二來自認在人格上被羞辱，竟以區區小數要撼動他們的投票意向，而將選票改投他人。

5. 恐怖平衡牽制：三大陣營均動員代理人監控走路工發放的情況，以防止自己的勢力被入侵，造成順利發放的困難度增高，再加上連皮宋骨，宋皮連骨，抑或連皮扁骨的代理人，又不易區辨，極易在發放時踩到地雷，引發司法難堪的窘境，減低代理人發放的意願。換言之，本次走路工的發放，「交易成本」與政治風險很高，難有寬幅的發放空間。

6. 勝敗態勢不明：本次大戰，由於表面上是三強鼎立的政治遊戲，於是泛國民黨的兩強，選民並不能明知何者比較有勝出的機會，而願意接受動員，進而以胡蘿蔔呼朋引義，集中支持可能勝出的參選人。是以，在勝敗態勢不明之際，各陣營又高度界限防守之況下，走路工的發放乃非易舉。

7. 宋陣營經營久：宋氏利用主持省政期間，趁公帑運用之便，在臺灣省滿地布施，諸多選民早已心存感恩回饋之心，伺機對之回報，當然導致走路工的果效降低，發放增加困難。

8. 政治距離遙遠：總統與選民的政治距離相當遙遠，未能類似地方公職或中央民代平日與選民之貼近，導致選民對何人當選比較不太在意，增強投票的自主性，更改傳統被動員的角色扮演。

9. 水準改善生怨：臺灣地區經濟發展突飛猛進，各地生活水平提升，更有諸多土地開發、工廠興建造就不少的「田僑仔」，當然不會在乎那區區可數的走路工，反而認為是對他們的權利汙辱，產生反挫的效應。

10.選情評估樂觀：國民黨的操盤者一直自信滿滿，成竹在胸，並對選情抱持相當樂觀，絲毫一點的危機意識也沒有。在這種樂觀的氛圍操控

下，就有人認爲：由於選區的遼闊，不能一一發放，何況又會花費不貲，反正已經勝券在握，不必再多此一舉。

11.上中下層剝削：國民黨事實上運用各種不同管道發放可觀的動員資源，只是迫於發放的難度及意願，在上中下各層多少均有被剝蝕一點，以致到了頭家手上的數目，不具致命性的吸引力，而未能引爆擴張力。

12.期約方式不牢：俗語說：「一鳥在手，勝於二鳥在林」，換言之，選民要的是實際的進帳，而非當選後的加倍回饋，或以開出票數訂定酬謝金，蓋何人敢保證連一定當選，於是在期約的兌現，本就充滿高度的不確定性時，其效價恐就受到毀損，無法開出漂亮的成績單。

　　國民黨空有龐大的資源，但在前述十二項因素的影響下，無法實際落實運用到地方，存有難以跨越的斷層，當然在關鍵之役敗下陣來，是以尋找這項斷層之所在，落差之所繫，罅隙之所由，好好整軍經武，以待四年之後的選戰。

　　資源之所以能發揮功效，前提在於：將其運用到正確的地方、事務及人物上，如發生任何偏誤，欲求其開花結果，可能永無機會。尤有甚者，國民黨如未來不能面對資源使用落差的所有原因，一一加以診治，而任其無端擴大，持續向下沉淪，並由向下退的力量卡住，則後果恐難以設想。

## 第九節　議題管理不當

　　從歐美國家近年來的總統或總理大選之經驗可知，候選人若具有卡里斯瑪（Charisma）特質，諸如誠懇、用心、努力、公正、無私、正直、包容、智慧、遠見、魅力、果斷、同理心、權變、開誠布公、自省及理性（顧忠華，2000；Deep, 1998），較易成爲媒體與選民的聚焦，如再能妥適管理議題，一來掌握民心脈動、時代思潮，扣緊中心主軸訴求，以引發

選民的同感共鳴及深度認同，同時運用輿論媒體精心包裝，擴大影響面，增加結盟群眾，同聲傳遞深獲民心的理念、識見及主張，構築強大的支持網絡，一舉突破重圍，贏得大選的勝利。1992年及1996年，柯林頓之所以能入主及連任白宮寶座，主因就是以自身的魅力本質，加上議題的有效設定與管理，並以簡單口號：「改變、改變、還是改變」，「勿忘健保」，「以改變對抗僵化」等來魔音穿腦，分別及敗了老謀深算、勢力龐大的布希及杜爾（林添貴，1999；胡忠信，1999）。

　　然而，千禧年的臺灣大選，國民黨的議題管理失控頻頻、欲振乏力、乏善可陳，大部分時間居於被挨打的局面，其情況可由底下分析得知。

1. **議題主導失控不靈**：國民黨由於不善主導議題，但又迷信金錢、派系、椿腳及總統牌的威力，不太相信議題之妥適發揮會有功效，不能洞識賄選受選民的逐步唾棄，所以，並不將議題之設定，做為選戰的主要經緯，大抵只是零星地回應敵對陣營的攻訐。

2. **內政成為選戰議題**：由於國民黨喪失議題之主導權，論述的掌控權，於是議題之設定就讓與挑戰者，而將主攻放在反抗黑金、政黨輪替、積極改革、年輕臺灣及活力政府的訴求，就引發選民的熱切呼應。而國民黨之操盤者又未能即時且合理提出反駁論述，以減輕其殺傷力，抑或扭轉至不同的議題，圍堵同樣議題的擴散，開拓議題的流出管道，如若不能就建築防火牆，抵擋它的蔓延。

3. **救災績效未能彰顯**：九二一大地震本為國民黨開闢無人爭鋒的戰場，盡量提升傷亡的慰助金及房屋全倒或半倒的補助費，本可積極地發揮。不過，主帥的一次避離原住民災民之舉措，使得親民、近民及愛民的形象，無由強固，反而流失他們的認同。何況，第一次碰到這種大災難，在處理上難能令內心恐懼、頓失安全感的災民完全滿意，就把責任推到主政的政府身上。

4. **逼宮陰影為人操作**：國民黨的參選主帥，為建構自主的形象，擺脫強人的陰影，而有黨主席提前交棒的訴說傳出，遂由挑戰者逮到機會，以逼

宮批評之，並藉機離間李連間的互信，用以吸收擁李者的票源，錯亂選民原本認定李連一體的信念，波及選票的流失。

5. **陽光法案延宕立法**：當主帥發覺其於議題上，始終居於被動與挨打的嚴重性後，遂訴求：為建立清廉、正義、有效能的政府，非賴完備的陽光法案不為功，於是行政院火速通過政黨法、遊說法及政治獻金管理條例三項草案，主要內容包括對黨產及黨營事業的規範，將遊說行為法制化，以及規定政治獻金的金額、來源、用途等，但因提出匆促，審查過程多有瑕疵，內容未盡周延，以致未能完成立法，讓人懷疑其誠信。

6. **黨產信託承諾跳票**：國民黨擁有世界民主政黨最多的資產，但因累積的來源與手段，讓人質疑存有不妥當性之嫌，以致外界要求它要將黨產信託，盡可能不再與民爭利，讓各項產業及股市之運營，盡由市場調整之。茲因攸關重大，範圍牽涉太廣，以及相關人員未能降低抵制心態，而未能兌現，失去挽回政黨形象的一著好棋。

7. **臺獨炒作失去新鮮**：國民黨由過往之選戰經驗得知：臺灣住民希望安定，不要因臺獨主張而影響這項希望之破滅，所以每次均打反臺獨牌，不因反對黨已有調適因應，或臺獨神祇牌已由建國黨供奉而改變。這樣一來，在新鮮度不足、政黨調整定位及政治語言的情況下，當然未見其威力的生猛。何況，自特殊兩國論提出之後，安定牌再打就有其瓶頸之所在，進而減低馴化選民的效價，就不喻可知了。

8. **中國威脅似裡外合**：選戰晚期，中國的「一個中國原則與臺灣問題」白皮書的出爐，國家主席及總理的強烈恫嚇言論，發出三個「如果」做為對臺使用武力的時機，被選民及挑戰者順勢認定：國民黨為了打擊挑戰者的聲勢，而引用中國的嚴辭威嚇，藉機嚇跑他營的支持者。這樣的移花接木，導致中國牌的失效，強化南方選民以票抵制的情況。

9. **邦聯論又胎死腹中**：在黨產信託炒作初步產生效應之後，連營又想提出邦聯論，以引起各界之注目，一來凸顯連之當家作主，用資爭取非主流擁宋選民歸隊；二來彰顯執政優勢，期將競選議題之主軸拉回兩岸議題，以露出對手的罩門；三來表示臺灣善意，藉以化解北京對李連合治

的憂慮（郭正亮，2000甲）。不過，邦聯論的後座力很強，極易令人聯想連是站在統的那一邊，又有可能加深李連價值追求的矛盾。何況，這種論說恐與臺灣的政治系絡存有弔詭，牴觸臺灣意識，更與李登輝路線有所背離，以致在選票上恐未有加分的效果，因此本論之生命週期僅只二天就胎死腹中，足見連營議題設定之艱辛，凸顯特殊之不易，擺脫陰影之難為。

議題是選戰不可或缺的材料，且可因材料的精心炒作而擴增政治版圖。不過，其效應之產出繫於：主動性、主導性、對應性、系絡性、反映性、排他性、共鳴性及安全性。只是國民黨在議題管理上，大抵都欠缺這樣的特質。當然對大選的勝負關鍵不大。

臺灣由於選戰次數的頻繁，對議題消耗相當快速，快至枯竭的歷史時刻，致使候選人缺乏著力處，這種現象尤其對執政黨的候選人更是如此，每次均成為被攻擊的標的，背負相當沉重的施政包袱。

候選人要有創造議題的能力，以新鮮度、新奇感、深入選民心坎的劇本，撼動選民的心扉，讓他們迎接訴求，行動支援及投票支持。因之，議題絕不可老套陳舊，更不可令選民心悸、心焦，要致選民心服、心醉與心許，才能建構支持的氣勢與氛圍，感染其他投票取向未定的選民。

不過，在議題難以創新之際，針對同樣的議題，亦可在設計上與其他候選人區隔，顯現出獨特性、合理性及可行性，而非破壞性、不負責任性及劃餅性。比如以減稅為例，不可以齊頭的方式，全民均減多少百分比，而要針對特定對象、功能區分、能力養塑來減稅，才能達及真正的公平性，旨在獎勵成功，強調機會與責任，鼓勵人民奮發向上、自力自足，以免因獎勵失敗而造成社會上更多的依賴人口（胡忠信，1999）。換言之，換腦筋將訴求人性化、溫暖化、關懷化及向上提升化，均會由於議題之慈性、前瞻及遠見，而結豐碩的果實。

# 第十節　虛擬政治情境

　　連陣營爲了抵制阿扁的聲勢，於是就訴求阿扁一旦當選，兩岸就會緊張、股票應聲下跌、臺獨因而高漲，所以選民定要棄宋保連以：保平安、保臺幣及保中華民國。這張將政治情境虛擬化的牌，事後證明並未發酵，原本要棄宋的目標並未見效，反而連戰自己名落孫山之外，究竟其因何在？

1. 先知化：連陣營的操盤者將自己先知化，得能預知未來政治情境之演展，在常情上，似乎極易被識破，或很可能穿幫，再加上阿扁的氣勢後期如虹，更難打動民心。

2. 人治化：這樣的訴求，無意中在指明：政治作爲及市場運作，不受法治的影響，全在於領導人的施爲，這是民主倒退的象徵，當然較難引發大多數人的認同。

3. 測準化：固定候選人當選就動亂、衰退與戰爭，乃呈現對未來人類可事先加以測準，但時代、潮流及環境均在變，國際體制環境亦進行寧靜革命，怎能事先料準情境的演化，如硬是主張似乎過於武斷，甚且根本不切實際。

4. 扣帽化：對別人任意貼標籤，硬對之扣上不雅的帽子，在民智已開、資訊傳遞倍速化之時代，哪能輕易讓人心服口服，何況人類在不同的歷史時空制約下，思想、行動與政策均會改變的，虛擬式的扣帽子要生選戰果效，恐是扣帽者一廂情願的假定吧！

5. 恫嚇化：把未生的事情當做是已生了，來恫嚇選民的投票走向，這種示警或訴諸危害的策略，一般只能讓人相信一次，第二次選民就有心防，或事先打預防針，欲產生恫嚇的效果，恐就如緣木求魚般地沒著落。

6. 催眠化：以虛擬牌打選戰，旨在期待選民們忘掉所有已存的政經社文問題，繼續給予四年來勵精圖治，以免呷緊弄破碗。不過，這項催眠已由過去的例證，失去了功效，因爲1997年縣市長選舉，民進黨贏過半，臺

灣也沒亂。

7. **棄保化**：主觀認定宋已出局，訴求支持者非棄宋保連不可，不然選票就失去作用，或讓阿扁漁翁得利，造成股市大盤慘跌，瀕臨戰爭風險，跌停板日日出現，外資卻步，經濟遲滯。不過，棄保並不易為之，因為民調的公信力淪落，何者業已出局，沒有明顯跡象，選民堅信自己的判斷，向心自己的偏好對象，何況李連共治陰影始終揮之不去，何能產生巨幅票移呢？

　　虛擬戰法由於缺乏臨場感，武斷地斷定因果關係，忽略了市場法則，將選舉視為政經豪賭，又是大力推動負面選舉，甚至將競爭對手對立化與仇敵化，對之鬥臭化、藐視化及致死化，是非常不具倫理性的打法，令選民生怨可能性滿大，還是小心運用為妙。

　　本項戰法盡情翻雲覆雨，以致人際互信難以建立，共識規範不得形塑，主流價值不易維護，信念雷同鮮能社會化，未來願景認同、政策走向趨同、社會力量凝聚及關係網絡密結，均會碰到障礙，選戰之操盤者勢必要從中蒸餾出寶貴的教訓，促使社會更正常運作，人們間得以自發性合作（陳孝平，2000）。

## 第十一節　許諾未來願景

　　千禧大選，國民黨在前述十大層面因素的互動衝擊下，以乘數效應的慘烈方式，巨幅流失支持的底盤結構，種下將五十四年的執政權拱手讓人的結局，擺在眼前的組織願景，抑或追求的政治目標，當然是以四年的生聚教訓時光，重獲可資運用的功能，絕地大反攻，扳回失掉的執政權。這個國民黨人許諾的願景，雖並不模糊，也不抽象，但要坐而言，起而行；省思於先，規劃於後；實踐不懈，漸進調適。至於施為的取向，以下的見解或可參酌。

## 一、視框調整契合情境

　　國民黨於執政期間所形塑的視框，恐因權力結構的更調，而與當前政治情境不能鑲嵌，而要有針對性的調整：

1. 自我獨大時代一去不復返，於今要面對政黨劇烈競爭，須在心態上調整；
2. 政黨勢力版圖已重新調整，非如過往那樣普及廣泛，可以粗耕的方式經營，而須以集約的方式布局；
3. 民間力量逐步壯大，可對任何組織構成壓力，非掌握其動向不可，不可對之坐視不問；
4. 行政資源分配權不再，民粹型領袖短期無法出現，有賴讓人認同的主導價值（governing value）（Argyris, 1982; Argyris, Putnam & Smith, 1985），來引領黨員及社會人士的向心力及使命感；
5. 體悟過去行事前的推理或認事，在前提上有錯誤的情形，以致決採的行動與實際面臨的情境有所落差；
6. 自認自己對政局的診斷既具體又真切，但實際上卻失之抽象廣泛，又立基於不妥協、不合理的思維假定上。

　　因之，對既有的視框剴切的反省，指出其過時性、謬誤性及如海市蜃樓的虛幻性，立好難題可以解決的基點，進而部署各項因應對策（Schon & Rein, 1994）。

## 二、建構前瞻主導價值

　　國民黨在過往長久優勢的政經結構裡，由於遭受不到強大外力的競爭，單以政治資源的分配，或魅力的領袖就可誘引多人的景從跟隨，如今時也移勢亦異，非有前瞻的主導價值來彌補前項資源及領導落差不可（朱雲漢，2000甲）。至於要關注哪些主導價值呢？

1. 年輕化：與其他競爭政黨相較，國民黨的決策結構有點老化，雖有穩健的優勢，但乏創新及衝勁，所以非盡量年輕化不可，而將資深者安排諮詢及決策前的評估工作。

2. 融合化：由於組成份子的多元性，政治理念難免不同，但所有的份子定要背棄成見，針對潮流進程，排定階段性的主導價值，不要太在意類似開拓月球的目標，而要先行穩定社會支持的基礎，進而與時俱進彈性或權變調整。

3. 民主化：國民黨就是內部民主馴化不夠強健，決策未能平衡由上而下與由下而上的方式，以致每次面臨各項大選時，均會有分裂的危機，所以非徹底民主化不可，任何欽定的方式均會造成有志以政治為志業者的不滿，分散一致對外的力量。

4. 知識化：這是以知識的推陳出新為組織營生的時代（Grant, 1999: 133-153），政黨之對內對外決策，不能但憑領導者主觀的意志，而要仰賴知識的鑽研、統合與運用，才能提升組織的能力，應付動態而複雜的外在競爭環境。

5. 平民化：國民黨人一直居於權力結構的核心，有逐步貴族化的趨勢，不識民間動態、民心向背，以及支持底盤的腐蝕，所以非徹底平民化不可，放下虛矯的身段，融入民間的底層，洞察其政治流動，適時推出對應措施。

6. 共治化：行政與議會菁英不能偏廢，中央與地方不能堅持本位，黨與民間治理結構不可疏離，盡可能共享權力與資源，才得以避免衝突、離心或背反。

　　這六化的主導價值要深進黨員的心，做為行事的準繩、決策的指針、力量的凝聚。如果未能如此，還是將之符號化、形式化與忽視化，則主導價值匱乏，中心理念空缺，行動就不會存有指引，更會有錯亂混雜的現象，發生衝突矛盾的情勢，以致翻身就會有所困難。

## 三、迫切終結老舊現象

　　國民黨在臺灣由於主政太久，平日疏於偵測外在環境的變化，而內在又形構一些老舊現象，腐蝕掉支持的底盤結構，所以非迫切加諸終結不可。

1. **黑金**：國民黨過往為了持續執政，不惜與黑金掛鉤，壟斷各地政經資源，達及人民無法再容忍的臨界點，才在這次大選加以「回報」，因此非儘速加以終結、割斷臍帶不可。
2. **私利**：國民黨利用過往執政的優勢，謀取巨貲的黨人私利和政黨利益，但忽略了公益和法益，以致敗壞了自身形象，惡質化政黨的體質，非快速終結私利的追求不可，而表現願與人為善的善意，同謀社會的公益。
3. **奉承**：國民黨內奉承諂媚的文化不輕，以致政黨的領航員未能體認各項在變的事實，適時推出對應之策，猶沉淫陶醉於奉承的溫水中，逐步被煮熟了而不自知。是以，非徹底終結或根除這項無法接受實際檢驗（reality-test）的文化不可。
4. **無為**：各項政治勢力積極擴展版圖之際，國民黨反而在自滿，淪為無為而治之中，以致版圖之萎縮、力量之流失。因之，體認無為之無用性，而將其終結，轉為將其接軌至有為有守的路徑。
5. **眼盲**：對還未發生或未禍及自身的情境或危機，國民黨人總是以眼不見為淨待之，當然未能即時警覺即時對應，而在病態嚴重之後才來臨時抱佛腳，哪能應付累積已久的危機能量。是以，平日就要有「守望者」的機制，徹底職司步哨勤務，敏感到政經結構的變化，做出有效因應的舉措。

　　老舊現象的終結，嶄新行動的開始，再扣緊主流價值的居中指引，有利於鬥志、奉獻、公益、效率及民心向背的滋生，抓住建構令人認同的形象之機會，才有重返執政的生存空間。

## 四、形構危機的管理結構

新敗的國民黨，會面臨要求改造的壓力、與親民黨互爭版圖的情事、民進黨拓界的狀況，在在需要有危機管理的結構，以應付各項情境的發生。這項結構安排的屬性為：

1. 清楚界定角色：這些角色為，處理嶄新布樁的任務；察覺區域特性、族群構成及社會情況，以設計符應的對策；用心去瞭解、感受與體會各地方人民的欲求、想望及期待；事先掌握黨員在黨際間的可能互動，俾能區辨何者為「藍皮紅骨」或藍皮綠骨；發現黨意與民意間的落差，並設法加以彌縫。

2. 徹底角色扮演：國民黨已到生存攸關的地步，絕不能在危機處理上猶只是虛應故事而已，而要在實際上努力實踐，扮演好前述各項角色。

3. 化解潛在衝突：危機管理結構的成員間，難免會在認知、情感及評價取向上有所差異，在角色扮演之前，定要透過對話溝通的管道加以化解，以共識的行動一致對外，發揮團隊精神。

4. 掌握示警音訊：黨內新生的危機、他黨的誤失，均對自己的政治擴展高度相關，勢要在事前掌握示警資訊，早期發現早期治療與因應。

5. 分享危機資訊：各個結構所獲的危機資訊，要能相互分享與溝通，以免不知問題的嚴重性，比如原住民及眷村鐵票的淪喪，職司的單位應速報指揮中心，即刻加以處置，防止事態的惡化。

6. 備有溝通策略：在危機或緊急問題發生時，要有接受單位，即時感受其存在，並由下行、上行、橫向、跨域和非正式的溝通策略，流通危機訊息，共同學研方法，以為有效因應（Pace & Faules, 1991: 127-138）。

危機管理講究快速、準確及資訊，在國民黨未來重返執政的過程上，可能布滿荊棘的危機或暗流，非要有隨時應付危機的結構不可，以期掌握接收、感受及回應的時機，務必將之化解掉，將其翻轉成轉機的機會。

而危機管理對資訊倚賴甚深，因為它是診斷、對策及診治的前提，所

以設計的結構要有敏感性、偵測性及監導性，將相關危機資訊送到對策中心，迅速加以轉化成為對策之道，促使危機得能於最佳黃金時間內崩解。

## 五、厲行策略管理

　　政黨在危機管理時，亦會碰到諸種策略問題，有必要加以妥適管理，以免其惡化。

1. 化解抵制：政黨改造可能遇到的危機問題，可能是既得利益者的抵制，並從中掣肘，主事者要加以正視及處置，使其減至最低限度，裨益改造之推動。
2. 防止中輟：改造本是長期的工程，有時甚至未能收到立竿見影之效，導致中途中輟的現象，形成功虧一簣的可惜情景，所以要以誘因、使命感與願景來激勵之。
3. 維持投入：政黨高階人士為了組織的前途，改造的推展，在策略上要持續地支持與投入，以形塑上下一心之感，共同肩負之情。
4. 不斷學習：初期改造可能不習慣，也會缺乏方向感，但必須由實做中學習，由經驗中體會，由臨場中歷練，並透過懇切的腦力激盪，迸出政治智慧，對應改造而衍生的危機。
5. 對應環境：國民黨所面對的政治環境越加複雜多變，所以對其演展的變化要掌握，不可對之置之不理，而要權變彈性因應，應用變化的環境，構築對自己的競爭優勢。
6. 顧客導向：以自己服務的顧客滿意度，調整政黨與顧客間的互動作為，或與其簽約服務的品質，做為努力或實現的標竿，累積豐厚的社會資本，強化其支持度、熱忱心及忠誠慾。

　　問題的發生並不可怕，關鍵在於如何對其做策略性管理，不致讓其生根蔓延，因此認定其所在，分析其所由，定其對策，追蹤其實踐，評估其效應，再學習調整。

政黨人每有諸多防衛機制，比如視而不見、置之不理、執著單念（方案偏好）、自我膨脹（自認萬能）、有人承擔、歸諸外因、以理搪塞及環境不變（林水波，1999；Pauchant & Mitroff, 1992: 74），而使危機不能適時有效管理，凡此均要他們有所警惕的。

國民黨是有歷史性的政黨，對首次的敗選，不可就此懷憂喪志，激情憤慨，埋怨別人，亂加歸因，而要捐棄成見，勇敢承擔敗責，積極許諾黨員的願景，為遠景的未來打拚與落實。

而在打拚與落實的期程，視框要由省思而調整，主導價值要豐富化而不能空洞化，老舊現象不得再留戀而要將其終結，危機管理結構要建制化而不可忽衍化，各項改革所遇問題要加以策略性管理，不可任由黨人以防衛機構加以忽略。

# 結　論

國民黨之所以敗選，可由本文所建構的十個層面去爬梳，就可掌握事由自己的關鍵因素，再解析民進黨的成功源由，當可獲致整全性的瞭解。而對源自於己的因素，需要以劍及履及地方式，加以診治過來，否則四年很快會過去，許諾的願景就會泡湯，那會叫國民黨負擔太沉重。

民進黨成功有其可資借鏡之處，勢必要虛心將其解讀出來，畢竟兩黨所面對的政經情境雷同，政治文化亦有大同，但蘊育出來的黨員及作戰態度，竟會有那麼大的差異，採取的策略有那麼天壤之別，國民黨人要靜下心來察覺、思考及體悟，好悟出箇中道理而趕緊加以學習。

國民黨為實現許諾的願景，正進行結構改造、文化重塑、作風調整之際，遇到難題是難免的，補實主導價值的空虛，行政議會菁英共治決策機制之建立，黨意與民意的堅實結合，消滅黑金汰換結構體質，以清新的黨形象，本質上說說容易，做起來卻不易，唯有黨員高度的參與心、投入

情、責任識與權能感，方可突破難題衝過難關。

　　而改革績效之成就，其前提在於：行走正路、容忍異聲、打破威權、依歸民意、廣開言路及集思廣益，不要再完全迷信金錢、派系及主席牌的威力，而要由所處政治情境中體悟出對選民味口的策略。蓋上述三者恐已相當「高齡化」了，哪能對應其年輕人占多數的選民結構。

　　另從這次戰役中，國民黨要認清負面競選已是日落黃昏的夕陽伎倆，不能過度運用，否則引起的反彈，是要承擔高度的成本，不可在往後的選戰中重蹈覆轍，依然故我，而要一步一腳印地耕耘，努力用心地布局，開拓無限寬廣的政治生涯路。

　　民主化是國民黨參選成功及體制轉型最具基要性的路向，因其是化解分裂危機，分散票源的機制，不可讓之口號化、詞彙化及符號化，因為民主化一旦不能落實，候選人的正當性易受質疑，體制不會有活力，一言堂的決策窘境不能消失，凡此均有礙黨的團結，共同打拚的意願。

　　政黨的主導價值有六化之形塑，但形塑之終極目標在於：執政權之擁有，資源分配之享有，消極不滿之化解及程序及實質理性的發揚，以團隊來經營，以願景為認同，以思深慮遠來定向，以公民性傾聽來兼顧各種異聲。

　　政黨的重大決策要以有效的資訊為基礎，不可以製造的資訊，矇蔽客觀的事實，而發生錯誤的呼求或決定；要歷經自由而懇切的對話，並根據知識做抉擇，以免抉擇的受到質疑或加以忽視；要對做成的抉擇不斷地投入與支持，並隨時監測其付諸執行的幅度，注意有無脫軌的情勢發生，如有就迅速加以導正，以提升執行果效，加大政黨的生存空間。

　　政黨所經營的政治志業，單打獨鬥難以竟其功，非賴結構優良的團隊，向來不易為之。而相互溝通重要資訊是必要的，問題須共同認定不得加以隱瞞，傾聽及理解問題之所在，不得僅止於議論階段，而忽略兵早已渡河。相互協助解決政黨問題，乃是黨員責無旁貸的，分擔同仁的工作，才可爭取績效。職責與行動任務的協調，為成就政黨團隊共同設定目標之前提，並須盡量避免無謂的工作重複；時刻創新與跟上時代，才能成就政

黨事功或解決問題,並以創新省下龐大的經費,致讓經費做更為有效地使用;一直不斷地創新,以完成原似不可能的任務,並將創新成就普化成為整體政黨寶貴的資產,隨時可迎接重大的挑戰(Romig, 1996: 60)。

# 參考書目

## 一、中文部分

江大樹，1997年。「臺灣憲政改革價值觀的演進（1987-1997）：以中央政府體制為分析焦點」，跨世紀憲政改革學術研討會發表論文。

朱雲漢，2000年2月6日。「為國民黨的政權危機把脈」，中國時報星期專論。

朱雲漢，2000年4月10日。「國民黨改造必須面對的幾道難題」，中國時報星期專論。

林水波，1999年11月19日。「深耕人脈 勝選之鑰」，中央日報公論版。

林水波，1999年甲。「檢驗選戰『抹黑訊息』的六個標準：請候選人講究競選資訊的倫理」，收載氏著，選舉與公投。臺北：智勝文化。

林水波，1999年乙。「防衛機制與空難預防」，公共政策論衡。臺北：智勝文化。

林水波，2000年3月8日。「三強個個有希望 棄保操作無空間」，聯合報民意論壇。

林添貴譯，1999年。選戰大謀略。臺北：智庫文化。

胡忠信，1999年3月8日。「設定議題：總統大選勝負關鍵」，自由時報自由廣場。

郭正亮，2000年。「邦聯胎死腹中 連戰進退兩難」，新新聞周刊，期673。

陳孝平，2000年。「翻雲覆雨操作負面選舉，戕害社會資本代價龐大」，中國時報時報廣場。

梅麗君、王嘉源譯，1992年。自滿年代。臺北：時報文化。

鄭自隆，1992年。競選文宣策略。臺北：遠流。

魏貽君，2000年3月20日。「權力的傲慢，國民黨敗選的根本病灶」，臺灣時報二○○○年總統大選的檢討與展望系列一。

顧忠華，2000年3月6日。「學術與政治：評論李遠哲現象」，自由時報自由廣場。

# 二、英文部分

Allee, V. 1997 *The Knowledge Evolution: Expanding Organizational Intelligence.* Boston: Butterworth-Heinemann. ch. 19.

Anheier, H. K. 1999 *When Things Go Wrong: Organizational Failures and Breakdowns.* Thousand Oaks: Sage.

Argyris, C. 1982 *Reasoning, Learning and Action.* San Francisco: Jossey-Bass.

Argyris, C., R. Putnam & D. M. Smith 1985 *Action Science.* San Francisco: Jossey-Bass.

Covey, S. R. 1992 *Principle-Centered Leadership.* NY: Simon & Schuster.

Deep, S. 1978 *Human Relations in Management.* Encino, CA: Glencoe.

Fritz, R. 1999 *The Path of Least Resistance for Managers: Designing Organization to Succeed.* San Francisco: Berrett-Koehler.

Giddens, A. 1998 *The Third Way: The Renewal of Social Democracy.* London: Policy Press.

Gormley, W. T. & D. L. Weimer, 1999 *Organizational Report Cards.* Cambridge, MA: Harvard Univ. Press.

Grant, R. M. 1999 "Prospering in Dynamically-Competitive Environments: Organizational Capability as Knowledge Integration," in M. H. Zack, (ed.) *Knowledge and Strategy.* Boston: Butterworth Heinemann: 133-153.

Linder, S. H. & B. G. Peters 1995 "The Two Traditions of Institutional Designing: Dialogue versus Decision?" in D. L. Weimer, (ed.) *Institutional Design.* Boston: Kluwer Academic Publishers: 133-160.

Mitroff, I & T. Pauchant 1990 *We're So Big and Powerful Nothing Bad Can Happen to us.* NY: Birch Lane Press Book.

Pace, R. W. & D. F. Faules 1994 *Organizational Communication.* Englewood Cliffs, NJ.: Prentice-Hall.

Pauchant, H. & I. Mitroff 1992 *Transforming the Crisis-Prone Organization.* San Francisco: Jossey-Bass.

Quinn, R. E. 1989 *Beyond Rational Management*. San Francisco: Jossey-Bass.

Romig, D. A. 1996 *Breakthrough Teamwork*. Chicago: Irwin.

Schön, D. A. & M. Rein 1994 *Frame Reflection*. NY.: Basic Books.

Wattenberg, M. P. 1991 *The Rise of Candidate-Centered Politics*. Cambridge, MA: Harvard Univ. Press.

# 附錄三　千禧大選民進黨勝選的原因

臺灣之子在連任臺北市長失敗後，甚少人對其政治遠景具有看好的取向，國民黨人更在慶祝小馬哥一舉阻截成功，欣喜爲己黨候選人事先打下強健的底盤結構，憧憬千禧大選的美好時光。然而，西元2000年3月18日的選舉結果，竟是當初最不被看好的臺灣之子當選，著實令人稱奇，與引發吾人對之鑽研。究竟何種因素，哪些社會動能，候選人個人如何努力，擁有哪些特質，如何擬斷區隔的選戰策略，用以鞏固死忠的支持群、拓展政治冷漠者參與投票及幫助政治游移者下定決心投票支持。

而正當在迎接變天之喜，臺灣站起來的歷史時刻，挑戰亦同時來報到，臺灣之子主政的政府，要如何對應新的政局，卸下在野的衝撞批判角色，扮演穩宜允當的執政角色，亦是值得一併觀察，俾使發現重大政治變遷的希望所繫，結構惰性轉型的有效運營，兩岸政經互動的順勢開展，競選承諾的次第落實。

## 第一節　總體社會因素

選舉的勝敗分析，非先由總體的社會層面下手，每難窺其底盤的結構因素，進而掌握住關鍵的能量。蓋其是五花八門策略運轉的系絡，如若兩者之間能鑲嵌，並沒有任何罅隙存在，才能產出策略的效能。茲由六方面剖析臺灣總體社會的特質，似業已蘊育政黨輪替的系絡。

### 一、主政太久人心思變

一個政黨如若主政太久，姑不論在哪方面（如經濟）獲致輝煌成果，

但總會在另外的方面令其頭家感到不滿與不耐，比如頭家對兩岸衝突、黑金政治、治安惡化、建設延宕、南北差距、災後重建及外交挫敗業已深感不耐，而埋藏一股怨言，以致腐蝕其繼續統理的正當性。蓋這種種不耐，頭家最直接反映的方式，就是在選票上將民怨發聲，民意解放及民力集結，進而要求新政府要能彰顯人民的正義盼望、公益推崇及以民意成策。殊不知，臺灣的人民在民主體制的長久運行下，已經再也不必逆來順受無限期的不耐，而可以四年為期，終結那忍耐、無奈及不耐的政治逆境。

## 二、鴨霸政治失去公義

國民黨由於在立院一直擁有絕對優勢的席次，每每在重大議題的作成決定時，鮮能注入在野委員的論述，屢以多數暴力的方式表決通過，以為他們是站在民意的這一邊。不過，基本上，黨意或委員之私利，恐不是立院合法化政策的根據，至於政策的功過、得失及價值或後遺，諒非他們議事的著力點，才常有強渡關山、倉促表決的情勢。這種社會正義闕如的政策或立法形成模式，每使政策的民意回應力，情境的敏感度不足，致使頭家對政策的接受度不夠，有礙其成功而有效的執行，引發利害關係人的抵制、抗爭與不滿，違背顧客導向的執政原則，要求其持續的政治支持，恐非如為長者折枝之易，而有緣木求魚之難。是以，沒有強健民意支持的政策形成，但以鴨霸方式為之，總難獲得民心的向背，只是任令人民的無奈。

## 三、憲改頻繁體制未立

臺灣的憲政體制始終定位未明，向來之改革，但求標靶應急需要部分，並無將體制定於一尊的打算。於是，單在李登輝主政期間，前後就修了六次，而每修一次，憲政體制乃更加龍化，匯集英、美及法的憲制於一身，因而衍生憲法的威信問題，實際運轉與原本條文的罅隙問題，而社會

需要的建制由於受制於政治角力，總無法找到勝出的軌道問題，人民無能
形塑深度憲法情感問題，過度頻繁修改，頭家未能使上力的無力感問題，
每次修憲諒以即席性的演出為主，但單以政治可行性為考量，無法建立參
與式的規劃過程，進行審慎思維、充分對話而建立理性的憲政公約數，積
累不少的憲政不正義問題。而在上述諸多問題掛心頭的情況下，頭家願意
再委付執政的強度，可能因而鬆動，成為可被政黨輪替訴求說動的一群。

## 四、族群分歧意識不一

　　臺灣由於歷史的因素，時間先後移入住民的關係，由於先前的政治社
會化背景互異，乃潛存程度不一的族群意識、政治視野不一的情勢，再加
上選民投票取向的候選人族群屬性考量，不因多次選舉之後而有重大的轉
變。是以，在連、宋支持的族群較為同質，但力量一分為二之後，他們的
競爭力，在先天的族群結構上，立即處在不利的地位。何況，絕大數的選
民屢是候選人取向，歷經評估與其自己之各方面屬性之雷同度越高者，就
越成為選民投票的偏好對象（Wattenberg, 1991），於是在屬性上顯與選
民有異的候選人，在先天上就會處於不利的地位。這種政治現象在中南部
更為顯著，因族群間的結構比例至為懸殊，後到住民比較困難在民選公職
上出線就是明證。而此次總統大選，南北投票差距又再度暴露這種選舉慣
性，造成對阿扁有利的結構性因素。

## 五、經濟發展蘊育民主

　　臺灣的經濟發展水平是國際有目共睹的，雖有點背離生態主義，未
竟與環境保護價值均衡的地步（Baxter, 1899; Dobson, 1995），但提供人
民有了餘裕參與政治活動，不僅資助候選人的參選，而且要求政府時時刻
刻要回應社會輿情的脈動，不得持有專家至上主義的決策心態，抑或忽略
公共愼思的管道。是以，臺灣在民主有效運行的條件具備後，公共參與的

意志逐步強化，人民的聲音更希望得能被傾聽。假如執政者未能偵探到這樣的情勢演展，依然以政黨的利益追求為至上的決策原則，政治權力和政商利益使用專家來唬非專家的頭家，乃會面臨政策正當性的危機，引發頭家的投票轉向。阿扁的當選，總體而言亦與經濟水平的突進，國民黨的政策偏謬，以致改革訴求有了立基的空間，說動了、同化了與共感了部分的選民。事實上，在追求經濟發展的理念指引上，國民黨可是追求選票的政黨，其建構的各項政策，中心旨趣全放在贏得選舉，而非在贏得選舉之後，建構受人認同的政策（Strom & Miiller, 1999），因而在政策抉擇上每有偏袒之情事，難達社會正義，抑或均衡與分享的境界，引發民怨、無奈或不耐的情懷，乃至為難免，以致在選票的極大化上就會因過往的政策偏差而遇到瓶頸，如又同時聚合黨內分裂的不利結構，乃造就他黨候選人的漁翁機會。

　　總之，政黨不得純粹只在意選票的極大化，進而掌握執政權，而存有「政策盲點」的現象，蓋執政者所推出的政策，向來是向頭家懇切述職的指標，如有了巨幅盲點，只滿足少數階層，恐會傷及選票極大化的中程目標，腐蝕入主政府的終極使命。

## 六、民主政治涵養自主

　　國民黨的選戰思維向有交換或經濟導向，每以為透過樁腳或派系的走路工動員，就能締結選民的多數聯盟，而本次大選國民黨依然存有這樣的慣性思維。然而，臺灣在經濟發展之後，都市化日漸提升之際，選民已脫離外控的人格，在相當程度上擁有自主性，區區的走路工已不易撼動選民的投票意向。

　　事實上走路工政治在世界各國總會形成八種悲哀：

1. 主體性的消失；
2. 輪替性的延宕；

3. 依賴性的養成；

4. 排外性的堅固；

5. 物化性的滋生；

6. 後顧性的漠視；

7. 前瞻性的忽略；

8. 內省性的權輕。

　　所幸臺灣的選民，歷經長年的反對運動洗禮，選舉淨化的馴化，逐步體認上述八大悲哀的政治傷害，即不僅政策無法順利透過前瞻（feedforward）、後顧（feedback）與內省（feedwithin）的過程，進行必要的演化，而且喪失政治頭家的地位，成為一黨的奴隸，供其使喚、受其控制與失其自由；乃至養塑自主判斷的能力，盱衡時局的需要，審慎投下一票。這種公民能力，締結了有效治理的要件，不致受主政者的完全宰制，鋪設一道道通往好社會的康莊大道（Soltan, 1999）。而在自主性選民居多數的臺灣社會，如又碰上風動草偃型人物的登高一呼，痛陳當今政府產出的重大問題，乃會改變向來的投票慣性，呼應政黨輪替、屬營新中間路線及推動改革的參與者，揚棄由別人光環罩頂的候選人。

　　一個擁有政治正當性的政府，一定要兼有探索外在環境的機制，以及影響或即時回應時代脈動的政策工具（Hood, 1986），不能夠滋生任何結構、價值或政策惰性的情勢，以致回應不及、述職不夠、敏感不靈，因而積累頭家支持轉向的理由，助長他黨取得執政的利基。

　　執政黨不可以為人民的無聲沉靜，就表示認同己身的各項施政作為，進而強化向來的行為模式，釀成人民更大的反感。它本要建立公信力，擁有能力採取對策並化解問題，樹立社會信守的規範，用以維護各業的秩序，人民的權益，而非反其道而行，流失自己得以立足的基礎，自行提供他黨取代的機會。

　　阿扁之所以有機會於千禧大選勝出，總體社會的變遷及主要的特質，構築了鞏固及攻堅的本錢，既可透過族群結構的有利因素，又可利用國民

黨長年執政所背負的政經包袱,逐步或點滴經營支持聯盟,順勢攻下執政的舞台,滿足人民六大需求:

1. 追求希望;
2. 實現改革;
3. 反對威脅;
4. 拒絕臣服;
5. 要求尊嚴;
6. 鞏固民主。

# 第二節　選制造就空間

　　不同的選制,對選舉結果當然會產生不一樣的結果,更對政黨輪替的速度帶來衝擊。臺灣自1996年的總統大選以來,改採直選,並以相對多數的公式計算何人當選,完全迥異過往間接選舉的情勢。這樣的制度改變蘊藏諸多風險,且將選情複雜化,無法猶如過去,國民黨可利用選制及選舉人的容易控制,輕而易舉掌握中央執政大權。千禧年的總統,阿扁之勝出,選制已奠定了可能的結構。茲將這種制度的衍生性風險舉述如下。

## 一、選民廣泛不易掌握

　　直選的選民數相當龐大,摻雜不同的組成份子,擁有殊異的政治取向,抱持不同的統獨立場,加上存有為數不少的自主性選民,不輕易受到物役,甚難經由經濟手段動員。同時選區過於遼闊,選民與候選人的完全接觸,幾乎是不可能,所以政黨在選民之掌控上,非如間接選舉般的易舉,得以個個擊破,建立穩固的多數聯盟。

## 二、省掉二輪減少整合

　　相對多數制由於以候選人得票最多者就當選，不必論究其是否得到過半數投票者的支持與否。這樣一來，只要第一輪投票就可定江山，省掉以第二輪投票的機會。既然第二輪選舉闕如，第一輪投票的二、三名參選人，雖在總體理念上至為同質，但受限於選制之故，無法趁機加以整合，以求得執政的大位。若以本次大選的競選結構觀之，選制若以絕對多數計之誰的勝出，則由於第一輪投票，無人獲得過半數選票，勢須舉行第二輪投票，連宋由於同屬於國民黨人，兩者之支持者在第二輪投票時就有匯流的可能，以防止阿扁的當選。

## 三、大大增強競爭幅度

　　由於間接選舉及絕對多數選制，每會簡化競選結構，致使選情的單純化。然而，在直接選舉及相對多數選制的制約下，競選結構就趨向多元化，由多人爭取一個席次。不過，如果政黨的提名不公，缺乏一套完全符合民主的程序，以致分裂的局勢甚難避免，增加同室操戈的可能性，分散有限的票源，致讓挑戰的他黨人士有機可乘，趁勢贏得大選。尤有甚者，總統直選必然削弱政黨標誌的作用，而往突出候選人的個人魅力方向運作，如政黨所提名的對象，未具選舉細胞又不諳選舉文化，恐在先天就失去比較優勢的競爭力。何況，這樣的大選，傳播媒體的擴散效用，每每超過組織動員，以致縱然欠缺資源壯闊、組織普化的反對黨候選人，抑或連沒有政黨支撐的獨立參選人，都能向國民黨候選人挑戰（朱雲漢，2000），這樣一來選情就會陷入競爭激烈的情境之中，失去了政治防道，加深執政權流失的危機。

## 四、潛藏棄保效應空間

在相對多數制的結構下，前已言之，其會促成多元化的參選結構，甚至可能演化成三角鼎力的競爭態勢。這時挑戰者若始終得能保持民調第二以上的競爭者，同時更占有族群的優勢，就會多少享受棄保的果實。由於連戰的民調支持度，始終低迷，並未有相當突出的表現，於是極易成為被棄的標靶，助長阿扁的氣勢。何況，連扁支持者的族群屬性較為同質，促成選票在兩者間的游移較易。

## 五、選民草根化的不利

公民直接選舉總統後，選民一下子普及到所有適格的公民，包括各階層、各屬性、各理念的民眾，於是候選人的屬性就深深影響選民向心力的凝聚，當選門檻的結集，選舉人脈的擴散，社會資本的積累。

在這種選制的衝擊下，如候選人具有以下各種屬性，則當選的空間或機會窗就比較大，反之，就會相對地縮小：

1. 可行銷性：候選人形塑讓人認同的格調，擁有迷人的魅力，得言選民流行的語言，儲備情境的敏感性，得對外界情境的演展，即刻做出適切的反應，贏得選民的窩心，媒體的報導，加深選民的印象。

2. 具草根性：既然廣大的選民普為草根化，則平日在上層社會流動的候選人，若未能迅即世俗化、趨同化及入境化，而猶留貴族化的行為，當難與眾多選民融合在一起，拉近彼此間的距離，凝造我為人人，人人為我的氣氛，擴大接近的層面、範圍及對象，構築強大的攻堅隊伍。

3. 可動員性：候選人如是一位議題創造者、反映心聲者、廣結善緣者、能說道理者、品操無疑者及富魅力者，一般對其稱之為具有選舉細胞者（林水波，1999），當然可快速與群眾融通，動員他們的竭誠支持。

4. 有遠景性：未來的國家領袖，非有令人認同的遠景，以為執政的指針不可。如若有的候選人，政策路線始終模糊，抑或淪為惰性，無法對照外

在環境的演展而調適，均會喪失政治吸引力。

5. 得驥尾性：候選人若深為人民所認同，更打算為社會確實做一番事，則名人願意加以背書、肯定及推崇，其就有機會依附於他而成功。而尋找可依附驥尾的人，不得隨意選之，定要有社會清望，並非常令人可議之士，以免選民的反彈而流失選票。

6. 可感動性：候選人一生的奮鬥過程，不任意被失敗所打倒，不因敗選而懷憂喪志，反而由失敗中汲取教訓，進行各項學習之旅，並於各項活動中，領悟參與者的特質，言及他們的心聲，反映他們的欲求，提出他們的企望，讓他們感動，而要將票投過來。

7. 可融入性：草根化的選舉，候選人與選民不能猶生存在不同的兩個界域內，深受兩種互異文化的浸潤，乃要融入選民的生活圈內，同質化他們的作為，展露可親的一面，與他們天南地北地互聊，感受他們的想望、追求及思維，贏得他們的讚許，願負拉票動員的使命。

　　而由本次大選的主要參選結構觀之，三強的特殊屬性，恐是阿扁最符應選制變更，選民結構草根化的特色。蓋連戰在候選人的屬性上，似乎無法與其他二強相抗衡，由於自幼成長於官宦家庭，一路的學經歷風順，並在強人光環的壓抑下，失去獨當的作為，欠缺選舉細胞，所有的選戰作為無法日常生活化，且深陷負面競選的棄臼之中，加上碰到同出一門的宋氏民粹強人，造就了阿扁勝出的機會。

　　總統選制的重大轉變，巨幅改變了選民結構，由貴族化轉向草根化。這時政黨的標誌作用遞減，候選人成為選民品頭論足的焦點，如其在屬性上無法與其他參選者匹敵，當構成勝出的最大罩門。

　　選制之更調，更鬆綁了反對黨勝選的防道，既複雜化參選陣營，無形中又造出棄保的可能空間，擴大需要的動員層面，致使原本執政黨優勢的局面盡失，必須與他們進行競爭激烈的選戰。

　　草根化的選舉，候選人的謀士若全由菁英當道，且無法站在草根的立場來規劃選戰策略，將會造成與草根隔閡的景象，無法徹底掌握平民意

識，形塑與其貼近且共感的願景，猶仍淪入策略老舊的選戰中，恐在先天上已失去了先機，種下敗選的因子。

# 第三節　遠哲相挺效應

一個人在激烈的選戰中得以脫穎而出，定有天兵天將來相助（郭正亮，2000），且以滾雪球般的方式，連續滾出廣泛的支持群，形塑酷似會員制的組織，即會員願意奉獻時間、精力及經費；擁有強烈動機動員選民的支持；共同決定選戰的策略指針，慎防蹈入錯誤陷阱而給予對手攻堅機會；擴大營造人脈關係網絡，堅定他們的支持及協助擴散毅力；產出領導人物，規劃或催化選民支持的利器，傳遞希望的訊息；建構務實的負責機制，致讓支持群願意負責各自的職司，以分進合擊的方式，促成勝選目標之獲致；誠願為同仁及團體效勞，共謀大家期盼的政治遠景（Seiling, 1997）。阿扁之勝出亦脫離不了這種眾人相挺的鐵律。不過，這其中，要以李遠哲適時適刻地相挺，產生關鍵性的影響，達及政治攻頂的終極目標。

遠哲相挺的政治應為，這次大選的特色之一。具體而言，或可區分為五種實質政治影響，順利將阿扁送入臺灣的政治中心。

## 一、呼求對應脈動

李遠哲在選前關鍵的歷史時刻，提出臺灣未來關鍵五年所要用力跨越的五大斷層：學術危機、教育延緩、發展失向、兩岸緊張及環境破壞，需要有改革魄力的領導人，來重新建構嶄新的政經社文秩序，安排值得迫切關切的公共議程，排除社會往下沉淪的拉力。這樣的呼求對應了臺灣的社會脈動，感動了部分選民，提供了有力信息，化解阿扁向來在兩岸關係的致命罩門，成為選民得以付託政治使命的對象。

這種斷層的論述，似乎由日裔美人福山的名著「大斷裂」得來的靈感。福山膽大心細關注：過去三十年來，美國在自身的社會結構上悄悄進行一場深遠的轉型，犯罪不斷增加，社會信任巨幅下滑，家庭結構解體，個人主義凌駕社群意識，政府實有必要爲逐漸崩解的社會秩序負責，提供煥然一新的模式，從事大幅的重建（Fukuyama, 1999）。臺灣在國民黨主政下，亦出現另類的社會斷層，急待新領袖來改變之，而在李遠哲的呼求並對阿扁背書之下，減輕人民對阿扁的疑慮。

## 二、議題受到認同

選戰策略之一爲附驥尾於名人，但這一招之所以得以產生顯著效應，要在受附驥者所議論的主題，引起選民的同感共鳴，道盡他們的衷心冀盼，說及他們的未來願景，消除他們的偌大掛慮，引領他們的至情回響。是以，臺灣斷層的主題，諒必在政經社文發展一段期間後，政策惰性已久之際，勢必衍生的新課題，於關鍵的歷史時程，透過選舉的決戰點提出，致讓去議題化的選局爲之一變，有了聚焦的中心，成爲大選勝負的關鍵定素之一。換言之，耍嘴皮式的選民遊說，空洞的政治陳述，惡質的批評，恐在自主選民越多的時代，呈現效用遞減的趨勢，蓋這類選民：

1. 盼望跨越斷層；
2. 認眞評斷政績；
3. 賄選對之無效；
4. 不受他人宰制；
5. 評比參選結構；
6. 不滿外力介入。

是以，非以令人認同的時代議題來加以馴化不可，並藉之導引臺灣民眾朝向大格局方面看待這場世紀大選，選出得能不讓臺灣向下沉淪，而能向上提升的國家新領袖。

## 三、新鮮對稱懇切

名人牌的名人要有新鮮感，不得經常由參選者使用，而成爲LKK，喪失對選民的吸引力、向心力及認同度。不過李遠哲向來在選舉過程上，並未跳到最前線，神秘的面紗始終未被揭露，一直予人清新之感，再加上其對未的政治願景，與阿扁的嚮往極相對稱近似，於是支持名人理念者，就轉而支持參選者，改變本來的遊移不定，抑或不想投票者。何況，李遠哲不急不徐的論述，懇切的提醒，聚焦臺灣的主要議題，鋪陳跨越五大斷層的迫切感，如未能選出具魄力的新領袖，有心改革的志士，則臺灣的社會可能被斷層所困，無法加以修復並趕上其他各國的進展。這種剴切的披露，深入人心，喚醒臺灣社會力的崛起，致使生活於此地的人民，不再甘於被別人決定自己的生活形態或命運，而要參與自己生活環境、生活機制的制定，更要以自己的行動和力量，展現影響政治決策，改善生存環境的決心，於是積極地參與投票，創造歷史新高的投票率，將阿扁送往凱達格蘭大道。

## 四、內外知名可信

名人牌所要達到的選戰效果爲，儘速讓選民認知參選人，獲悉其屬性，明白其訴求、領悟其定位，用以引發選民的青睞，所以職司推薦、背書與行銷的人，一定要能見度高、知名度強、社會參與面廣、媒體曝光率高、擁有讓人信任的資產，如在公共事務上展露令人折服的見地與專長，在任事的領域上表現出令人激賞的成就，在人格上社會化了高操性、正直性、同理心、可仰慕性、負責性（林水波，1999）。而這些前提李遠哲可說綽綽有餘，於是再經過時序的經心安排，3月5日先發表跨越斷的震撼性演講，3月10日李扁密談，分別召開記者會，由李表示認同扁的改革理念並願意出任國政顧問團的首席顧問，3月12日李宣布辭院長職決心挺扁，終於拉高扁的民眾支持度，擺脫宋氏的糾纏。

## 五、造成月暈效應

　　李遠哲相當策略性的挺扁,一來讓許多當時猶未表態的中間選民,終於確立穩定支持阿扁的決心,不會再因臨時偶發的事件,動搖原本的投票決定;二來讓國民黨打出的「恐共安定牌」及中國總理朱鎔基的強烈批扁言談的殺傷力大打折扣,因而造成選舉上的骨牌效應,引發更多的人願意認同阿扁的施政藍圖(陳淞山,2000)。蓋在關鍵人物闡述兩岸及地球村的前瞻性看法,大大減輕中間選民的疑慮,化解他們原本對阿扁的擔心,願意挺身而出,積極支持阿扁的當選。

　　過往選舉時參選者每會競相爭取名人相挺,本次大選亦不能逆反這項選戰鐵律。不過,三大陣營所爭取到名人,要以阿扁的支持名人,最具清新,兼有學術光環、社會改革熱誠、國際視野、人文關懷及與中國領導人有親身接觸者,較令選民信任,擁有較廣的社會資本財,對阿扁的助力可說相當大,產生了七種選舉效應:

1. 擔保作用;
2. 轉移作用;
3. 袪疑作用;
4. 化解(罩門)作用;
5. 骨牌作用;
6. 安定作用;
7. 棄保作用。

　　而在這七種作用同時發酵之下,連宋雖投入不少的努力與辛勞,亦同樣運用了名人牌,但因所負責背書者,社會的認可度不足,抑或擁有讓人不能信任的質素,提出不具說服力的論述,以致因本牌生效的前提未備,或存有背反的因子,乃不能營造相互匹敵的效應,難逃敗選的命運。

　　名人牌除了仰賴名人的優勢光環,以對參選者的「灌頂」作用之外,尚須候選人具有對稱的條件,是以二者缺一不可。如候選人是一位

俗稱「扶不起的阿斗」，則名人雖賣力的促銷，熱情的舉薦，亦將不會產生認同轉移的效果。而是要求兩者之間，同有遠大的願景，願爲社會投注改革心力，決心解決擺在眼前的重大問題，即兩者的同質化（isomorphism），及促成背後支持群相互流動的動能。

# 第四節　人民至爲急迫

　　促成各類變遷的原動力之一在於，生活其內的體系成員擁有一股強烈的急迫感，蓋體系的不良作爲所形成的惡質後果，定會引發成員的格外注意，提供變遷的功能（Holbeche, 1998）。蓋如任令惡質的結果一直揮之不去，持續滋長蔓延，恐會構成堅固的底盤受到衝擊，致至任何的解救措施，因爲推出時間過遲，而由底盤產出強大的阻力，沖銷其果效。臺灣在國民黨主政半世紀以來，由於爲了永續穩固執政的堡壘，進行諸多不當的措施，逐步形成重大的問題，急刻需要處置，並且非由深具魄力者出任領導，難以成就變革的重任。何況，民意對不能向上提升的境況，就會擔心向下沉淪的急迫感，而這種急迫感，可由六個擔心呈現出來，而決定將票投給阿扁，委付他承擔改革啓新的使命。

## 一、斷層斑斑可見

　　臺灣社會的斷層屢現，有限資源的扭曲使用，政商掛鉤嚴重，治安出現紅燈，金融秩序不穩，族群間相互信任感低落，兩岸關係陷入緊張時刻，高科技產業面臨轉型。這些關係國家政經發展的斷層，雖不致於到了不可恢復的地步，而是需要權力結構的調整，用以建構、創造及推動不同方向的歷史進程之機會，斬斷原本的共生、共棲及共犯結構，提供政經淨化的空間。

## 二、期待改革願景

在這變遷的緊要關頭，臺灣的人民引頸企盼革故鼎新，至祈候選人提出各項改革的藍圖，以爲取得執政之後施政的指引。而三強之間，提出最完整的新世紀、新出路國家藍圖者，當推阿扁陣營，這表示其對臺灣所面對的問題瞭如指掌，已有腹案攻擊之，俾能加以緩和其嚴重程度，引發較多的人認同與支持。

## 三、連氏外控性格

連氏多年來一直生活在政治強人的陰影下，很少提出自己自主性的主張，不少的選民認爲他如順利當選，猶可能受到垂簾聽政的影響，無法致力建構大重建的嶄新模式，弭平巨大斷層的社會危害。何況，連氏之主政，權力結構很可能一如往昔，政策惰性延續，恐只有惡化原本的斷層，甚至另外衍生新的斷層。

## 四、宋氏路線模糊

宋氏爲了全拿外省族群及部分本省族群的選票，於是採取主張模糊的策略。不過，這種策略令選民看不到他的政策願景爲何，引發部分選民對之的不信任感。尤其其在大陸政策上，深受本省族群選民的不放心，不敢傾注大量的選票。而在興票案被舉發之後，其原本的清廉形象亦受到極大毀損，鬆動了年輕選民的支持。

## 五、連宋同出一門

如果國民黨深受黑金問題所困，無法擺脫該項問題的攻擊，則退出國民黨參選的宋氏，同樣無法與黑金問題徹底劃清界限，因爲兩者同出一

門，同為涉入其中的一員。是以，選民同樣質疑連宋的黑金包袱，不因宋氏自國民黨出走，就能免掉批評，蓋部分選民已將兩者趨同化，要求同負黑金問題形成的責任。

## 六、敏感民之急迫

人民雖對國是有了急迫感，但也要由參選者對之敏感而出，進而擬斷對策，發展方向感，對應了人民的急需，方能獲致他們的支持。三強之中，恐只有阿扁最具政治敏感度，與民深感社會斷層的急迫性，讓人民有了將來感，釐清國家需要向前推動的方向，並利用各種演溝場次與民溝通，許下承諾，吸引參與者的肯認，願將治理權委付給他。

政治人物一定要知道：權力結構的更調，乃人民深信社會斷層可以彌縫的對策之一。大凡透過集體決策過程的改變，定可產出不同的成果，蓋新的決策過程與成員，較有機會產出較為公正、有效的政策（Stone, 1997）。是以，當人民對社會斷層感到急迫之際，政治人物若能以敏銳的視力，看穿這種情勢，並精緻規劃化解之道，當可激起選民的支持，取得決策主導權，再進行權力管理，提升政治體系的績效，提高頭家的滿意度。

選民心中總存有一把衡定的尺，定會對參選者的優劣進行評比，以為最終投票的依據。是以，平日不同階段的角色扮演，選擇適當情境的參與，積累選民心目中的至好形象，乃可在重大選季的歷史時刻，收割顯著的政治果效。因之，政治人物的平日耕耘至為重要，務必要形塑正面的形象，減輕選戰時的負荷。

# 第五節　三強鼎立結構

　　千禧年大選由於國民黨內兩大強人參選，加上代表民進黨的阿扁，組構成三大強人參選的態勢，至於其他二組參選人，在選民心目中，始終認爲是陪襯，對最後的選情並不具任何關鍵性的影響，更得不到媒體合理的曝光率。

　　在三強分立的競選結構裡，早期宋氏有一段時間，一直居於領先的地位，但自國民黨揭發興票醜聞案後，其獨占鰲頭的情勢就受到挫敗。因之，大體上，大選均維持在三雄激烈廝殺的場面，這種選舉場域對阿扁最爲有利，其立論的基礎爲：

## 一、脫離被棄命運

　　在三強競爭的大選格局一旦確立，由於阿扁的民調，始終游移在第一及第二之間，於是站穩了競選的有利位置，致使連、宋兩陣營無法打扁的主意，以其爲棄扁保宋或棄扁保連策略的運營對象，即或意欲行之，亦不會產生多大的效應。換言之，阿扁在三強鼎立的結構下，業已攻下大選勝出的灘頭堡，只要依勢之變，策略運營就有獲勝的機會。尤有甚者，這樣的結構，徹底破毀連陣營的盤算，因爲其始終冀欲阿扁的死忠支持者，在恐宋當選的憂慮下，定會轉向支持連戰，猶如九六大選時棄彭保李的作爲一樣。然而，阿扁在貴人及中介事件的相助下，讓選局產生嚴重的化學變化。

## 二、減低互棄幅度

　　既然棄扁的空間，在三強鼎立的參選結構下，大大受到窄縮，於是連、宋陣營攻打棄連保宋或棄宋保連牌，但因兩者背後的支持者之屬性，

大體上並未完全同質，其在理念及族群特色，恐亦有部分南轅北轍的差異，預期他們之間互棄的幅度增大寬廣，乃有其先天的困難度。雖各打了五花八門的棄保牌，但證諸選舉結果，其果效並不大，以致雙方因票源二分而雙雙落敗，造就阿扁在相對上的優勢。蓋國民黨支持底盤有一定的極限，無法於一時之間劇增，如只有一人參選，基於權力及利益之誘引，有了較強的選票輻輳，而取得勝選。不過，在兩強競爭分食選票大餅時，每釀成漁翁得利的結局。是以，向來任何政黨並沒有分裂的本錢，如因分裂造成同室操戈，兩敗俱傷似乎是不能逃避的苦果。

## 三、真誠抉擇自然

在三強鼎立的選戰格局下，由於未能藉之各種指標（包括民調在內），顯示哪一強業已出局，有如黃大洲及王建煊一斑，選民就失去策略投票的原動力，放棄自己最偏好的候選人，改投次偏好而有機會當選者，並圍堵自己最討厭者當選的可能性（Alvarez & Nagler, 2000），純粹按自己最好的意向投票。換言之，在一場三強鼎立的選戰中，策略投票本是一種高難度及高風險的選擇判斷，因為選民想同時逃避兩種終極悔恨（朱雲漢，2000甲）並不太容易：

1. 選民最厭惡的候選人，居然因在第一偏好及第二偏好之間，不足夠的策略投票，而以極些微的領先而當選，因為選制並沒有預防機制，不必進入第二輪投票；
2. 選民由衷支持的候選人，最後以極些微的落差敗選，因為策略投票所選的對象有誤及幅度不足而致。

這樣一來，在選情渾沌不明的狀況下，由於策略投票的風險，選民難以事先測準，還是回歸真誠投票比較坦然。然而，這樣的抉擇就不利於同室操戈的政黨，反而使得團結的政黨獲致相對的優勢，提供它的參選者擴增當選的可能性。

## 四、棄保相互掣肘

　　三雄鼎立的參選態勢，再加上連宋、宋扁及扁連的選民之間，多少均有一定程度的交集，是以扁陣營如特意催化棄連保扁的效應，也可能引起宋陣營以棄連保宋反制。而連陣營如積極運作棄宋保連，則牽動原本支持宋的年輕且倡導改革的選民，推向棄宋保扁。再者，正當連陣營在發酵棄扁保連之際，原本支持扁的年輕且傾向改革的選民，亦會激起棄扁保宋之舉。因而，在恐怖均衡的制約下，棄保牌產生作用的空間就極端被壓縮。何況，阿扁根本已跳脫被棄的命運，而連宋之間哪一個究竟已出局，由於民調的失去公信力，不能明確地測出，當然緩和兩者之間的選民位移。

## 五、政黨生存為念

　　棄保牌的操弄，如僅在一般選民自主性的發動，政黨並未透過建制系統全面性的催化，只可能在小範圍內與自己信任的親友、鄰居或同事進行動員，欲影響最終的選局，真是談何容易。何況，在三強均自認有希望當選之際，國、民兩黨為鞏固自己的生存空間，避免陷入九八年新黨接受棄保之呼召而泡沫化的覆轍，乃無意願犧牲自己成全別人，當然促使棄保牌只被喊得喧天價響，但未見實質的績效，有利於站相對優勢位置的參選人。

## 六、死忠選民難撼

　　三強平日均有各自的人脈耕耘，累積一定分量的社會資本額，透過共同政經利益的互惠，操持相互認同的政治理念，支持共同倡導的政策主張，參與彼此吸引的活動，於是形塑一群堅定支持的死忠選民，不會輕易受到內外事件的影響，自始至終支持心儀的人。如今，在面對三強人人有希望的選戰格局，當然更鞏固他們各自的凝聚力，切實做好界限防守事

宜，以防各種滲透。是以，死忠選民越多，棄保效應的幅度就越小，欲撼動其投票立場誠實不易，勉強爲之，亦因阻力太大而不能有效開花結果。

三強鼎立的結構，替阿扁開拓出不被棄保的命運，使其得以按外在政經情勢的變化，設計權變因應的策略，逐步穩固游離票，以及策動不投票者出來投票，經營一向持政治中間的選民，以達及相對多數的票數，得到四年的中央治理權。

而連、宋之間，選民亦不能確切知道：何者已經出局，而將選票集中於一人，以使泛國民黨人士依然主政，免掉選後部分選民強烈的失落感，深恐臺灣意識的抬頭，過往的既得利益受到侵蝕。是以棄連保宋或棄宋保連，雖在兩大陣營中大力打出，但由於發酵的前提未備，成效不彰，而給阿扁勝出的機會。

在棄保難以運營的狀況下，選民就自動回歸眞誠的投票抉擇，無法構成三角形兩邊之和永遠大於第三邊的定律，易讓相對領先者當選。阿扁就是受惠於三強鼎立的結構，趁著連、宋共同分食政治大餅之際，突圍而出。

棄保效應的發酵，其實不是想像中的容易，深受政黨意願、意識強化、誘因效用、議題導向、西瓜效應、獨立自主、死忠選民、年齡結構、金錢導向、黨存爲念、事件操弄（林水波，2000）等因素的影響，所以輕易操弄，或昧於外在情勢，均難有令人震撼的產出，操盤選戰者定要認清形勢，以常態的選戰運營爲要。

## 第六節　訴求鑲嵌效應

從歐美先進民主國家的大選經驗，吾人約略可以感受：議題的特殊性、新鮮性、急迫性、時代性及區辨性及動人性，對勝負亦具有一定的左右力。畢竟誰能抓住民心的思維，提出核心議題，並妥善運用相關媒體加

以包裝普及，以影響選民的支持（胡忠信，1999）。阿扁一向靠議題訴求起家，本次大戰，其陣營的職司之士，更以精心的設計，洞識適此時刻選民的想望，提出種種鑲嵌性的議題訴求，讓連、宋陣營疲以奔命，對其最終的勝選，加分不少。

## 一、政黨輪替符應時趨

　　全世界的主要國家，大都已實現政黨輪替的現象，象徵民主得到進一步的深化與鞏固，而臺灣卻久久與此一潮流逆反。於是，阿扁陣營深悉斯項全球性的政治發展，並且體悟有些選民已對國民黨長年施政的績效漸感不滿，認為它對臺灣滋生了令人憂心的社會問題，諸如社群文化脫落、生態環境破壞、家庭暴力發生、校園暴力增加、老人問題嚴重、年輕自殺增加、色情文化高漲、社會隔離弱勢、城鄉高度落差、代間價值斷層及社區生活孤獨。於是在競選期間，一直訴求這類主題，讓選民對「換黨換人做做看」有了憧憬。

## 二、黑金整治大快人心

　　國民黨為了持續維持執政權，不惜利用黑金勢力做為有效動員的椿腳，給予他們政經上的利益，致至兩者之間形構成合作共生、互賴的關係，進而讓黑金寄生於黨內，共食潛在的各方利益。這一個問題國民黨雖已感受到尾大不掉，有損政黨的外在形象，亦呼應社會的整治訴求，但大抵均停留在「但聞樓梯響，未見人下來」的階段，根本無法符應顧客導向的政府運作。阿扁陣營也敏感到這一個選民心聲，提出各項整治的策略，並以臺北市政府的做為擔保，亦擄獲不少的人心。

## 三、強力肅貪滿足欲求

過往政府的資源時有被誤用、濫用的情勢，以致各項建設品質未達優質化，有時甚至未將有限的資源用在眞正的刀口上，而有被挪用的情形。而地方小型工程建設補助款，時被挪用爲民意代表綁樁，抑或做爲選舉動員之用，亦失去原本補助的意義。因之，主客觀的貪汙腐化情事，深受關注選民的聚焦，希祈有機會轉換惰性的組織結構，鬆動原本就抗拒變遷結構。是以，這個議題雖新鮮度不足，但嚴重度猶夠，還是得能引發選民的同感共鳴。

## 四、強調中間契合主流

臺灣的選民並不喜歡走向極端，並冀求社會的穩定、經濟的發展，兩岸的安全，所以阿扁陣營提出新中間路線的六大訴求：國家安全、財經健全、政策優質、人文臺灣、知識臺灣及志工臺灣（陳水扁，2000）。由於議題的新穎及區辨性，得到了諸多回響，引起競爭陣營及媒體的議論、批評，達及擴散的作用。尤有甚者，人文、知識及志工臺灣，更是臺灣未來走向的標竿，突破瓶頸的主要關鍵，政府再造的願景，爲臺灣找出永續前進的路線，當然吸引持同樣願景的選民。

## 五、三三三福利得民心

在議題逐步枯竭的臺灣，選戰時常淪爲扒糞及揭瘡疤的負面選舉中，無助於選風的淨化。阿扁陣營在勾勒施政願景及改革標竿之後，更端出具體的社會救助牛肉，即年滿六十五歲的老人，每月發放三千元津貼；三歲以下兒童看病免費；青年第一次購屋貸款年息3%。這項福利牛肉在中南部得到不少選民的讚賞，幫助阿扁建造跨向二十一世紀的橋樑。

## 六、年輕活力對應現狀

國民黨長期主政下業已沉澱不少的政經包袱，影響到未來發展的速度及腳程，唯有將主政者年輕化，將政府結構活力化、企業精神化，才能形塑講究功能的工作文化，將顧客擺第一的過程再造文化，講究時間觀念、重視進程的工作文化及建構健全網絡及合夥關係的工作文化（Weiss & Hartle, 1997）。這項訴求對應了年輕人的胃口，也指出當今政府結構的問題所在。

議題本是候選人得以著力之處，更是與選民建立政治承諾的標的，不能加以忽視，而以為選民對之並無興趣，反而要以創意來經營，一來折射選民內心的渴望，二來標示未來的走向，三來凝聚社會共識設定主流議程，四來區隔對手方便選民認同。

議題的得到回響在於訴求的生活化，內容的務實化，主題的鑲嵌化，用字的溫暖化，論述的合理化，客體的回應化，脈動的符應化，價值的主流化。是以，操盤者及設計者要在關鍵時刻抓住民心，導引選民認同。

臺灣的選民已相當內控、自主，不得再全以可以加諸物役視之，而由經濟的手段切入。蓋發放走路工的風險由於各方的關注，相關單位的搜尋，被發現的機會日益增高，回收率更有急速遞減之勢，也會因額度的不適量而引發反感，所以還是由議題來引領臺灣的發展為要。

# 第七節　掌握年輕選民

年輕的選民在選舉人口上，亦占相當大的比例，能擄獲他們的青睞，死心塌地的跟隨，營造充滿人氣的造勢場景，並以活力、速度及創新，鮮活了文宣內涵，打動各階層屬性的選舉人口。

三個主力的競選結構中，要屬阿扁最能與年輕選民融合在一起，認清青年次文化的屬性，認同他們的思維取向，想盡辦法及路徑，拉近他與年

輕人的距離，讓年輕人覺得政治亦可由教條中解放。至於阿扁陣營掌握年輕選民的具體作為，茲分析闡釋如下。

## 一、瞭解符碼語言

年輕選民對將來、對生活、對前途及對生涯有其特殊的指涉，而與其他年齡較大的世代有所落差，更以不同的語言溝通於同儕之間，如與之存有距離，缺乏互動，當然不能與他們同感共鳴，無法與他們分享經驗、生活興趣，體認他們的思維習慣、追求的意義，分析的參考架構，知曉他們流行的語言典範，進而掌握他們的認知框架，建構符應他們需求的政策作為。阿扁知道這批人的選舉重要性，進用相當年輕的選戰策略人才，以他們的語言，他們認同的符碼，規劃對味的訴求，贏得他們的選票。

## 二、經營未來選民

每四年，選民結構就湧入不少剛有選舉權的年輕選民，他們的支持，當然是關乎選舉的結果。因之，提早對這批人下功夫，參與他們的學校活動，與他們進行雙向的對話，認識他們的問題所在，承諾設法解決的心志，關懷他們所面臨的情境，開拓將來的出路。阿扁由於相當清楚這項選民結構的變遷，所以總在平時就「燒香」，給未來的選民留下可認同的形象，展現印象深刻的領導特質，活力充沛的幹勁，致力改革的毅力。

## 三、賦與嚮往憧憬

國家領導人要有可受性、可行性、可說性、可負性及可兌性的政策願景，反映臺灣的政經社文脈動，用以帶領國家走入有希望的未來。阿扁針對各項政策領域、標的對象，均建構了整套施政的藍圖，提出適應及爭取生存於外在環境的對策，建構管理內部統合的方針，設法凝聚政治共識，

化解政治發展所碰到的瓶頸。而在年輕選民上，更針對他們的特殊需要性，設計符應的遠景，使其有路向可資嚮往，有前途可以努力，有生涯得能規劃，有去處可以安排，而引發他們的選舉投入。

## 四、舉辦熱情活動

年輕人有其偏好的活動，政治人物一定要顛覆自我的行事傳統，舉辦飆舞與青年人同樂，順應各項節慶，表演各種變裝秀，解放政治人物放不開的嚴肅性，拉近與年輕人的距離，經營扁帽工廠，展現流行的青年文化，協尋認同的歸屬，找到凝聚的標的，樹立扁迷的標誌，形塑一股強大的動員力量。換言之，年輕人有其投入的活動，政治人物要融入其中，分享他們的喜樂，引導他們的方向，回應他們的渴望。

## 五、展現改革形象

年輕人並不習慣常久的政治惰性，以及政治惰性而衍生的嚴重黑金包袱。於是，阿扁陣營鎖定這項國民黨的罩門，大力訴求改革的迫切性及未來願景，加上四年市長主政的改革績效及魄力，深獲這類選民的認同。蓋其他兩位主力參選人，有其不同的選舉定調，並未著力於這項訴求，因而提供阿扁一塊可開發耕耘的政治園地。須知，年輕人不能忍受積弊的持久、國家資源的五鬼搬運、黑道人物的參政、公共建設品質的不佳，而這些均成為阿扁改革訴求的內容，贏得支持的利器。

## 六、營造滾雪效應

年輕人大抵均是知識程度較高的一群人，更是每個家庭的意見領袖，透過他們在親友間的呼召，積極挺扁的作為，與家人溝通改革理念的重要性，而營造了極大的滾雪球效應。阿扁在這些免費的助選員之助選下，一

票一票的積累，再加上透過他們的中介，引出過往並未投票的中間選民，提高投票率，抵消宋氏支持選民高投票的效用。

　　年輕選民已成為主力的選舉人口，任何參選人均不能對之加以輕視，設法爭取他們的認同、參與及投入，將會減輕選戰困窘。蓋其滲透力無遠弗屆，爆發力無窮，擴散力廣被，非小心、用心及苦心經營不可。阿扁之勝出，得到年輕人的助力，功不可滅，也是撼動國民黨底盤結構的能量。

　　年輕人有其特殊的次文化，表現出不同的認知、情感及評價取向。凡欲爭取他們景從的政治人物，首要解讀這些取向的內涵，再提出鑲嵌符應的訴求，使其認為你是與他們同一類屬，而願投下支持的一票，展現雷同性投票的普化定律（Wattenberg, 1991）。

　　選民結構隨時變遷、老年選民的遞減、年輕選民的遞增，似乎已成為政治常態。是以，職司選戰的策略者，勢必要掌握這項人口變遷，抓住其文化屬性、思維取向及政策追求，設法給予形式及實質的滿足，以蔚為支持的結構，再由其做為中介，拓界到其他的人口結構群。

　　政治人物本可商品化，可成為被行銷的對象，是以擺脫那種神秘面紗，趨近選民的距離，反映臺灣的脈動——年輕化，敏於年輕儀式的歸趨，熟習它的特質，形塑對應年輕化的造型與作為，當可達到政治行銷的終極境界。

## 第八節　李反宋馬反扁

　　在選戰激烈交鋒的過程中，國民黨內兩位有民意支持的強人：李登輝與馬英九，各自的政治支持互有不同。前者強烈反宋的當選，大力奔走為連戰站台，但並未嚴辭批扁；後者強力反扁，同為連戰助選，但並未追隨國民黨的選戰策略：大力批宋。這樣的政治戲碼縱橫大選全局，而且產生了六種政治效應，有助於阿扁的勝出。

## 一、明顯區隔選民屬性

由於前述兩位主力助選人物的支持對象有異，景從於後的支持者，在屬性就有了顯著的區隔性，以族群的雷同性做為投票取向，就在暗中自動發酵。如又認為泛國民黨陣營中，連戰當選的機率較小，於是原本支持他的部分選民，就轉而支持阿扁了。這可由TVBS的選後民調，有4%的選民棄連保扁（王業鼎，2000）得到明證，也有5%的選民轉而支持宋。

## 二、造成連戰失去空間

兩位連陣營主力的行銷者，因族群屬性的認同，表現出不同的政治助選作為，再加上參選主帥的魄力，顯然無法與扁宋相比，連戰試圖附其驥尾的企圖當然就失靈，未能順勢轉移原本的支持力量到連氏身上。即在李氏並不擔心阿扁勝出，馬氏亦不慮宋的出線下，造成部分連氏選民，分向左右兩邊小幅移動，腐蝕連戰的生存空間，亦是得票數超低的原因之一。

## 三、堅持不為反李言論

扁陣營認識到：堅決支持李登輝路線的選民，認同其過去十二年的臺灣民主改革貢獻，亦不乏其人。這些選民深恐宋氏的當選，可能致使改革路線受到挫折，所以是阿扁試圖爭取的對象。因此，選戰過程中，不論李氏之批評，如何嚴厲或似蜻蜓點水，扁陣營一概不加理會，以免被競爭對手貼上反李符號，喪失接收其背後支持的群眾，縮小當選的立基寬度。換言之，阿扁以尊李的態度，隨著政治情勢的演展，準備加長己身的「政治食物鏈」，因為扁陣營看好這群人的政治支持是可以轉移的，不必在競選言論上加以刺激之。最後，終究在宋氏威脅度及連戰出現率低落的考量上，轉而挺扁上壘。

## 四、凝聚臺灣優先選民

在李、馬的政治支持或反對立場的制約下，無形中族群意識就受到撩撥，以致以連戰的政治風格，既爭取不到獨派選民的青睞，也爭取不到統派選民的認同，而又咸認其可能在當選之後，無法獨當一面，猶在政治強人的掌控下。在這種不利連戰的格局出現後，向來堅持臺灣優先者，雖在有些方面不太認同過往阿扁的作風，但在深恐臺灣優先受到掣肘的掛慮下，暫時拋棄短程利益的盤算，而以追求長程的利益為目標，固守臺灣優先的策略方針，得以持續，並加以發揚光大，乃以最具代表臺灣優先的阿扁為投票的歸屬。

## 五、暗示老K的再分裂

李反宋馬反扁的深層意涵，讓人嗅出，國民黨除了宋氏及其支持者的出走外，內部結構不因宋氏出走之刺激，而衍生堅固的命運共同體意識，猶存嚴重的路線之爭，不僅在中國政策上有了歧異，對未來主席的定位也有南轅北轍的議論，總統選制的改革方向亦有言殊的紛爭，選戰策略的定位：強力打宋或打扁，先打宋後打扁的順序，均有歧異的論述。是以，在國民黨雙重分裂的危機下，讓連戰的戰局雪上加霜，導致千禧大選多少類似於1994年北市長選舉一般，由國民黨自家的大分裂，再加上各項策略的老舊，提供阿扁勝出的絕佳政治機會，更是以小搏大的成功典範。

## 六、臺灣情結登峰造極

選前中國的強硬談話惹人生怨，不談也打的主張，引發臺灣民眾的反彈，平日又強力逼迫窄縮臺灣的外交空間，更令他們的不滿，再碰撞到李反宋馬反扁的選戰態勢，李連之間又有罅隙存在，因而形塑登峰造極的臺灣情結，選票轉趨集中，同時激勵南方選民的強烈挺扁。由過往支持李氏

的許文龍帶頭訴求，只有阿扁最能繼承李登輝路線，轉移李登輝情結選民的支持對象，爲阿扁開拓勝選的空間。

主要政治人物的政治舉動，每會滋生持續的漣漪效應，促成政治意識的強化，轉移選民的認同對象，導致競爭結構的變遷，腐蝕原本的立基。

臺灣情結是過往十二年，臺灣本土化及民主化的重要支柱。這個情結平日隱而未顯，但在內外環境的威脅下，就在暗中逐步擴散，構成一股強烈的聯盟，影響選舉的結果，支持重大的制度或政策興革，排除負面的抵制力量。本次大選，本情結在兩位政治關鍵人物支持立場的相互衝擊下，又形成左右選舉由誰勝出的指標力量。

國民黨的一次外顯分裂，再加內隱的無形分裂，導致自己提名的人選，失去不少的支持底盤。再加上宋氏族群屬性的原罪，雖盡力衝破其網羅，但猶未能闖關，仍由臺灣之子搶到先機，贏得千禧大選。

中國力量在兩次總統大選上，均企圖影響選情，協助其認爲較易互動的候選人，但總因對臺認知的不足，每每使用有誤的手段，又不能隱藏自己的意圖，根本上違背權力四十八律中的第三律（Greene, 1998），用以引導臺灣人民走向錯誤的選擇，反而激起更強的臺灣情結之凝塑，轉移選民的投票指向，而致所欲支持對象的落選。

李反宋馬反扁的原始質素在於臺灣情結的有無，族群歸屬的有異。不過，人口結構分配的懸殊，該情結被認爲淡薄者，要帶動較多的民眾支持其所偏好的候選人，並不容易，所以選舉時最好不要去觸動這個情結的微妙政治神經，以免引起發作而變動選舉的結果。

## 第九節　文宣溫暖效應

候選人爲了快速建構選民對其正面的認知、情感及評價定向，利用平面及電子媒體的文宣，以達形象擴散的乘數效應，每每決定選戰成功的定

素之一,是以每位參選者均卯足全力拚正面形象的行銷。不過,競選文宣的效應,乃取決於文宣所具的屬性而定。

1. 鄉土化:政治人物若被錯認為具有貴族化的傾向,與平民百姓家的政治距離遙遠,每會引發鄉土民眾的反感,無法取得他們的認同。因之,在文宣的述說上,使用的言論上,若能符應地方的鄉土人情,以鄉土人士來印證候選人的成長過程,較易爭取到雷同歷程者的由衷感佩敬仰,成為他的義務助選員,逐一擴展支持的底盤。

2. 創新化:文宣一定要有創意,不能有一成不變的構想,因為慣性化的結果,不會引起選民的注意,進而養塑支持的態度,從事締結多數聯盟的行動。蓋時空環境不斷改變,人民的資訊獲取也不同,政治經驗的歷程,在在讓人民經常處在成長之中,所以文宣要有時空的敏感性、世代的敏感性及主流趨勢的敏感性,才會有再社會化的效能,失去創新的文宣,令人反感恐是理所當然的。

3. 福利化:利用各類文宣推出動人的社會福利政策,同時針對世代間的需求差異,織構契合的福利承諾,用以爭取他們的青睞稱許。不過,在建構這項消費性的支出文宣,若兼顧財源的妥善配置,而非劃餅式的清談,當更能引發支持的骨牌效應,一舉寬大化當選所需的立基。不過,在建構福利導向的文宣之際,若又能兼顧選民能力的培塑,允宜民間社會組織的擔負,逐步逐日走向社福民營化的境界,協助人民擺脫依賴,享有尊嚴自主,將是至為理想的福利思維。

4. 批判性:每位參選者均有罩門存在,所以在文宣上理性地點出他們的所在,提醒選民:臺灣不能再有垂簾聽政的情事,更不可容許五鬼搬運的資源汲取現象發生,俾能引起閱聽眾的同感共鳴,以吸收他們的投票支持。不過,批判不能扒糞化、抹黑化,因那種文宣相當惡質化,每會令人倒盡胃口。蓋負面的競選,違背選舉的倫理,尤其是扒糞,易致選舉人對政治的疏離,造成無力感的感受,進而波及整體政治體系能力的滑落。總之,批判要有針對性、示警性及建設性,非能任意隨性為之。

5. **遠景性**：溫暖的文宣，要讓人感到選後執政有其遠景之所在，所謂「年輕臺灣，活力政府」，一者標示未來新政府奮力的目標，二者指出現行政府的缺失所在，三者符應時下政府再造的風潮，排除過往老化的作風，追求富衝勁、具效能的政府，並經由人事的更調，想方設法衝破結構惰性的弊端，走向強性化的治理結構。

6. **鑲嵌性**：文宣的內容要能呼應選民的心聲，滿足他們的需求。比如，在一黨主政太久之際，各項弊端呈顯的政治情勢，提出政黨輪替的訴求，由新人領導，在臺灣未來關鍵的五年，凝聚向上提升的推力，擺開向下沉淪的拉力，以便跨越：教育改革、環境保護、兩岸關係、企業發展及學術研究的五大斷層。又如黑金對社會秩序之危害，有限資源的挪用，地方政經結構的腐蝕，乃提出整套掃除的訴求。凡此二者均是選民引頸企盼的課題，在歷經候選人的呼求，乃獲得選民的極大回響，復又加上李遠哲的背書肯定，形構出勝選的多數聯盟。

　　文宣是與選民的政治溝通，嶄新理念的交流，意在溫暖選民的心，構築受其認同的願景，並和他們簽下政治契約，攜手邁向一個有信心、信任及信仰的新社會。阿扁這方面的勁爆，無形中拉了不少的選票。

　　文宣的定型化及陳舊化，一來致使競選對手易於事先防禦，二來展示出與時代的斷層，凡此均甚難產生文宣的溫暖效應，讓選民成為助選的志工，亦無法帶動社會的觀念革命，治理結構的適時更新，不易獲致選民的共同響應。

　　文宣訴求的區隔化，敏感到各年齡層選民的不同欲求，提出對味的政策主張，並以新中間路線的訴求，減輕選民的政治疑慮，事先防範自己可能致命的罩門，排解對手的攻擊火力，並能以「正港安定牌」對抗「恐怖安定牌」，根本瓦解過往安定牌的殺傷力。

# 第十節　政治人物鋪路

阿扁的勝出，除了前述種種的因素之外，競選過程一路走來，有八個關鍵人物，替他鋪往凱達格蘭大道。

1. **馬英九的冒出**：馬英九精心規劃的市長參選，並在王建煊的犧牲助勢下，李登輝的化解馬氏認同危機，導致阿扁連任市長的失利，提供他參選總統的空間，立下可能勝出機會窗。

2. **宋楚瑜的參選**：宋氏自任職省府之後，就潛心部署參選後李登輝時代的總統大位，並自認自己是臺灣民粹的巨靈，無論如何不可能退選。這樣一來，造成三強分食政治大餅的格局，有機會讓阿扁扮演漁翁的角色。

3. **連戰的貴族化**：國民黨的合法參選人連戰，一向生活在貴族化的境域內，不易與第一線的選民接近，當然甚難積累充沛的社會人脈資本。不過，基於國民黨的死忠支持，向來已有一定的比例，非宋氏所能根本撼動，所以在連、宋票源無能集中的情況下，助長阿扁的勝基。何況，連戰遊走於疏李與親李之間，欲想左右通吃，以致臺灣意識較強者的支持轉向。

4. **李登輝的失靈**：李登輝主政臺灣十二年，他的聲勢由起而盛到衰至破，一路留下跌宕的足跡（張慧英，2000）。尤其爲了鞏固國民黨的執政地位，縱容黑金的涉足政經界，將其政治光環喪失殆盡，無能再扮演呼風喚雨的政治動員角色。其雖盡力爲連戰站台，但因他的光環已經使用過度而不再，加上連戰並未具與他相同的特質，難於將其支持者轉到連陣營。

5. **李遠哲的力挺**：李遠哲鑑於臺灣社會向下沉淪的拉力強大，又體認連戰對這項拉力的抵擋有所困難，宋楚瑜亦不易撼動拉力對臺的傷害，乃進行議題的策略管理，拿捏最佳時機，逐步強化挺扁的力道，形構威力不少的戰果，營造兩大一小的戰局，而一小又能具有掣肘宋氏的力量。

6. **朱鎔基的反效**：中國總理朱鎔基「用鮮血與生命換取統一」的警告言

論，非但未達及恐嚇威脅的效用，反而引起選民的危機意識，願意支持阿扁，以構築與中國周旋的政治力量。

7. 許文龍的認定：在選戰的緊要關頭，李登輝的民間友人許文龍挺身而出，認定：阿扁才是李登輝路線的繼承人，唯有他才能對之加以延續。這對南部的選民有月暈效應，因他本是南部人民的標竿敬仰對象，鍾情於他的企業經營精神與及對社會的人文關懷，所以他的肯定營造一股支持阿扁的陣營。

8. 范可欽的創意：創意十足的范可欽，編織既感性又理性的文宣廣告，「時而奔騰猛烈的砲火，時而感人肺腑的鄉情，時而充滿喜悅的歌舞，時而令人莞爾的嘲諷，幾乎在關鍵時刻抓住民心，都在關鍵部位打痛對手」（郭正亮，2000）。

　　阿扁就在這些「天兵天將」的幫助下，逐步擴大當選窗，蓋每個人均以其正負價值，開啓一部分的政治窗，直到可當選為止。選舉本是以有力人士做為標竿，做為人脈凝聚的潤滑劑，非審慎的挑選、精心的安排不可。

　　然而，要有力人士的相挺，候選人本身的形象、條件及過往的成就，乃是必要的襯托，否則名人的支持轉移效應就極為困難。尤有甚者，力挺人物的新鮮度，亦是選民願意支持名人推薦的參選者之重要因素，出現頻率過高或過度使用，均會難逃邊際效用遞減的鐵律。

# 第十一節　變天後的挑戰

　　阿扁在階段性局勢的催化下，拜前述各項因素的交互作用與影響，取得四年的中央執政權。不過，這種階段性局勢下的政治變天，在相對的憲政體制未能配合總統的直接民選，以及立院由反對黨掌控的政治生態下，各項施政的推展，難免會遭遇反對黨聯盟的掣肘，諸如震撼教育閣

員，杯葛重大政策、立法超前時代、惡質質詢操作及為反對而反對（林水波，2000甲）。因之，在面對這樣艱難的政治環境，為了施政的利使，新政府對權力之行使，不得有傲慢的心態，而要妥適運用權力導向的治理（Pfeffer, 1992），深諳權力有效行使之理。

1. **診斷權力版圖**：為了致使施政的平順，診斷出國會的政治權力版圖，理解：它們追求的相關利益，各自所持的政治意識形態，結構組成或凝聚的「膠劑」，可能反對的政策屬性，以為建構不攖其鋒的立法內容，掃除合法化過程的阻礙。

2. **尊重歧異觀點**：既然國會的政治生態，非阿扁所屬政黨擁有多數而得掌握，茲為了避免損毀政府形象或令不出戶，在權力的行使之際，要體會謙卑的必要性，設法認清各政團對時下關注議題的觀點，瞭解其為何堅持斯項觀點，有無妥協折衷的可能，千萬不可將與己意不同的立法觀點，評為：內在邏輯缺陷不少，知識基礎不足，關照層面不夠，以堵塞後續的互動，要有能力與意願與觀點歧異者，抑或行動本非所好者，共同完成必須做的公共事務。尤有甚者，在知悉反對者的意見有資訊上的欠缺，理性上的不完整，雖可以事實及分析進行說服，但還是要深悉其觀點之所在，立場立基的基礎，再與之懇切諮商，預期對各項提議的反應，用以建構執政與在野互為主體的立法或決策。

3. **建構權力聯盟**：權力導向的治理，務必要體會這項事理：若要施政順遂，需要權力聯盟。非但在自己黨內，要透過類似黨政會報的溝通協調機制，凝聚府院黨間的政策共識，也要在行政院各部會間形塑共識後再推出政策方針，尋求立院的支持，更要把各黨的立委個人做為立法賽局的參賽者，在不同的議題上，尋找不同立委的認同，形成得勝的議題聯盟，以合法化新政府的各項提案。換言之，為了合法化提案，新執政者定要擁有比反對者更大的權力陣營，想方設法締造最小得勝聯盟，不可盡與政團為敵。

4. **依歸民意施政**：民意本是各政團權力正當性的來源，任何政黨不能與之

為敵，所以是政治賽局中最具影響力的參與者。執政當局要認清這項權力行使的來源，在提出當前優先議題的內容之前，利用機制探出民意之所在，並以之做為政策設計的準據，抵擋反對陣營的蓄意杯葛。在執政與在野陣營均需要民意做為權力獲致的基礎時，依歸民意行事，諒是最安全的施政策略。蓋若有政黨並不願聽聽人民的聲音，而以民粹來抵制民意，恐對自身的權力寬度會有所壓縮。

5. **妥適運用覆議**：政院對立院決議之法律案、預算案及條約案，如認為有窒礙難行時，得總統之核可，在法定期間移請立院覆議。這是法定解決兩院立法見解衝突的機制，但過往將其視為政院的最後武器，甚少對之加以使用，每以尚方寶劍待之，不能隨意出鞘。如今時移勢異，政黨已達輪替執政的情勢，妥適加以運用，以鞏固行政權的有效行使。這本是民主國家維護行政權的重要機制，但在九七修憲將維持原案的門檻降為全體立委的二分之一支持，非原本的三分之二，致使維護力稍減。然而，在覆議時，若能將眾趨民意展現，亦能有制衡立院的議事方向。

　　政治變天正是挑戰的開始。新執政者在行使權力時，要體會到形成及運用權力的策略與技巧，注意時機的講究，權力聯盟的營造，社會輿論投入形塑，人際影響的部署與安排，以利得勝聯盟的勝出。

　　政治人物雖透過選舉過程獲得執政權力，但若未能精緻運用整合聯盟的權力技巧，持有正當的權力態度，論述富知識基礎的政策見解，很可能將權力浪費掉，導致政事無法順利推展，施政的成績單不可能亮麗，權力擁有不能持久。

　　權力提供建築、創造及推動不同歷史的機會，但這三項功能的催生，得到權者不能虛驕、不得傲慢、無法獨享，而要審慎加以運用、治理及行使，務祈其來源更加寬廣，底盤更加深厚，運用得以順心，效能有徑可現。

# 結　論

　　一場激烈的選舉競爭，隨著階段性局勢之演變，而讓循勢權變選舉策略的阿扁勝出，雖致使部分人士心裡徬徨，有的政黨一時未能適應，但這樣結果恐爲大數法則的運行，即舉世選情之趨勢，凡執政較久的政黨，在施政未能讓顧客完全滿意下，紛紛應驗政黨輪替的訴求，連墨西哥的革命制度黨亦難逃這樣的政治發展趨勢。

　　政黨競選之成敗，關鍵在於黨內得能透過權威的提名制度，提出黨員認同的候選人，才能奠定穩固的底盤結構。如若黨內產生同室操戈，動能一分爲二，欲求勝選恐就沒有那麼容易，只因每位可能勝選者，均營造一群死忠的支持者，無法以任何動員的策略加以策反，因而分裂的政黨，在相對上就處於較劣勢的地位，要超前克敵想必荊棘叢叢。

　　在三強廝殺的參選結構，如又以相對多數選制決定選舉的輸贏，無法由絕對多數選制所立下的第二輪投票機會，進行黨員的再整合，分裂的政黨，其勝選的空間無形中就窄縮不少，而少數的總統也成爲必然。這樣的總統在正當性及合法性上並無問題，但如未能在國會形構穩定的多數執政聯盟，則施政的平順運作，乃須總統的理性領導。他可能無法扮演政治變遷的全權主導者，主動創造機會，推動新的政策方向，引領人民的向前而行，既挺身而出站在台前，設定目標並鼓舞政府內外人士實現，即總統本身是系統推動力量及變遷的發動者；相反地，他的合理至情角色，應爲變遷的助益者，利用機會協助體系成員向他們所欲求的方向而行，總統要反思甚至強化社會廣泛持有觀念，運用可用的資源，達成選民的期望，即總統在驅策政府運行時，各種角色、責任及權力要共同扮演、承擔及分享，不能肆意孤行（Edwards III & Wayne, 1999）。

　　臺灣地區的選民，歷經經濟的高度成長，又普受民主的洗禮，大體已建構了主體性，欲再以交易的手段進行選舉的動員，恐殊爲困難，因之政黨之主事者要掌握這項選民屬性的大轉變，擬斷能撼動其心志的策略，或

以富有魄力的人選來馴化，或以妥當的政策遠景來社會化之。

　　新政府正式啟動後，執政及在野政黨均有適應不良的症候群，新在野黨以造成阿扁難堪為職志，有走向為反對而反對之途；新執政黨未能建構權力分享、政治協商的機制，一時之間，政局似乎未能靜穩下來。不過，各政黨要能測出眾趨民意，依其問政及施政，才能扣住民心，汲取人民的景仰，開拓生存空間。如若政黨一直偏離民意，只固守黨意，則恐會流失人民的支持度。

　　政黨輪替在臺灣的首次歷練，本是一項寶貴的政治學習機會，更是民主鞏固的基礎，因之，由執政淪為在野之政黨，要進行深刻的省思，找出淪落之因並對症下藥；由在野逆轉為執政的政黨，要把握人民的期許，想方設法開拓出治理之道，持續傳承民主深化的使命，致力開創臺灣新價值的社會契機，不可沉醉於權力的滋味中，忘記人民的付託。

# 參考書目

## 一、中文部分

王業鼎，2000年4月1日。「總統大選棄保效應，民調數字會說話」，中國時報時報廣場。

朱雲漢，2000年2月14日。「爲國民黨的政權危機把脈」，中國時報星期專論。

朱雲漢，2000年甲3月13日。「眞誠VS策略：臺灣選民的抉擇」，中國時報星期專論。

林水波，2000年。「棄保效應的政治分析」，未發表論文。

林水波，2000年甲7月13日。「醫治缺陷基因，導正兩院互動」，臺灣日報民意最前線。

林水波，2000年。「名人牌損漏權威的因素」，刊載氏著，選舉與公投一書，臺北：智勝。

林水波，2000年甲。「何種候選人有選舉細胞」，刊載氏著，選舉與公投一書，臺北：智勝。

胡忠信，2000年。「設定議題：總統大選勝負關鍵」，刊載氏著，臺灣出埃及記，臺北：唐山。

張慧英，2000年。李登輝——1988-2000執政十二年，臺北：天下。

郭正亮，2000年。變天與挑戰，臺北：天下。

陳水扁，2000年。臺灣之子，臺中：晨星。

陳淞山，2000年3月27日。「臺灣大選總結分析與政局變化」，臺灣日報。

## 二、英文部分

Alvarez, R. M. & J. Nagler, 2000 "A New Approach for Modelling Strategic Voting in

Multiparty Elections," British Journal of Political Science, V.30 N.1:57-75.

Baxter, B. 1999 Ecologism: An Introduction. Washington, D. C. : Georgetown Univ. Press.

Dobson, A. 1995 Green Political Thought. London: Routledge.

Edwards III, G. C. & S. J. Wayne, 1999 Presidential Leadership: Politics and Policy Making. N.Y.: Worth.

Fukuyama, F. 1999 The Great Disruption. N.Y.: Simon & Schuster.

Greene, R. 1998 The 48 Laws of Power. Viking: A Joost Elffers Production.

Holbeche, L. 1998 Motivating People in Lean Organizations. Oxford: Butterworth-Heinemann.

Hood, C. 1986 The Tools of Government. N.Y.: Chatham House.

Pfeffer, J. 1992 Managing With Power. Boston, MA.: Harvard Business School Press.

Seiling, J. G. 1997 The Membership Organization. Palo Alto, CA.: Davies-Black.

Soltan, K. E. 1999 "Civic Competence, Attractiveness, and Maturity," in S. L. Elkin & K. E. Soltan, (eds.) Citizen Competence and Democratic Institutions. University Park, PA.: The PA. State Univ. Press:17-37.

Stone, D. 1997 Policy Paradox. N.Y.: W. W. Norton & Co.

Strom, K. & W. C. Miiller, 1999 "Political Parties and Hard Choices," in W. C. Miiller & K. Strom, (eds.) Policy, Office, or Votes? Cambridge: Cambridge Univ. Press.

Watternberg, M. P. 1991 The Rise of Candidate-Centered Politics. Cambridge, MA: Harvard Univ. Press.

Weiss, T. B. & F. Hartle, 1997 Reengineering Performance Management. Boca Raton, FL: St. Lucie Press.

國家圖書館出版品預行編目資料

選舉政治學／林水波著. －－初版.－－臺北
市：五南, 2011.08
　面；　公分
ISBN 978-957-11-6314-7（平裝）
1.選舉　2.政治學
572.3　　　　　　　　100011129

1PM3

# 選舉政治學

作　　　者 ─ 林水波（133.3）

發 行 人 ─ 楊榮川

總 編 輯 ─ 龐君豪

主　　編 ─ 劉靜芬　林振煌

責任編輯 ─ 李奇蓁　張慧茵

封面設計 ─ P.Design視覺企劃

出 版 者 ─ 五南圖書出版股份有限公司

地　　　址：106台北市大安區和平東路二段339號4樓

電　　　話：(02)2705-5066　　傳　　真：(02)2706-6100

網　　　址：http://www.wunan.com.tw

電子郵件：wunan@wunan.com.tw

劃撥帳號：01068953

戶　　　名：五南圖書出版股份有限公司

台中市駐區辦公室／台中市中區中山路6號

電　　　話：(04)2223-0891　　傳　　真：(04)2223-3549

高雄市駐區辦公室／高雄市新興區中山一路290號

電　　　話：(07)2358-702　　傳　　真：(07)2350-236

法律顧問　元貞聯合法律事務所　張澤平律師

出版日期　2011年8月初版一刷

定　　　價　新臺幣450元